U0580119

励 耘 史 学 文 丛

古今中西交汇处的近代学术

李 帆 / 著

北京师范大学出版集团
BEIJING NORMAL UNIVERSITY PUBLISHING GROUP
北京师范大学出版社

目　录

上　编

下　编

上　编

中国近代学术史研究的若干思考

近些年来，学术史的研究成了学界的一个热点，相关著述一再问世，讨论的问题也越发宽泛，触角深入不少领域，甚至大有取代传统思想史研究之势。中国近代学术史的研究，尤其如此。

关于学术史何以会在近些年蓬勃兴起，一些学者曾做过探讨。有学者从 20 世纪 80 年代的文化史热入手，认为从关注文化史到关注学术史，"有其逻辑的必然性"，"当年人们关注文化问题，是多年激烈的政治动荡之后的反省有以促成之；而今日之关注学术史，则又是多年的文化热之后的反思有以促成之"。① 也有学者引入晚清时人对学术史的关注为参照系，认为当时学者之所以热衷梳理学术史，"大概是意识到学术嬗变的契机，希望借'辨章学术，考镜源流'来获得方向感。同样道理，20 世纪末的中国学界，重提'学术史研究'，很大程度也是为了解决自身的困惑。因此，首先进入视野的，必然是与其息息相关的'二十世纪中国学术'"②。这样的结论，大体是考量学术发展的内在理路与外在环境而得出的。的确，从文化史到学术史，是学术逻辑演化的必然；而 20 世纪末的时代情境，跨世纪的特殊氛围，恰好强化了这一逻辑，当时各类学术刊物(如《历史研究》)连篇累牍地回顾和总结 20 世纪学术历程的情形，即可证明此点。也就是说，世纪之交，借学术史的研究，

---

① 耿云志：《序》，见左玉河：《从四部之学到七科之学——学术分科与近代中国知识系统之创建》，1 页，上海，上海书店出版社，2004。
② 陈平原：《中国现代学术之建立——以章太炎、胡适之为中心》，2 页，北京，北京大学出版社，1998。

"辨章学术，考镜源流"，反思和检讨走过的路，以使中国学术在新的历史条件下，更成熟地走向未来，不失为一种非常好的思路和做法。这与百年前章太炎、刘师培、梁启超等人关注自身学术所由出的有清三百年学术史的总结，颇有异曲同工之妙。当然，正由于今日学者更多关注的是近百年的学术史，所以使得中国近代学术史的研究在整个学术史研究中居于显赫地位。

谈到中国近代学术史，自然不能仅以近百年为界。众所周知，近百年来的中国学术实际是中西交融的产物，一方面继承中国古典学术传统；另一方面受到欧风美雨的冲击，中西学术相激相荡、相融相合，铸就当今的学术风貌。这是个剧烈变化的过程，其源头早已超出百年之外。王国维曾以"国初之学大，乾、嘉之学精，道、咸以降之学新"①来概括有清三百年学术。他所谓"道、咸以降之学新"固然是指道光、咸丰以来之经、史、地理之学不同于乾隆、嘉庆时的专门之学，"务为前人所不为"，但如将其意扩展开来，却也可用其指代道、咸以来一切学术新变化。实际上，这些新变化在嘉、道之际已显露端倪——随着作为清学表征的乾嘉考据学从这时起逐渐走下坡路，而今文经学、理学、诸子学等相对趋于显赫，学术出现多元化局面，为此后的学术转型奠定了包容性的基础。如果说近代学术之所以为"近代"，是以其有不同于古代学术的面貌，那么对中国而言，所谓"近代"学术即指中西学术交融互释所带来的学术新貌，而其前提就是学术的多元化与包容性。至于道、咸之后西学的传播，则是直接促成学术转型的最关键因素。谈及西学传入，不能不强调甲午中日战争这个重要转折点。1840年的鸦片战争固然是清王朝命运变化的一个标志，但对晚清读书人来说，甲午中日战争老大帝国败于蕞尔小国的命运，则是对其心灵和精神的更大冲击。《马关条约》签订后，亡国灭种的危机感和再难立足于世界的耻辱感，笼罩在他们心头。有识之士已经认识到甲午中日战争是中国历史的一个重大转折

---

① 王国维：《沈乙庵先生七十寿序》，见姚淦铭、王燕编：《王国维文集》第1卷，97页，北京，中国文史出版社，1997。

点，"吾国四千余年大梦之唤醒，实自甲午战败割台湾、偿二百兆以后始也"①。这样的认识，表明中国人的民族意识被迅速唤醒。民族意识的觉醒，必然带来民族主义的勃兴。知识界中的先进分子在强敌树立的成功样板前，开始反思自己的思想、学术立场。于是，变被动为主动，以敌为师，敞开胸襟，积极吸纳促使日本成功的西方思想、学术精髓。这样，道、咸之后在中国传播的西学发生突变，不再是缺乏章法地缓慢传入，而是有章法地大举涌入，成建制、成体系，并以人文社会科学著述为主。如此一来，与中国固有学术的契合一下子容易起来，从而加快了学术转型的步伐，使中国学术开始追步世界。这恐怕是倡导"学术救国"的中国知识分子实现民族主义理想的一个途径。大体而言，学术转型的完成是在"五四"时期，这是不少学者的共识。换个角度来看，学术转型的完成，等于是中国近代学术的确立，所以"五四"时期似应作为中国近代学术史的下限，如此，中国近代学术的过渡性特征才得以凸显。总之，研究中国近代学术，嘉道之际、甲午中日战争时期、"五四"时期三个时间点的把握至为关键。

　　笼统来说，中国近代学术史是中国近代文化史的重要组成部分，具有文化史研究的共有特征。但学术之为学术，自有其不同于文化、思想的独立特征，所以中国近代学术史的研究对象就应与文化、思想史有所区别。追根溯源，"学术"一词中国古已有之，一般泛指学问、道术（据《辞源》），但"学"与"术"不同。《说文》释"学"曰"觉悟也"，释"术"曰"邑中道也"；"觉悟也"更多的是在"发蒙"或"学习"的意义上释"学"，故言"古教、学原为一字，后分为二"，"邑中道也"讲的是"路径"或"手段"。前者渐渐引申为学说、学问，后者渐渐引申为技能、技艺（段玉裁《说文解字注》说"引申为技术"），而且有了形上、形下之分。形上之"学"备受士人重视，甚至皓首以穷之；形下之"术"则被看作雕虫小技，向遭冷遇。这种状况持续千年以上，直到西学传入中国。对西学，人们先以形

---

① 梁启超：《戊戌政变记》，见《饮冰室合集》第 6 册专集之一，1 页，北京，中华书局，1989。

下之"术"来格义，认为"西艺"（工艺技术）能包蕴西学的全部内容。到清末，随着认识的深化，已知道西学亦有其根本，遂以中国之"学术"来格义它，如严复所说："学者，即物而穷理……术者，设事而知方"[①]；刘师培也说："学指理言，术指用言"[②]，"学为术之体，术为学之用"[③]。"学"与"术"不可分，共同构成科学系统，促进西方的进步。反观中国，"学"与"术"分离，言"学"不言"术"（日常所说"学术"仅指"学"）。以此，学术无由进步，国家亦无法振兴。以西学为坐标对中国学术所做的反思与批判，必然使得一些有识之士对中国学术进行追根溯源的探讨，力求从其发展脉络中找寻失误之源。这正是当年学术史走上学术前台并成为显学的现实依据。相较而论，今日中国学术史研究的时代环境与当年有很大不同，但所面对的研究对象却无根本差别，同样需要以西学为参照系，探讨有"学"有"术"、有"体"有"用"的中国学术发展历程。当然，学术与思想紧密相关，二者常常合而为一，所以直到今天，学术与思想，或学术史与思想史的界限，仍是尚未厘清的问题，有思想的学术与有学术的思想咸为学者所追求的目标。也许不必刻意区分学术史与思想史的领地，同一研究对象，切入的角度不同，便会显示出学术史与思想史的差异，如康有为的《新学伪经考》，研究思想史的人会赞赏它对戊戌维新运动的巨大推动作用，研究学术史的人则会孜孜于该书内容的学理探讨，从而不会对它做出很高的评价。一个是强调作用于人的精神，震撼人的心灵，引发人的思考；另一个则强调是否合于学理，论据是否充分，论证是否严密。理路不同，结论自然有差异。如果不强分畛域，面对思想史或学术史的不同课题时，依据课题具体情况，或侧重思想史视角，或侧重学术史视角，采两者之长灵活运用之，也许研究成效会更理想。

---

① 严复：《政治讲义》，见王栻主编：《严复集》第 5 册，1248 页，北京，中华书局，1986。
② 刘师培：《古学出于史官论》，见《刘申叔遗书》，民国二十五年宁武南氏排印本影印，1478 页，南京，江苏古籍出版社，1997。
③ 刘师培：《国学发微》，见《刘申叔遗书》，480 页。

在学术史的研究中，思想史的视角固然非常重要，文化史的视野也必不可少。思想二字从"心"，集中在人的心灵、精神层面，较为空灵；学术虽也有精神层面的东西，但更重求真求实，强调脚踏实地；文化则具有包容性，精神、物质两个层面都在其中。较之思想的超越古今、天马行空，学术的步伐相对笃实，而且对外在环境依赖较大，近代学术尤其如此。近代中国，社会空间扩大，学术也越来越走向独立，不过这种独立是需要条件保障的，如软环境方面的观念形态，硬环境方面的制度建设、物质保障等。要研究中国近代学术史，学科、学人、学术著述等自然是主要对象，但对保障学科发展，以及学人能够独立从事研究的观念形态、制度建设、物质条件等因素也不能弃之不顾，这些甚至是近代学术得以成立的前提。广义而言，这几方面都在文化史视野之内，无论是属于精神上的，还是属于物质上的，都是文化史研究课题中应有之义。所以，学术史的研究离不开文化史的视野，中国近代学术史应以中国近代文化史为基本依托。

清代嘉道之际的汉宋之争与汉宋兼采

在中国学术、思想史上，汉、宋两学关系问题是一重要问题。该问题发生甚早，到清代乾、嘉、道之时尤为引人注目。围绕这一问题，时人聚讼纷纭，立场各异，由此导致某些学术现象的出现，甚至引发嘉道之际的学术转换，为理学的再度复兴提供了某种契机。所以，以汉宋之争和汉宋兼采为线索，探讨嘉道之际的汉宋关系问题，有其学术上的意义所在。

一

所谓"汉学"，原本指汉儒考据训诂之学。在清代，考据学是学术主体。考据学以考经为主，是儒家经学发展到清代的产物，由于以尊汉学为治学宗旨，故也可称汉学。也就是说，汉学即清乾嘉学派所治之学的统称，尤其在与"宋学"对称之时。所谓"宋学"，主要指宋代（也包括元、明）程、朱和陆、王两派的理学，同"汉学"相对。此外宋学又有广义，即泛指宋代的学术，非专指理学。不过清人眼里的宋学一般仅指理学，非广义之谓。

乾嘉之时，理学被笼罩在汉学氛围下，有远见的理学之士大都注意吸纳汉学之长，在阐发义理的同时不放弃考据，并将考据的成果用来为义理服务。甚至有的理学家开始摒弃门户之见，综诸家之长，不论汉、宋。反过来，汉学家也不再一味规避义理，不少汉学家秉求道理念，以训诂求义理，时有新见问世，开出义理新局。所以，汉、宋两学在当时并非截然对立，判若云泥，而是有相通的地方，至少有相容之处。

不过，乾嘉之际的学者虽说大都对汉、宋学有持平之见，但汉、宋两学究属不同学术体系，思维方式、研究方法等各具特色，所以双方时有争议是很正常的现象。广义上说，这样的争议都可笼统归为汉宋之争，有清一代皆贯穿之。狭义上说，所谓"汉宋之争"，则指嘉道年间江藩与方东树围绕汉宋问题在各自著作中所表达的针锋相对的理念及其所引发的学术风波。

江藩（1761—1830），字子屏，号郑堂，晚号节甫，江苏甘泉人。年少时受业于惠栋弟子余萧客、江声，通惠氏之学。与扬州地区的汉学家汪中、焦循、李惇、刘端临等，都有深交。乾隆时，曾襄赞《四库全书》的纂修。嘉庆间，入两广总督阮元幕中，参与修撰《广东通志》，乘便刊行所撰之《国朝汉学师承记》八卷。后又撰《国朝宋学渊源记》三卷。此二书为其最有代表性的著作。

清代汉学家最重家法，吴派学者尤为严守师训，江藩自少追随吴派门人，被培养成纯正的汉学家，一以维护汉学自任。他写作《国朝汉学师承记》，即有这方面的用意。他说："藩绾发读书，授经于吴郡通儒余古农（按：余萧客别字古农）、同宗艮庭（按：江声晚号艮庭）二先生，明象数制度之原，声音训诂之学。乃知经术一坏于东西晋之清谈，再坏于南北宋之道学。元、明以来，此道益晦。至本朝，三惠（按：指惠周惕、惠士奇、惠栋）之学，盛于吴中；江永、戴震诸君，继起于歙。从此汉学昌明，千载沉霾，一朝复旦。暇日诠次本朝诸儒为汉学者，成《汉学师承记》一编，以备国史之采择。"①从这段文字来看，江藩写《汉学师承记》的动机很明显，就是通过为清代汉学家修史立传的方式，将惠、戴已经昌明的汉学延续下去。嘉道之际，汉学既处于发展的顶点，同时又遭到来自不同方面的攻击，开始走向衰落，所以江藩要效仿先人，借助

① （清）江藩：《国朝汉学师承记》卷一，见（清）江藩、（清）方东树：《汉学师承记（外二种）》，8 页，北京，生活·读书·新知三联书店，1998。

于学术史的编修，明确汉学传承，承袭汉学家法，从而延续汉学血脉，并力求将其发扬光大。[①]

《汉学师承记》共八卷，卷一收录清代汉学开山人阎若璩、胡渭等；卷二、卷三收录以三惠为代表的吴派学者；卷四收录王昶、朱筠、武亿、洪亮吉等汉学家；卷五、卷六收录江永、戴震为代表的皖派学者；卷七主要收录扬州地区的汉学家；卷八收录黄宗羲与顾炎武。起初江藩只编了前七卷，其收录标准，以依据汉人之说研治名物制度、小学训诂者为主，而于开清代学术风气之先的黄宗羲、顾炎武，则摒之不录，认为："两家之学，皆深入宋儒之室，但以汉学为不可废耳。多骑墙之见，依违之言，岂真知灼见者哉？"[②]后以二人之学术地位非可轻予否定，始编为第八卷，附于全书之后，使全书编制明显失调。由此可以看出，该书门派家法色彩之浓。在江藩眼里，阎若璩、胡渭之学是真正的"专门汉学"，宜放在卷首，而黄宗羲、顾炎武既"深入宋儒之室"，又"以汉学为不可废"，实为"骑墙之见，依违之言"，即黄、顾主汉宋兼采，不专宗汉学，所以不能作为乾嘉汉学之先导。由于要专门为从事纯汉学研究的汉学家立传，故除黄、顾外，江藩此书对于汉宋兼采者一概不予立传，其独尊汉学的编修意图十分清楚。

作为吴派门人，江藩在治学上谨遵师教，其学具有尊汉信古的特色。撰著《汉学师承记》，也不例外。在该书中，他对乾嘉汉学吴、皖等派学者的评述，强调的不是他们之间的相异点，而是相同点，即都突出他们在学术要旨上尊汉信古的特色。实际上，吴、皖两派学者在治学上颇多相异之处，已有不少学者做过这方面的归纳总结，但江藩对此不做强调，却有意突出他们作为乾嘉汉学学者的共同之处，显有大力彰扬汉学，突出其学术正统地位的用意。不仅如此，江藩还专门编有《国朝经师经义目录》，附于《汉学师承记》之后。《国朝经师经义目录》之编撰，

---

① 按以编修学术史的方式助力学术振兴与发展，江藩之前不乏这样做的学者，如黄宗羲之撰《明儒学案》。

② (清)江藩：《国朝汉学师承记》卷八，见(清)江藩、(清)方东树：《汉学师承记(外二种)》，158页。

是基于以下缘由与原则："家大人既为《汉学师承记》之后，复以传中所载诸家撰述，有不尽关经传者，有虽关经术而不醇者，乃取其专论经术而一本汉学之书，仿唐陆元朗《经典释文》传注姓氏之例，作《经师经义目录》一卷，附于记后。俾治实学者得所取资，寻其宗旨，庶不致混莠于苗，以砆为玉也。……言不关乎经义小学，意不纯乎汉儒古训者，不著录。"①从这些文字看，江藩欲以《国朝经师经义目录》补《汉学师承记》之不足，进一步展示清代汉学的纯正，所以专选那些"专论经术而一本汉学之书"来编入，将"言不关乎经义小学，意不纯乎汉儒古训者"排斥在外。此种做法，更可见其用心。

对于江藩独尊汉学，甚至不无门户之见的《汉学师承记》，当时即有学者认为不妥。该书初编成时，自认是江藩晚辈的龚自珍就曾致信于他，指出该书"名目有十不安"，建议改书名为《国朝经学师承记》。信中言："夫读书者实事求是，千古同之，此虽汉人语，非汉人所能专。一不安也。本朝自有学，非汉学，有汉人稍开门径，而近加邃密者，有汉人未开之门径，谓之汉学，不甚甘心。不安二也。……若以汉与宋为对峙，尤非大方之言；汉人何尝不谈性道？五也。宋人何尝不谈名物训诂？不足概服宋儒之心。六也。……国初之学，与乾隆初年以来之学不同；国初人即不专立汉学门户，大旨欠区别。十也。"②从这段文字来看，龚自珍建议江藩改书名为《国朝经学师承记》，主要理由在于"汉学"二字不能概括清朝开国以来的学术，其本身也不是一个严谨的概念。尤其在汉宋问题的处理上，实存偏差，"以汉与宋为对峙，尤非大方之言；汉人何尝不谈性道？""宋人何尝不谈名物训诂？不足概服宋儒之心"。所以，这样的写法，有明显的门户之见，不易为世人接受。

除龚自珍之外，还有一些学者对《汉学师承记》不满，特别是宋学家表示了强烈反对之意。为此，江藩不得不略示退让，撰《国朝宋学渊源

---

① （清）江藩：《国朝经师经义目录》，见（清）江藩、（清）方东树：《汉学师承记（外二种）》，178 页。

② （清）龚自珍：《与江子屏笺》，见《龚自珍全集》，王佩诤校，346～347 页，上海，上海人民出版社，1975。

记》以调停。他曾自述撰述意图，说："藩少长吴门，习闻硕德耆彦谈论，壮游四方，好搜辑遗闻逸事，词章家往往笑以为迂。近今汉学昌明，遍于寰宇，有一知半解者，无不痛诋宋学。然本朝为汉学者，始于元和惠氏，红豆山房半农人（按：指惠士奇）手书楹帖云：'六经尊服、郑，百行法程、朱'，不以为非，且以为法，为汉学者背其师承，何哉？藩为是记，实本师说。"①这段文字，表面上看对宋学抱尊崇态度，实则仍未脱离汉学家基本立场，江藩只不过是谨遵师说而已。吴派惠氏主"六经尊服、郑，百行法程、朱"，认为能将汉儒训诂之学与宋儒立身之学统一起来，知行合一，方为大儒。也就是说，他们对宋儒立身制行之长是肯定的，所否定者只是宋儒性理之学。在这个意义上，江藩说自己撰《宋学渊源记》"实本师说"，当然不差。而且值得一提的是，惠氏的这种立场，大体亦是汉学家对待宋学的共同立场，江藩自也不例外。

前已言及，清人眼里的宋学一般指理学，所以《国朝宋学渊源记》实际是为清代理学家所立之传。以往学者修史立传，大都意在表彰传主及其所代表的学术，江藩此书虽也对传主有所彰扬，但因其以汉学家立场为宋学家立传，故对宋学多有贬抑，名为调停汉宋之争，实仍未脱尊汉抑宋之窠臼。如在谈及汉、宋两学关系时，他说："汉兴，儒生捃摭群籍于火烬之余，传遗经于既绝之后，厥功伟哉！东京高密郑君（按：指郑玄）集其大成，肆故训，究礼乐。以故训通圣人之言，而正心诚意之学自明矣；以礼乐为教化之本，而修齐治平之道自成矣。爰及赵宋，周、程、张、朱所读之书，先儒之义疏也。读义疏之书，始能阐性命之理，苟非汉儒传经，则圣经贤传久坠于地，宋儒何能高谈性命耶？后人攻击康成，不遗余力，岂非数典而忘其祖欤？"②由此言可判定，江藩心目中的宋学离不开汉学。宋代理学大儒周（敦颐）、程（颢、颐）、张（载）、朱（熹）所读之书，皆为"先儒之义疏"，正是读了先儒义疏之书，

---

① （清）江藩：《国朝宋学渊源记》卷上，见（清）江藩、（清）方东树：《汉学师承记（外二种）》，187页。

② （清）江藩：《国朝宋学渊源记》卷上，见（清）江藩、（清）方东树：《汉学师承记（外二种）》，186页。

方得以"阐性命之理"，而此义疏之书，主要是东汉郑玄等人之作，在这个意义上，"苟非汉儒传经，则圣经贤传久坠于地，宋儒何能高谈性命耶?"所以，宋学对于汉学具有依赖性。相反，汉学可离开宋学而独存，汉儒之"肄故训，究礼乐"，可达宋学义理之境，所谓"以故训通圣人之言，而正心诚意之学自明矣;以礼乐为教化之本，而修齐治平之道自成矣"，即汉儒之名物训诂，已使"正心诚意之学"和"修齐治平之道""自明""自成"，无须宋儒再度阐发。这样的论调，显然有尊汉抑宋的用意。

《国朝宋学渊源记》的偏颇，时人看得很清楚，伍崇曜在为该书作跋时，便曾指出:"郑堂(按:江藩号郑堂)专宗汉学，而是书记宋学渊源，胪列诸人，多非其所心折者，固不无蹈瑕抵隙之意。"①若将《国朝汉学师承记》与《国朝宋学渊源记》联系起来考察，当更能清楚地看出江藩的编修意图。有学者就此做过考察，得出结论:"如果说，《国朝汉学师承记》的编修是将汉学作为清代学术史的主线，旨在重振汉学，突出汉学的地位;那么，《国朝宋学渊源记》的编修则是将宋学作为清代学术史的辅线，旨在彰显汉学，而不是突出宋学。这是江藩编修《国朝宋学渊源记》的真正意图所在。"②斯言甚是。

二

对于江藩在汉宋学关系问题上表现出的偏见，当时即有学者表示不满，但公开站出来发难的极少，其中以方东树的问难最具代表性。

方东树(1772—1851)，字植之，别号副墨子，晚年慕卫武公耄而好学之意，以"仪卫"名轩，自号仪卫主人，安徽桐城人。曾受业于姚鼐执教的钟山书院，毕生以读书、教书、著书为业。主要著作有《仪卫轩文

---

① (清)伍崇曜:《国朝宋学渊源记·跋》，见(清)江藩、(清)方东树:《汉学师承记(外二种)》，231页。

② 卢钟锋:《中国传统学术史》，385~386页，郑州，河南人民出版社，1998。

集《汉学商兑》《昭昧詹言》《书林扬觯》等。

方东树少承家学，究心古文，步趋姚鼐，为桐城派后劲。中年以后，专意理学，崇尚程、朱，于考据学风多所批评。他说："慨然想见朱子当日所以集群儒之大成，使斯道昭明，如日中天，其遗文教泽一字一言，皆如布帛菽粟，后之人日游其天而不能尽察也。……必欲兴起人心风俗，莫如崇讲朱子之学为切。"①可见朱子之学在他心目中地位之高。他又评价清儒之学曰："毕世治经，无一言几于道，无一念及于用。以为经之事尽于此耳矣，经之意尽于此耳矣。其生也勤，其死也虚，其求在外，使人狂，使人昏……"②这无异于说考据家之学上不能及于道，下不能及于用，治这样的学问，不仅无裨于世，而且会"使人狂，使人昏"。此类评价，充分表现出桐城派学者的特色，内中可见姚鼐的影子。

正由于方东树有此立场，所以他对江藩尊汉抑宋的《国朝汉学师承记》《国朝宋学渊源记》一类著作深致不满。当江藩刊刻二书时，方东树亦在广州，曾目睹二书在阮元幕中引起的轰动效应，但对他而言，引发的则是怒火，尤其是《国朝宋学渊源记》中的内容。在《国朝宋学渊源记》中，江藩为39名理学家立传，却唯独"遗漏"了自居理学正统的方苞、刘大櫆、姚鼐等桐城派诸人，其中的用意不言自明。此前，桐城派即已与汉学家结怨。桐城派主将姚鼐年轻时曾欲拜汉学大师戴震为师，但为戴震所婉拒，此事向为桐城派引为大辱，方东树尤为其师不平。所以，读到自奉汉学正统的江藩所作排斥桐城诸儒的宋学家传记，方东树不能不予以回击。

方东树回击江藩的著作即为著名的《汉学商兑》。该书共上、中、下三卷（卷中又分上、下），核心内容是攻击汉学的缺失，同时为宋学辩护。在该书中，方东树曾言其著述之意："近世有为汉学考证者，著书以辟宋儒、攻朱子为本，首以言心、言性、言理为厉禁。海内名卿巨公，

---

① （清）方东树：《重刻白鹿洞书院学规序》，见《仪卫轩文集》卷五，光绪刊本。
② （清）方东树：《〈汉学商兑〉重序》，见（清）江藩、（清）方东树：《汉学师承记（外二种）》，411页。

高才硕学，数十家递相祖述，膏唇拭舌，造作飞条，竞欲咀嚼。……历观诸家之书，所以标宗旨、峻门户，上援通贤，下眢流俗，众口一舌，不出于训诂、小学、名物、制度。弃本贵末，违戾诋诬，于圣人躬行求仁，修齐治平之教，一切抹杀。名为治经，实足乱经；名为卫道，实则畔道。……窃以孔子没后，千五百余岁，经义学脉，至宋儒讲辨，始得圣人之真。平心而论，程、朱数子廓清之功，实为晚周以来一大治。今诸人边见傎倒，利本之颠，必欲寻汉人纷歧异说，复汩乱而晦蚀之，致使人失其是非之心，其有害于世教学术，百倍于禅与心学。……东树居恒感激，思有以弥缝其失。"①概括起来，这段话无非是两个内容：一是表达了对汉学家扬汉抑宋的强烈不满，指责这种做法是"弃本贵末，违戾诋诬，于圣人躬行求仁，修齐治平之教，一切抹杀。名为治经，实足乱经；名为卫道，实则畔道"。口气极为严厉，而且认为此举"致使人失其是非之心，其有害于世教学术，百倍于禅与心学"。二是指称宋儒之学、程朱义理方系孔子儒学的真传，"孔子没后，千五百余岁，经义学脉，至宋儒讲辨，始得圣人之真。平心而论，程、朱数子廓清之功，实为晚周以来一大治"。程、朱发扬"正学"，厥功甚伟。正是以这两层意思为核心，方东树展开了他的论述。

作为论争性文字，《汉学商兑》的写作方式是先摘录论敌原文，然后以按语等形式予以驳斥。有学者曾统计过，书中所列正式引义，原作者除江藩外，有21名，其中出现次数最多的：一是阮元，13次；二是戴震，10次；三是钱大昕，6次；四是汪中，5次；五是段玉裁，3次。此外，黄震、顾炎武、惠栋、焦循各2次；毛奇龄、万斯同、朱彝尊、茅星来、臧琳、凌廷堪、钱大昭、宋鉴、孙星衍、庄炘、阎若璩、王昶，各1次。此外，不少汉学家在方东树的驳语中被指名攻击，如余萧客、王念孙、王引之、刘台拱等人。据此，该学者认为："只要被方东树认作与汉学有关的人物，无论前驱或者后进，都在攻击之列。但它也

---

① （清）方东树：《汉学商兑·序例》，见（清）江藩、（清）方东树：《汉学师承记（外二种）》，235～236 页。

表明，方东树并非乱箭齐发，而是集矢于戴震一系，更其是扬州学派。全书用引文形式指名攻击的清代汉学家言论，连同《汉学师承记》《经师经义目录》被引及的十五段在内，阮元、汪中、焦循、江藩四名扬州学者的见解，便居过半。"①实则这毫不足怪。对方东树而言，所要卫护的是程、朱"正学"，所集中火力攻击者必为对程、朱"正学"威胁最大者，而戴震一系学者，特别是扬州学者阮元、汪中、焦循等人，恰是对程、朱挑战最力者。江藩虽不属戴震一系，但究属扬州学者，与扬州诸儒声气相通。所以，方东树将攻击的对象集中于扬州学者，自是顺理成章。

《汉学商兑》对汉学的批驳，主要从四个方面着手：一是指斥汉学家之所为系出自门户之见；二是抨击汉学家钻在故纸堆中，严重脱离实际；三是对汉学家所讲之义理予以系统驳斥；四是从汉、宋两学关系着手，得出对汉学极为不利的结论。

在方东树眼里，清代汉学之出现及其发展，乃至一些主张的提出，与其所具有的门户色彩分不开。他说："顾、黄(按：指顾炎武、黄宗羲)诸君，虽崇尚实学，尚未专标汉帜。专标汉帜，则自惠氏始。惠氏虽标汉帜，尚未厉禁言'理'；厉禁言'理'则自戴氏始。自是宗旨祖述，邪诐大肆，遂举唐、宋诸儒已定不易之案，至精不易之论，必欲一一尽翻之，以张其门户。江氏作《汉学师承记》，阮氏集《经解》，于诸家著述，凡不关小学，不纯用汉儒古训者，概不著录。……夫说经不衷诸义理，辨伪得真，以求圣人之意，徒以门户之私，与宋儒为难，非徒不为公论，抑岂能求真得是？"②在这里，方东树虽指出"专标汉帜"始自惠栋，但其最为不满的显然是始自戴震的"厉禁言'理'"，认为戴震此举，是要将唐、宋诸儒的精妙之论，当然主要系程、朱之"理"，"一一尽翻之，以张其门户"，而江藩、阮元之作亦是谨遵汉儒古训，不越雷池。可见，方氏所针对的汉学门户，是与宋学相对的门户，尤其是那些不满

---

① 朱维铮：《导言》，见(清)江藩、(清)方东树：《汉学师承记(外二种)》，18页。
② (清)方东树：《汉学商兑》卷上，见(清)江藩、(清)方东树：《汉学师承记(外二种)》，259～260页。

程、朱义理并欲"尽翻之"者的门户。这为他所深恶痛绝，故指责这些学者是"徒以门户之私，与宋儒为难"，此一前提下所发之论，"非徒不为公论，抑岂能求真得是？"

除有门户之见外，方东树认为汉学家治学的另一弊端是脱离实际，实事求是其表，内里则"虚之至也"。他说："汉学家皆以高谈性命，为便于空疏，无补经术，争为实事求是之学，衍为笃论，万口一舌，牢不可破。以愚论之，实事求是，莫如程、朱。以其理信，而足可推行，不误于民之兴行。然则虽虚理，而乃实事矣。汉学诸人，言言有据，字字有考，只向纸上与古人争训诂形声，传注驳杂，援据群籍证佐，数百千条。反之身己心行，推之民人家国，了无益处，徒使人狂惑失守，不得所用。然则虽实事求是，而乃虚之至者也！"①在他看来，汉学家自认己之学问为实事求是之学，"言言有据，字字有考"，实际上是"只向纸上与古人争训诂形声"，对身心家国都"了无益处"，这样的"实事求是"，可谓"虚之至"矣。相反，程、朱义理表面虽"虚"，但"足可推行，不误于民之兴行"，所以，"实事求是，莫如程、朱"。这样的评价，完全颠倒了人们心目中汉、宋两学的形象，使汉学的弱点被强化，宋学却又增加了长处。至于此一见解是否真正合于实事求是的学术态度，则另当别论，也是论辩中的方东树不愿深究的。

对于汉学家所讲之义理，方东树极为不满，《汉学商兑》中征引大量例证，一条条予以驳斥。如戴震曾说程、朱以"意见"为"理"，"以埋杀人"即"以意见杀人"，对此，方东树反驳道："程、朱以己之意见不出于私，乃为合乎'天理'，其义至精、至正、至明！何谓'以意见杀人'？如戴氏所中，当体民之情，遂民之欲，则彼民之情，彼民之欲，非彼民之意见乎？夫以在我之意见，不出于私，合乎天理者，不可信；而信彼民之情、之欲，当一切体之、遂之，是为得理，罔气乱道，但取与程、朱为难，而不顾此为大乱之道也。"②按照方东树的这一说法，程、朱之见

---

① (清)方东树：《汉学商兑》卷中之上，见(清)江藩、(清)方东树：《汉学师承记(外二种)》，276页。

② (清)方东树：《汉学商兑》卷中之上，见(清)江藩、(清)方东树：《汉学师承记(外二种)》，278页。

"其义至精、至正、至明"，而戴震所言"体民之情，遂民之欲"，是只顾"与程、朱为难，而不顾此为大乱之道也"。再如戴震之后的汉学家，颇有主张"以礼代理"者，对此，方东树也予以斥责，说："自古在昔，固未有谓当废'理'，而专于礼者也。且子夏曰'礼后'，则是礼者为迹，在外居后。'理'是礼之所以然，在内居先，而凡事凡物之所以然处，皆有'理'，不尽属礼也。……今汉学家，厉禁'穷理'，第以礼为教。又所以称礼者，惟在后儒注疏名物、制度之际，益失其本矣。使自古圣贤之言，经典之教，尽失其实，而顿易其局，岂非亘古未有之异端邪说乎！夫谓'理'附于礼而行，是也；谓但当读《礼》，不当'穷理'，非也。'理'斡是非，礼是节文，若不'穷理'，何以能隆礼，由礼而识礼之意也？夫言礼而'理'在，是就礼言'理'。言'理'不尽于礼，礼外尚有众'理'也。"①在他看来，"'理'是礼之所以然"，而且"凡事凡物之所以然处，皆有'理'"，"言'理'不尽于礼，礼外尚有众'理'也"，所以，"礼"只能是"理"的一个部分，不能"以礼代理"。汉学家主张"以礼代理"，仅从"后儒注疏名物、制度之际"入手，系"失其本矣"，因"理""礼"相较，"理"是根本，"若不'穷理'，何以能隆礼，由礼而识礼之意也？"，"理"的地位不可动摇。

除了这些，方东树还一一驳斥了汉学家的其他义理新见，限于篇幅，不再赘述。不过就对汉学的贬抑而言，这些还不是关键所在，最为关键的应属方东树从汉、宋两学关系着手所得出的某些结论。

对于义理之寻求，以戴震为代表的汉学家一向主张要从声音、文字以求训诂，由训诂以明义理。这可谓是汉学家的义理学方法论。方东树对此是颇有非议的，他说："戴氏言，自汉以来，不明故训、音声之原，以致古籍传写递讹，混淆莫辨。汉学诸人，皆祖是说。于是舍义理，而专求之故训、声音，穿凿附会，执一不通，若此类也。六经之言，一字数训，在《尔雅》《说文》中，不可枚举，故曰'诗无达诂'。"②"夫谓义理

---

① （清）方东树：《汉学商兑》卷中之上，见（清）江藩、（清）方东树：《汉学师承记（外二种）》，294页。

② （清）方东树：《汉学商兑》卷中之上，见（清）江藩、（清）方东树：《汉学师承记（外二种）》，300页。

即存乎训诂，是也。然训诂多有不得真者，非义理何以审之？窃谓古今相传，里巷话言，官牍文书，亦孰不由训诂而能通其义者？岂况说经不可废也，此不待张皇。若夫古今先师相传，音有楚、夏，文有脱误，出有先后，传本各有专祖。不明乎此，而强执异本、异文，以训诂齐之，其可乎？又古人一字异训，言各有当，汉学家说经，不顾当处上下文义，第执一以通之，乖违悖戾，而曰义理本于训诂，其可信乎？"①综合这两段话的内容，可以看出，方东树心目中的汉学家之讲义理，是"舍义理，而专求之故训、声音"，这种做法"穿凿附会，执一不通"，并未求得真义理。之所以如此，他解释是由于"训诂多有不得真者"，古来经籍，"音有楚、夏，文有脱误，出有先后，传本各有专祖"，若不明此，"以训诂齐之"，必有舛误，而且"古人一字异训，言各有当"，六经之言，也是"一字数训"，但"汉学家说经，不顾当处上下文义，第执一以通之"，义理本于这样的训诂，自是不可信。在基本否定了汉学家的义理学方法论之后，方东树又从汉、宋两学的地位着手做文章，以贬低汉学。他说："古今学问，大抵二端，一小学，一大学。训诂、名物、制度，只是小学内事。《大学》直从'明''新'说起，《中庸》从'性''道'说起。此程子之教所主，为其已成就向上，非初学之比。……汉学家昧于小学、大学之分，混小学于大学，以为不当歧而二之，非也。故白首著书，毕生尽力，止以名物、训诂、典章、制度小学之事，成名立身，用以当大人之学之究竟，绝不复求明、新、至善之止，痛斥义理、性、道之教，不知本末也！……若谓义理即在古经训诂，不当歧而为二；本训诂以求古经，古经明，而我心同然之义以明。此确论也。然训诂不得义理之真，致误解古经，实多有之。若不以义理为之主，则彼所谓训诂者，安可恃以无差谬也！"②"夫文字训诂，只是小学事，入圣之阶，端由知行。古今学术歧异，如杨墨、佛老，皆非由文字训诂而致误也。而如汉儒许、郑诸君，及近人之讲文字训诂者，可谓门径不误矣，而升堂

---

① （清）方东树：《汉学商兑》卷中之下，见（清）江藩、（清）方东树：《汉学师承记（外二种）》，311～312 页。

② （清）方东树：《汉学商兑》卷中之下，见（清）江藩、（清）方东树：《汉学师承记（外二种）》，320～321 页。

入室者，谁乎？至卑视章句，其失不过空疏，与求名物而不论道粗浅者，亦不同伦。凡此皆所谓似是而非，最易惑乱粗学而识未真者，不可以不辨。"①在这里，他将学问区分为小学、大学，小学为训诂、名物、制度之学，当然指的是汉学；大学则是从"明""新""性""道"说起，当然是指宋学，两学名称上的大小区别，已见其心目中的地位高低。他还进而指出，汉学家不明此理，"混小学于大学，以为不当歧而二之"，故虽"白首著书，毕生尽力"，所赖以成名立身者，亦仅限于"名物、训诂、典章、制度小学之事"，尚未进入"大学"境界，等于为学"不知本末"。这样的学问，"可谓门径不误"，但远未"升堂入室"，而要达到"升堂入室"的地步，还是得走宋学老路，即"入圣之阶，端由知行"。于是，他再度强调以训诂求义理，应以义理为主，甚至可以义理为标准来订正训诂。谈及义理与训诂的关系，不能不涉及方东树之师姚鼐曾特别着意的义理、考证、文章三者关系的问题，对此，方东树是认同其师之主张的。他说："夫义理、考证、文章，本是一事，合之则一贯，离之则偏蔽。二者区分，由于后世小贤、小德，不能兼备，事出无可如何。若究而论之，毕竟以义理为长。考证、文章，皆为欲明义理也。汉学诸人，其蔽在立意蔑义理，所以千条万端，卒归于谬妄不通，贻害人心学术也。"②姚鼐提倡为学要兼有义理、考证、文章三者之长，将宋儒之性道与汉儒之经义相结合、考据与文章相统一；三者之中，必以义理为根本。方东树认为义理、考证、文章"本是一事，合之则一贯，离之则偏蔽"，"若究而论之，毕竟以义理为长。考证、文章，皆为欲明义理也"。从这些说法来看，方东树与姚鼐一脉相承之关系至为明显。同时，方东树再度指责汉学之蔽"在立意蔑义理"，所以"谬妄不通，贻害人心学术"。实际上，方东树的这一指责是以偏概全，汉学家中，戴震等人并非"立意蔑义理"，而是非常看重义理的。应该说，姚鼐的义理、考证、文章相结合的主张，某种意义上是受了戴震的启示而提出的，而且戴震

---

① （清）方东树：《汉学商兑》卷中之下，见（清）江藩、（清）方东树：《汉学师承记（外二种）》，323 页。

② （清）方东树：《汉学商兑》卷中之下，见（清）江藩、（清）方东树：《汉学师承记（外二种）》，360 页。

也认为义理、考证、文章三者之中，义理为本。表面看来，姚、方、戴三人在这一问题上见解一致，都认可义理的核心地位，但究其本质还是有不一致之处的，即目标相同，而手段歧异。戴震所主张的是通过文字训诂以求义理，文字训诂是明义理的唯一方法手段；方东树则对这种汉学家的义理学方法论持基本否定的态度，认为在了解古圣精髓的过程中，义理应该是优先考虑的因素，"理"应时时在学者心中，不能离开"理"而治经，而且"义理有时实有在语言文字之外者"①，这样的内容属于人的心性，非文字训诂之学所能穷尽。也就是说，在戴震眼里，古圣先贤之"理"通过文字训诂即能通晓，而在方东树眼里，这些义理仅靠文字训诂手段是无法全部企及的，宋学家一向擅长的直达义理之途仍有效用。实际上，两人所强调的还是各自之学的重要性，尤其方东树所争者是宋学的优先地位，以此压制汉学。

综观方东树在《汉学商兑》中对汉、宋两学的评价，可以看出，他完全是基于宋学家的基本立场批驳汉学，其中不少言论主张带有情绪化和非理性化的色彩，就像他说汉学家具门户之见一样，他的看法其实也充斥着门户之见。这样一种态度，很大程度上源自他的一个理念：汉学压迫下的宋学岌岌可危。他曾总结自身对汉学的批评，说："以上略举诸说，以见汉学家宗旨议论，千端万变，务破义理之学，桃宋儒之统而已。"②在如此的心态下，他自是要不遗余力地为宋学争正统、争地位，用语的尖刻，看法的偏狭，亦成为《汉学商兑》的特色之一。不过，问题还有另一面，即方东树的主张也非一无是处，如他对"理""礼"关系的阐发，对汉学家义理学方法论的分析与批评，是存在某些合理因素的，门户之见并未全然掩盖理性的光辉。

前已言及，狭义上所谓"汉宋之争"，即指方东树与江藩的这场争论。不过究其实，只有方东树对江藩著述的批驳之声，未见江藩的反击，因目前所能见到的《汉学商兑》最早版本，是在江藩去世后刊行的，

---

① （清）方东树：《汉学商兑》卷中之上，见（清）江藩、（清）方东树：《汉学师承记（外二种）》，321 页。
② （清）方东树：《汉学商兑》卷中之上，见（清）江藩、（清）方东树：《汉学师承记（外二种）》，373 页。

所以双方也无从进一步争论。而且这一争论的实际影响也并不很大，尽管方东树的弟子苏惇元曾宣称《汉学商兑》出版之后，汉学火焰"遂渐熄"①，但此言得不到事实的证明，明显是夸大其词。当时在《汉学商兑》重刊本上题词赞赏的有 7 人，主要来自桐城、阳湖两派，这样的门派背景，不能代表"并时学者"的一般意见②，而汉学诸人并未对该书表达看法，这种冷漠和不屑一顾，无形中已经限制了它的学术影响力。所以，对它的影响要客观估价，不能夸大。③

三

《汉学商兑》之问世，固然标志着所谓汉宋之争已达高潮，同时也说明这一时期学术格局有所变化，即汉学虽仍居主导，但宋学的空间已越来越大，以致这种极力维护宋学、大肆诋毁汉学的著作能够大行其道。宋学空间的扩大，与当时学界存在的汉宋调和、汉宋兼采之风密不可分。当然，学界领袖的倡导、推动亦是关键因素。在这方面，阮元发挥了巨大作用。

阮元（1764—1849），字伯元，号云台（或作芸台），又号揅经老人、雷塘庵主等，江苏扬州人，占籍仪征。历官乾、嘉、道三朝，多次出任地方督抚、学政，充兵部、礼部、户部侍郎，拜体仁阁大学士，卒谥文达。宦迹所到之处提倡经学，奖掖人才，整理典籍，刊刻图书。他治学的范围相当广泛，经史、小学、天算、舆地、金石、校勘，无不穷极隐

---

① （清）苏惇元：《仪卫方先生传》，见（清）方东树：《仪卫轩文集》卷首。

② 参见朱维铮：《导言》，见（清）江藩、（清）方东树：《汉学师承记（外二种）》，24～27页。朱文还认为《汉学商兑》之所以在同治末到光绪中的三十年间较为流行，原因亦在学术之外，是得益于方东树弟子方宗诚、戴钧衡借助曾国藩、李鸿章、倭仁等人的政治力量，将其刊行并广为传布。

③ 在《方东树与汉学的衰退》一文中，王汎森指出，《汉学商兑》一书的出现，"不能不说是石破天惊之举"，"我们可以说它打破了汉学一元垄断之局"。（王汎森：《中国近代思想与学术的系谱》，14、24页，石家庄，河北教育出版社，2001。）此论于《汉学商兑》评价甚高，但若考量该书问世之时学术界的总体状况和该书实际所生之影响，似有言过其实之嫌。

微，有所阐发，尽管"巨细无所不包，而尤以发明大义为主"①。其主要著述有《论语论仁论》《孟子论仁论》《诗书古训》《性命古训》等，除专书外，著述大都收入《揅经室集》中。

作为身居高位的学界领袖，阮元的学术主张颇有官学色彩，即兼顾经学与理学、汉学与宋学、道与艺。他曾说过这样的话："两汉名教得儒经之功，宋、明讲学得师道之益，皆于周、孔之道得其分合，未可偏讥而互诮也。"②鉴于此，他以无所偏执的态度对待汉学与宋学，倡导为学要"崇宋学之性道，而以汉儒经义实之"，总的精神是"兼"，"兼古昔所不能兼者"。所以如此，在于汉、宋学各有其"蔽"，必得兼采汉、宋，各取其长，各弃其短，才能收无"蔽"之效。阮元这样说，亦这样做。在做两广总督时，他为《学海堂集》作序，明确在学海堂中朱子之学与经传、文字之学并行，学者应随"性之所近"而兼擅之。文中言："多士或习经传，寻疏义于宋、齐，或解文字，考故训于《仓》《雅》，或析道理，守晦庵之正传，或讨史志，求深宁之家法，或且规矩汉、晋，熟精萧《选》，师法唐、宋，各得诗笔，虽性之所近，业有殊工，而力有可兼，事亦并擅。"③与此同时，他还利用自身的名位和财力编印了大量书籍，但非凡书必采，对激烈攻击程、朱的著述便进行删节或不予编入，如在编《皇清经解》时，他就未将戴震立异程、朱的代表作《孟子字义疏证》收入其中。这样做，恐亦有调和汉宋的用意。

关于阮元治学的集大成和不拘门户、兼采汉宋，龚自珍曾有过一个概括，认为其学"汇汉、宋之全，拓天人之韬，泯华实之辨，总才学之归"④。也正由于阮元不抱门户偏见，力持汉宋之平，所以方东树才敢于将深诋汉学的《汉学商兑》献给他，并希望他在汉、宋学的问题上主持

---

① 支伟成：《清代朴学大师列传》下，634 页，长沙，岳麓书社，1986。

② （清）阮元：《拟国史儒林传序》，见《揅经室集》上册，邓经元点校，37 页，北京，中华书局，1993。

③ （清）阮元：《学海堂集序》，见《揅经室集》下册，邓经元点校，1077 页。

④ （清）龚自珍：《阮尚书年谱第一序》，见（清）张鉴等撰：《阮元年谱》，黄爱平点校，274 页，北京，中华书局，1995。

公道。实际上,《汉学商兑》中多有对阮元之学不满之辞,但方东树却又如此厚望于阮元,不管他的真实意图如何,至少说明阮元兼采汉宋的宽容学术态度已得宋学家的认可。

阮元是学界公认的汉学领袖,他的学术主张的影响力非普通汉学家可比,故而其兼采汉宋的学术态度不仅强化了部分汉学家已有的同类立场,而且促使一些汉学家改变以往对宋学的态度。所以,嘉道之时,为学调和汉宋甚至兼采宋学已非个别现象,就连门户之见较深的学者如江藩,也非对宋学之长一概视而不见。当然,作为汉学家,基本的学术立场还是如一的,对他们而言,兼采汉宋是以汉学为根本出发点采纳宋学,义理由训诂而衍生,主次分明。若细加分疏,这里又有两种情形:一种情形是吴派惠氏所代表的多数汉学家的态度,即"六经尊服、郑,百行法程、朱",认为能将汉儒训诂之学与宋儒立身之学统一起来,知行合一,方为大儒,所以能容纳宋学的地方主要在立身制行方面;另一种情形是戴震、阮元等所代表的部分学者的态度,这类学者并不满足于仅仅依靠训诂证明义理,而是欲以汉学之长发展宋学义理,所以他们对宋学的吸纳并不局限于宋儒立身之学,也包括宋儒性理之学。

作为一个时期的学术趋向,汉宋兼采并非只是汉学家单向兼采宋学,宗宋学者对汉学的采纳也十分普遍。前已述及,乾嘉之时,理学被笼罩在汉学氛围下,有远见的理学之士大都注意吸纳汉学之长,在阐发义理的同时不放弃考据,并将考据的成果用来为义理服务。甚至有的理学家开始摒弃门户之见,综诸家之长,不论汉、宋。嘉道之际,这种情形更为普遍,就连极力维护宋学门户的方东树也不例外。在《汉学商兑》中,方东树对汉学的攻击不遗余力,但其所采用的手法却大多是汉学考据方法。他往往在引证作为靶子的汉学家言论后,以考证的方式对之施以批判,从而达到以子之矛攻子之盾、从考据学内部冲击它的目的。他能如此做,与其具有较高的考据学素养关联甚大。据载,在阮元幕中,他曾将阮元所刻《十三经注疏校勘记》用卢文弨手校《十三经注疏》原本"详校一过",发现阮刻脱讹多处,于是"或发明,或纠正","考据精确详明"。① 正由于方东树对汉学考据手段非一概否定，所以他才说出这样的言论："考汉学诸人，于天文、术算、训诂、小学、考证、舆地、名物、制度，诚有足补前贤，裨后学者。"②按此意，方东树对汉学家在天文、术算、训诂、小学、考证、舆地、名物、制度等方面的成就是肯定的，他所反对者是汉学家由训诂以明义理的义理学方法论，只要汉学家的考据学成果不涉及义理，他还是能客观看待并赞赏的。出于对汉学考据方法的认同，他甚至不承认此方法为汉学家所专有，而是说宋学家也同样运用得当。他说："窃以训诂、名物、制度，实为学者所不可缺之学，然宋儒实未尝废之。但义理、考证，必两边用功始得。若为宋学者，不读汉、魏诸儒传注，则无以考其得失，即无以知宋儒所以或用其说或易其说之是。而汉学诸人，又全护汉儒之失，以为皆得，则亦用罔而悍然不顾而已。"③这无疑是说宋儒未尝废考据之学，而且为宋学者懂得考据之学，就能了解宋儒之说的由来，从而于义理探讨更为有利。"但义理、考证，必两边用功始得"，二者不能相混，即方东树仍是认为不能完全通过考证明义理，对宋学家而言，考证只是用来使义理更明晰的手段而已。从这一点可以看出，在汉、宋两学关系的问题上，以方东树为代表的宋学家所认可的是汉学家无关义理的纯考据成果，所采纳的是有助于认识义理的考证方法，而对汉学家由训诂以明义理的义理学方法论则不予认同，对汉学家由此所得之义理更是嗤之以鼻。这就是宋学家兼采汉宋的基本立场，以宋学为根本，拿汉学考据方法为己所用。

总之，嘉道年间，汉、宋两学的关系展现出既相争又相融的特色，汉学家与宋学家之间既相互贬抑，又彼此调和，兼采对方之长为己所用。这一切，预示着学术嬗变的契机已显现，学术演进将有新趋势。

---

① （清）萧穆：《记方植之先生临卢抱经手校十三经注疏》，见《敬孚类稿》卷八，项纯文点校，210页，合肥，黄山书社，1992。

② （清）方东树：《汉学商兑》卷下，见（清）江藩、（清）方东树：《汉学师承记（外二种）》，403页。

③ （清）方东树：《汉学商兑》卷下，见（清）江藩、（清）方东树：《汉学师承记（外二种）》，405页。

章太炎、刘师培、梁启超
与近代的戴学复兴

在中国思想、学术史上，戴震具有非常重要的地位。此一地位的确立，除靠自身成就奠定外，很大程度上得益于近代学者对他的大力阐扬，特别是清末民初章太炎、刘师培、梁启超等人所做的开创性工作，方使得其形象完整起来。希望此次整理有助于完善清代以来的思想史、学术史研究。

一、清末以前戴震学术的际遇

戴震(1724—1777)，字东原，安徽休宁人。自幼起遍览诸经及小学之书。青年时从学于经学大师江永，尽得其学。30余岁入京，获交钱大昕、纪昀、朱筠、王昶等学界名流，一时声名鹊起。后又识惠栋于扬州，论学大合。晚年入四库馆为纂修官，被赐同进士出身，授翰林院庶吉士。55岁时卒于四库馆任内。

戴震一生困顿，但著述其多，达40余种。这些著作包括小学、测算、典章制度、地理、义理等领域，亦涉及目录、版本、校勘、辨伪、辑佚诸方面。其治学次第基本是由小学训诂到上求义理，或可说其所治之学大体为两类：考据之学与义理之学。在其心目中，考据之学固然十分重要，义理之学则为最终目的，所谓"经之至者，道也。所以明道者，其词也；所以成词者，字也。由字以通其词，由词以通其道，必有渐"①。无论是在追随江永求学时，还是在与惠栋相见后，由考据进而上求义理都是其一生追求不懈的目标。故而对生平著作，自认是以考据求义理的"《孟子字义疏证》为第一"②。

戴震是公认的考据大家，当时学界中心人物之一，友朋、弟子及再传弟子甚多，知名者除钱大昕、纪昀、朱筠、王昶等人外，尚有金榜、洪榜、程瑶田、段玉裁、任大椿、孔广森、王念孙、王引之诸人。受戴氏影响者亦不少见，尤其是扬州学者，如汪中、焦循、李惇、贾田祖、刘台拱、凌廷堪、阮元等人。他们或推崇戴氏考据学成就，传播其学；或循戴氏考据学方法从事经史考证，成绩斐然。经过他们的努力，特别是其中服膺并运用戴氏治学手段者的努力，戴氏考据学逐渐发展成为蔚为大观的一派之学，成为乾嘉时期与惠栋吴派并行的学派，即皖派。且余风流被，迄于清末。

不过，必须指出，戴震考据学之被重视并进而形成一派，绝非戴氏全部学术的光大，他心目中更为重要的义理之学③，却因知音寥寥，相对被冷落。章学诚曾指出："凡戴君所学，深通训诂，究于名物制度，而得其所以然，将以明道也。时人方贵博雅考订，见其训诂名物有合时好，以谓戴之绝诣在此。及戴著《论性》《原善》诸篇，于天人理气，实有发前人所未发者，时人则谓空说义理，可以无作，是固不知戴学者矣！"④可见当时俗尚"博雅考订"，重训诂名物之学，谈义理则被视作"空说"，遭到排斥。像朱筠、钱大昕诸人之"推重戴氏，亦但云训诂名物，六书九数，用功深细而已，及见《原善》诸篇，则群惜其有用精神耗

---

① （清）戴震：《与是仲明论学书》，见《戴震集》，汤志钧校点，183页，上海，上海古籍出版社，1980。

② （清）段玉裁：《戴东原集序》，见《戴东原集》卷首，渭南严氏宣统二年刻本。

③ 余英时先生指出："我们了解了东原在撰述义理文字时的心理背景，就立刻可以承认，他虽然同时从事于义理和考证两种性质不同的工作，但是他对前者的重视和偏爱则远超过了后者。"引自余英时：《戴东原与清代考证学风》，见《论戴震与章学诚：清代中期学术思想史研究》，105页，北京，生活·读书·新知三联书店，2000。

④ （清）章学诚：《书〈朱陆〉篇后》，见仓修良编：《文史通义新编》，76页，上海，上海古籍出版社，1993。

于无用之地"①。这可说是当时第一流学者对戴震的一种普遍的评价。此种情形之下，戴震《孟子字义疏证》之类的义理著作"当时读者不能通其义，唯（洪）榜以为功不在禹下"②。即门人中仅洪榜认可并推崇戴氏义理学的价值。为此洪榜还与朱筠有过争论。在为戴氏所作《行状》中，洪榜全文照录了较集中体现戴氏义理思想的《与彭进士尺木书》，这一做法受到朱筠反对，认为《行状》中不必载此书，"性与天道，不可得闻，何图更于程、朱之外复有论说乎？戴氏所可传者不在此"③。洪榜则上书与朱筠辩论，坚持己见。朱筠在乾隆朝倡导汉学风气最力，最维护考证的观点，在他眼里，程、朱之论性与天道已属空谈，戴震不必重蹈覆辙，"何图更于程、朱之外复有论说乎？"而戴震所当传者应在其考据之学。朱筠之见在当时具有代表性，引发广泛共鸣，所以戴氏考据学一直传人甚盛，义理学却遭人忽视。

当然，也不是戴震之后的学者都轻视其义理学，自认私淑戴震的焦循就表示"最心服其《孟子字义疏证》"④；同样，早年私淑戴震的凌廷堪也认为："理义固先生晚年极精之诣，非造其境者，亦无由知其是非也。其书具在，俟后人之定论云尔。"⑤焦循、凌廷堪之后，黄式三又撰《申戴氏气说》《申戴氏性说》《申戴氏理说》三文，针对从翁方纲到方东树的反戴氏义理学的各种论调，予以批驳，维护了戴氏义理学。此外，程瑶田、汪中、阮元、孙星衍、戴望等人亦对戴震义理思想有某种程度的继承。不过尽管如此，比起考据之学的兴盛，戴震义理学在清末之前始终处于边缘状态。甚至可以说，戴学后续者大都只继承了一半的戴学，戴震的完整形象已不甚清晰了。

---

① （清）章学诚：《答邵二云书》，见仓修良编：《文史通义新编》，553 页。

② （清）江藩：《洪榜》，见《国朝汉学师承记》，钟哲整理，98 页，北京，中华书局，1983。

③ （清）江藩：《洪榜》，见《国朝汉学师承记》卷六，98 页。

④ （清）焦循：《寄朱休承学士书》，见《雕菰楼集》卷十三，仪征阮亨道光刻本。

⑤ （清）凌廷堪：《戴东原先生事略状》，见《校礼堂文集》卷三十五，王文锦点校，317 页，北京，中华书局，1998。

二、章太炎、刘师培对戴震之学的阐扬

戴震在清代思想、学术史上占有关键地位，这已是今天人所共知的事实。但在清末以前，戴震在人们心目中主要还是考据大师，其地位是学术史上的，而非思想（哲学）史上的。今日戴震在学术、思想上完整地位的确立，与清末学者对其的阐扬密不可分。

在这方面，钱穆、侯外庐都认为章太炎有首功。钱穆说："近儒首尊东原者自太炎"[①]，侯外庐也说，章太炎"是近代首先评论戴学的人"[②]。从时间上看，钱、侯之说颇有道理。从 1900 年的《学隐》到 1902 年的《清儒》，章太炎确是近代学者中最早阐发戴震之学的。不过这一阐发过于简略，且《学隐》是带有政治意图的文章，全文借题发挥，以魏源攻击戴震等乾嘉考据学者的话为由头，斥责魏源媚清，目的却是斥责康有为等人媚清；《清儒》则非专论戴震之文，只是在纵论清代学术时表彰了戴震及其后学，并对吴、皖两学之分际有精辟考论。也就是说，章太炎在近代只是开论戴震之先声，但未及深论。从现有证据看，真正对戴震之学做出比较全面系统的论述与估价，从而推动了戴学复兴的，是继之而起的刘师培。1905 年至 1907 年，刘师培通过《东原学案序》《戴震传》《南北学派不同论》《近儒学术统系论》等一系列专论或通论性著述，有系统地阐释了戴震之学，使戴学面貌一下子清晰起来，为后人研究戴学开辟了道路。与之相较，章太炎最主要的论戴著作《释戴》作于 1910 年，其他一些有关论述也都是在刘师培之后。可以说，章太炎有首倡之功，刘师培有完善之力。遗憾的是，现有的中国近代思想、学术史著作基本看不到刘师培在这方面的贡献，仅把目光盯在章太炎身上。

在清代学者和学派中，刘师培最推崇的便是戴震和皖派。他自称

---

① 钱穆：《中国近三百年学术史》上册，396 页，北京，商务印书馆，1997。

② 侯外庐：《近代中国思想学说史》上册，384 页，上海，生活书店，1947。

"予束发受书，即服膺东原之训"①，认为戴震之学"探赜索隐，提要钩玄，郑、朱以还，一人而已"②。相对而言，顾炎武、惠栋、王念孙、引之父子等清代考据学的中坚人物都未受到他这样的重视和得到类似评价。除对戴震和皖派考据学的强烈认同与称誉外，刘氏还是戴震义理之学百年后的知音。他不仅对其以《孟子字义疏证》为代表的义理学成果给以充分肯定和多方阐释③，而且用学术实践发扬其义理学，他的《理学字义通释》实为仿《孟子字义疏证》之作。刘氏有这种看法与作为，显然与他的学术传承、学术体验密切相关，因他一向认为扬州学者之学是继承戴震之学而来，且自认本身学术也是承这一传统而来。他曾数次征引戴震《与是仲明论学书》中的话："由字以通其词，由词以通其道，必有渐。"表示认同和遵循，并在学术实践中作为基本方法手段加以运用。可以说，他之所以推崇戴震，是出于自身的学术追求，而非受到章太炎的影响。

1906 年，章太炎发表《悲先戴》，强调戴震义理学"悉推本于晚周大师，近校宋儒为得真"；戴氏反对宋儒义理之说，实针对清廷帝王之暴虐而发。④ 1910 年，章氏又发表《释戴》，进一步阐发戴氏义理学，仍主张戴氏之说有针对清廷帝王之意，且认为其学名虽托诸孟子，而其根源，则当上溯于荀子；其理欲之论与程朱之说相异者，在于二者之范畴不尽相同。⑤ 这样，在《清儒》论述戴震考据学的基础上，章氏又对戴震义理学有了新解，加之刘师培对戴学的全面阐扬，戴震的形象不再单薄，从"一半"到达"整体"。当然，相对而言，章氏在学术界的影响更大，他之看重戴震义理学，使得"戴学在哲学方面始被人所注意"⑥，所

① 刘师培：《东原学案序》，见《刘申叔遗书》，1763 页。

② 刘师培：《戴震传》，见《刘申叔遗书》，1823 页。

③ 戴震本以考据学为学界瞩目，刘师培之《东原学案序》却基本不谈其考据学，而以其超迈宋儒的义理学为阐释对象，指出："近代以来，鸿儒辈出，鄞县万氏、萧山毛氏渐知宋学之非，或立说著书以与宋儒相诘难，而集其成者实惟东原戴先生。东原之书，以《原善》《孟子字义疏证》为最著。"见刘师培：《刘申叔遗书》，1759 页。

④ 章太炎：《说林上》，见《章太炎全集》（四），118 页，上海，上海人民出版社，1985。

⑤ 章太炎：《释戴》，见《章太炎全集》（四），122～124 页。

⑥ 侯外庐：《近代中国思想学说史》上册，387 页。

以在戴学走向复兴的进程中，他所起的作用更大一些。

此外，王国维清末对戴学的阐发亦颇引人注意。1904年，王国维撰《国朝汉学派戴阮二家之哲学说》，指出戴震之《原善》《孟子字义疏证》，阮元之《性命古训》等，"皆由三代、秦、汉之说以建设其心理学及伦理学。其说之幽元〔远〕高妙，自不及宋人远甚，然一方复活先秦之古学，一方又加以新解释，此我国最近哲学上唯一有兴味之事，亦唯一可纪之事也"①。可见他虽认为清人的义理学不如宋人，但对戴震派的义理学并不轻视，甚至目之为"我国最近哲学上唯一有兴味之事"。这样的看法，对戴学特别是其中的义理学在近代走向复兴，是相当有益的。

三、清末民初间梁启超对戴学认识的转化

在对戴震之学的评价上，梁启超的认识前后不同，清末时的评价相对较低，民初则转而有了特别高的评价。

在1904年发表的《论中国学术思想变迁之大势·近世之学术》中，梁启超谈及吴、皖考据学时，基本依据章太炎《清儒》一文以立论，故对戴震考据学成就是认可的。但梁氏所论有个大前提，即在总体上否定乾嘉学派的情形下评论戴学，认为考据之学"敝中国久矣"，学者"销其脑力及其目力于故纸之丛，苟以逭死而已"②，丧失了经世致用之志。有了这一大前提，即便在具体论述时采纳了章氏之论，梁氏对戴震考据学自不会像章氏那样评价之高。

同样，在谈及戴震义理之学时，梁氏既承认戴震《孟子字义疏证》《原善》"持之有故，言之成理"，但又说戴震之理欲论弊害甚多，"人生而有欲，其天性矣，节之犹惧不及，而岂复劳戴氏之教猱升木为也。二

---

① 王国维：《国朝汉学派戴阮二家之哲学说》，见《静庵文集》，95页，沈阳，辽宁教育出版社，1997。

② 梁启超：《论中国学术思想变迁之大势》，见《饮冰室合集》第1册文集之七，92页。

百年来学者，记诵日博，而廉耻日丧，戴氏其与有罪矣。"①可见在此时的梁启超眼里，戴震之学，无论是考据学，还是义理学，虽有一定成就，但皆存在弊端，不能给予过高评价。

梁启超一生以多变、善变著称，在对戴震的评价上也是如此。在发表《论中国学术思想变迁之大势·近世之学术》16 年后，梁氏在其《清代学术概论》里再论戴震时，态度发生了根本变化，从当初的低调评价一下子转到热烈颂扬。《清代学术概论》在论及清学"正统派"（考据学）时，基本立场出现了转换，不再指斥它的种种弊端，反而认为考据学之"无用"体现出更纯正的学术精神，"凡真学者之态度，皆当为学问而治学问。……为学问而治学问者，学问即目的，故更无有用无用之可言"。归根结底，"就纯粹的学者之见地论之，只当问成为学不成为学，不必问有用与无用，非如此则学问不能独立，不能发达。夫清学派固能成为学者也，其在我国文化史上有价值者以此"②。种种迹象表明，梁启超晚年有回归清学"正统派"的意向③，所以他能在此时改变立场。有了肯定考据学这样的大前提，他对考据学主将戴震及其学术的评价自是一下子拔高了许多，认为"苟无戴震，则清学能否卓然自树立，盖未可知也"，"震之所期，在'空诸依傍'。晋宋学风，固在所诋斥矣，即汉人亦仅称其有家法，而未尝教人以盲从"。故"戴学所以异于惠学者，惠仅淹博，而戴则识断且精审也"。④

对戴震考据学评价如此，对其义理学梁启超更是不遗余力地赞颂。《清代学术概论》不仅详细摘引《孟子字义疏证》，而且认为"《疏证》一书，字字精粹"，"实以平等精神，作伦理学上一大革命"，"实三百年间最有价值之奇书也"。⑤ 与当年《论中国学术思想变迁之大势》中的有关议论

---

① 梁启超：《论中国学术思想变迁之大势》，见《饮冰室合集》第 1 册文集之七，93 页。

② 梁启超：《清代学术概论》，见朱维铮校注：《梁启超论清学史二种》，40 页，上海，复旦大学出版社，1985。

③ 关于梁启超向清学"正统派"的回归，可参见周国栋：《论梁启超向清学正统派的复归》，载《文史哲》，2000(4)。

④ 梁启超：《清代学术概论》，见朱维铮校注：《梁启超论清学史二种》，28、30～31 页。

⑤ 梁启超：《清代学术概论》，见朱维铮校注：《梁启超论清学史二种》，34～35 页。

相比，不啻天上地下。之所以出现这种转变，有人认为是因当年梁氏对戴震思想很隔膜，甚至怀疑他当时还未将《原善》《孟子字义疏证》从头至尾地认真读过一遍，而到写《清代学术概论》时，"他对戴震的思想学说已有了较为系统的研究"[①]。也许有这种因素存在，但另一因素不能不提及，即梁氏在学术上受惠于章太炎、刘师培，章氏《释戴》、刘氏《东原学案序》《戴震传》等论著（均发表于《论中国学术思想变迁之大势·近世之学术》之后），都会给他带来启示，从而在某种程度上促使他转变立场。

四、梁启超与戴震研究高潮的到来

1924 年 1 月 19 日，是戴震二百周年诞辰纪念日，以此为契机所展开的各项活动，使对戴震的研究达到了高潮，戴学由此渐成显学。在这一事情上，梁启超起了举足轻重的作用。

1923 年 10 月 10 日，梁启超倡议发起"戴东原生日二百年纪念会"，主张在戴氏生日那一天于北京举行"东原学术讲演会"，并列出所要讲的大致范围："一、戴东原在学术史上的位置；二、戴东原的时代及其小传；三、音声训诂的戴东原；四、算学的戴东原；五、戴东原的治学方法；六、东原哲学及其批评；七、东原著述考；八、东原师友及弟子。"[②]而且梁启超打算写五篇文章纪念戴氏，一是《东原先生传》；二是《东原著述考》；三是《东原哲学》；四是《东原治学方法》；五是《颜习斋与戴东原》。这一写作计划，已把他所倡之学术讲演会的主要内容包容进去，足见他对纪念戴震与传播戴学之热心。后"因为校课太忙"，他未能将五篇文章全写出，仅写出三篇：《戴东原先生传》《戴东原哲学》《戴

---

① 许苏民：《戴震与中国文化》，316～317 页，贵阳，贵州人民出版社，2000。

② 梁启超：《戴东原生日二百年纪念会缘起》，见《饮冰室合集》第 5 册文集之四十，39 页。

东原著述纂校书目考》，且据他的自述，《戴东原哲学》"是接连三十四点钟不睡觉赶成"①的，这在别人看来是难以想象的事，足见他的热情与毅力。在当时纪念戴震的学者当中，他可说是著文最多最勤的一位。

梁启超不仅自己热心此事，还四处活动，组织力量来操办，并去信邀请当时在上海的新文化运动领袖胡适参加纪念会。胡适于1923年11月13日复函，欣然接受邀请②，并于12月开始撰文，为赴会做准备。其所撰之文一为较短的《戴东原在中国哲学史上的位置》；二为长达7万言的《戴东原的哲学》。前者于12月19日完成，后者"屡作屡辍，改削无数次"，直到1925年8月13日方脱稿。③ 此后，胡适又有其他一些著作为戴震张目，晚年更倾力于《水经注》的考证，为戴震辩诬。④ 他对戴震研究的热情和投入，丝毫不亚于梁启超。

以梁启超、胡适当时在思想、学术界的地位，他们热衷于推介戴震的思想与学术，自是一呼百应。所以1924年1月19日在北京安徽会馆所举行的戴东原生日二百年纪念讲演会，开得隆重热烈，梁启超、胡适、钱玄同、朱希祖等学界名流出席，梁启超做了讲演。会后，将文章结集为《戴东原二百年生日纪念论文集》出版，梁启超的《戴东原生日二百年纪念会缘起》（作为该书"引子"）、《戴东原先生传》、《戴东原哲学》、《戴东原著述纂校书目考》皆收入该书。此次会议影响极大，"当时整个一年期间，报纸副刊与杂志上几乎成为戴学的天下，在'整理国故'的风气之下，戴学最为出风头"⑤。以这次纪念为象征，标志着戴震研究高潮的到来。

与写作《清代学术概论》时相比，此时梁启超对戴震的研究不仅更系

---

① 梁启超：《戴东原哲学》，见《饮冰室合集》第5册文集之四十，77～78页。

② 参见耿云志、欧阳哲生编：《胡适书信集》上册，323页，北京，北京大学出版社，1996。

③ 胡适：《戴东原的哲学》，138～144页，合肥，安徽教育出版社，1999。

④ 在《水经注》研究中，所谓"戴袭赵"的"《水经注》学术公案"一直引人注目，即戴震在校理《水经注》时是否剽袭了赵一清《水经注》校本一事，始终众说纷纭。胡适晚年重审此案，为戴震申冤，为时二十年之久。

⑤ 侯外庐：《近代中国思想学说史》上册，387页。

统、深入，尤其在哲学（义理）领域，而且对其的评价也更高了，将戴氏誉为"科学界的先驱者""哲学界的革命建设家"[①]，认为他在传统考据、义理两领域皆取得了至高成就。胡适也持大体相同的看法，说戴震既是"清代考核之学的第一大师"，又是"朱子以后第一个大思想家、大哲学家"。[②] 梁、胡之外，蔡元培在写于 1923 年 12 月的《五十年来中国之哲学》中，亦肯定戴震的哲学贡献，称《孟子字义疏证》与《原善》两书"颇能改正宋明学者的误处"[③]。此后，冯友兰、钱穆、侯外庐等人均从不同角度对戴震学术、思想予以阐发，虽见解各异，评价不一，但都推动了戴震研究的发展，使戴学在民国年间成为显学，迄于今日而不衰。

总体而言，清末章太炎、刘师培等人对戴震及其思想、学术的阐扬，使戴学开始走上复兴之途；进入民国后，以戴震二百周年诞辰纪念为契机，在梁启超等人的大力倡导与推进下，戴学繁盛起来，渐成显学。当然，由于戴震考据学成就早为世所公认，所以近代的戴学复兴与繁盛，主要是戴震义理学之价值被重新认识与开发，故哲学层面上的探讨更多一些。

---

① 梁启超：《戴东原生日二百年纪念会缘起》，见《饮冰室合集》第 5 册文集之四十，38～39 页。

② 胡适：《戴东原在中国哲学史上的位置》，见《戴东原的哲学》，144 页。

③ 早在 1910 年，蔡元培在所编著的《中国伦理学史》中，便把戴震作为中国伦理学近代转型的一位最重要的代表人物来研究、论述，认为他在这方面的贡献甚至要超过黄宗羲和俞正燮。可见蔡氏很早就注意到了戴氏的义理学贡献并予以阐发。

近代中国学术史上的戴震

——以清末民初学者对其考据学之"科学"性的评估为核心

清末民初，学术界掀起一股回顾和总结中国学术发展史的潮流，其中尤以对有清一代学术的总结为重点。在这方面，章太炎、刘师培、梁启超等人开启端绪，胡适、钱穆等人随后也做了一系列工作。清代学术以考据学为表征，考据学自是受到这些学者的共同关注，但与以往有所不同的是，此时他们看待考据学，已引入了自西方而来的科学视角，即把科学精神、科学方法作为评估尺度，这自然是时代条件所赐。众所周知，戴震是清代考据学杰出的代表之一，所以他的考据学成就理所当然地为清末民初这些学者所重视。他们评价戴震之学，即将所谓"科学"性作为前提。

一、科学视角的引入

清末，章太炎、刘师培、梁启超开始对清学史的研究之时，也正是西学大举涌入中国之日。对当时学界而言，怎样把握这一全新的学科体系，它与中国固有学术的关系如何，以及一系列与此相关的问题，均是亟待认识与解决的，因这关涉中国学术如何适应时代变化，从而向现代转型的关键问题。于是，在清学史的研讨中，梁启超、刘师培便把考据学与西方科学联系起来，引入科学视角评估以戴震为代表的考据学，试图从中寻求一条既与西方接轨、又能保持中国传统的学术更新之路。

在 1904 年发表的《论中国学术思想变迁之大势·近世之学术》中，梁启超指出："本朝学者以实事求是为学鹄，颇饶有科学的精神，而更辅以分业的组织。惜乎其用不广，而仅寄诸琐琐之考据。所谓科学的精神何也？善怀疑，善寻问，不肯妄徇古人之成说，一己之臆见，而必力求真是真非之所存，一也；既治一科，则原始要终，纵说横说，务尽其条理，而备其左证，二也；其学之发达，如一有机体，善能增高继长，前人之发明者，启其端绪，虽或有未尽，而能使后人因其所启者而竟其业，三也；善用比较法，胪举多数之异说，而下正确之折衷，四也。凡此诸端，皆近世各种科学所以成立之由，而本朝之汉学家皆备之，故曰其精神近于科学。……夫本朝考据学之支离破碎，汩殁性灵，此吾侪十年来所排斥不遗余力者也。虽然，平心论之，其研究之方法，实有不能不指为学界进化之一征兆者。"①此时的梁启超对清学的整体评价并不高，但却承认清代学者有科学精神，只是惜其仅用之于考据学。他的所谓"科学的精神"，全系西方近代学术赖以发展壮大的基本精神，故中国考据学家具备此精神，实为"学界进化之一征兆"。

科学精神之讲求，首在于将"实事求是"作为学术研究之目的，梁启超指出了这一点，但未将其具体落实到对清学各派的评价上。实则并非清学各派都具实事求是之风，惠派主"求古"，戴派方主"求是"。刘师培即对戴派学术与科学精神、科学方法的关联深有体会，在发表于 1907 年的《崔述传》中，他指出："近世考证学超越前代，其所以成立学派者，则以标例及征实二端。标例则取舍极严，而语无咙杂；征实则实事求是，而力矫虚诬。大抵汉代以后，为学之弊有二，一曰逞博，二曰笃信。逞博则不循规律，笃信则不求真知，此学术所由不进也。自毛奇龄之徒出，学者始误笃信之非，然以不求真知之故，流于才辩。阎若璩之徒渐知从事于征实，辨别伪真，折衷一是，惟未能确立科条，故其语多歧出。若臧琳、惠栋之流，严于取舍，立例以为标，然笃信好古，不求真知，则其弊也。惟江、戴、程、凌，起于徽歙，所著之书，均具条理

---

① 梁启超：《论中国学术思想变迁之大势》，见《饮冰室合集》第 1 册文集之七，87 页。

界说，博征其材，约守其例，而所标之义、所析之词，必融会贯通以求其审，缜密严栗，略与晳种之科学相同，近儒考证之精恃有此耳。"①即为学只有破除"逞博""笃信"二弊，坚守"标例""征实"二端，才"略与晳种之科学相同"，而真正做到这一点的，唯有皖派学者。

在考据学与科学之关系的问题上，章太炎亦有自己的看法。他是反对将西方学术原理机械套用于中国学术史研究上的，但他所归纳出的清代考据学学术特色与方法，实与梁启超、刘师培借西方科学概念所做之描述颇为相近。他说："盖近代学术，渐趋实事求是之途，自汉学诸公分条析理，远非明儒所能企及。逮科学萌芽，而用心益复缜密矣。"②他还把这种"实事求是"的精神与方法归结为六条，且认为戴派学者最合此例，即："审名实，一也；重左证，二也；戒妄牵，三也；守凡例，四也；断情感，五也；汰华辞，六也。六者不具，而能成经师者，天下无有。学者往往崇尊其师。而江、戴之徒，义有未安，弹射纠发，虽师亦无所避。"③可以说，他虽不像梁、刘二人那样正面谈考据学与西方科学精神之关联，而且对动辄标榜科学有反感④，但其所论，亦不出今日广义所言之科学精神与科学方法。所以如此，盖因中西学术在态度与方法上实有相合之处，不管是否用"科学"一语，精神实质都是一样的。

二、戴氏考据学的"科学"性

尽管清末之时，梁启超、刘师培等人研讨清学史时，已引入了科学

---

① 刘师培：《崔述传》，见《刘申叔遗书》，1825 页。
② 章太炎：《答铁铮》，见《章太炎全集》（四），370 页。
③ 章太炎：《说林下》，见《章太炎全集》（四），119 页。
④ 在《征信论》中，章太炎指出："近世鄙倍之说，谓史有平议者，合于科学，无平议者，不合科学。案史本错杂之书，事之因果，亦非尽随定则。纵多施平议，亦乌能合科学耶？……盖学校讲授，徒陈事状，则近于优戏。不得已乃多施平议，而己不能自知其故。借科学之号以自尊，斯所谓大愚不灵者矣！"［《章太炎全集》（四），59～60 页］由此可见其对标榜科学之态度。

视角，使得中国学术史的研究在旧有格局下增添了新的评估标准。但这种工作在当时是相当初步的，既不成体系，影响面又小。真正把考据学尤其是戴氏考据学与西方科学等同起来，并由此而在学术界产生巨大反响的时机，则是在进入民国以后，尤其是新文化运动大倡"赛先生"（科学）之时，而这样做的主将仍是梁启超以及新文化运动的领袖胡适。

前已言及，1904 年撰《论中国学术思想变迁之大势·近世之学术》时，梁启超对清代考据学评价不高，虽称其有科学精神，却又认为它有失经世致用之旨，"其用不广，而仅寄诸琐琐之考据"。到 1920 年撰《清代学术概论》时，他的态度发生了根本变化，不再以是否经世作为评价学术之标准，而是主张"为学问而治学问"。他说："正统派所治之学，为有用耶？为无用耶？此甚难言。……有用无用云者，不过相对的名词。老子曰：'三十辐共一毂，当其无，有车之用。'此言乎以无用为用也。循斯义也，则凡真学者之态度，皆当为学问而治学问。夫用之云者，以所用为目的，学问则为达此目的之一手段也。为学问而治学问者，学问即目的，故更无有用无用之可言。……就纯粹的学者之见地论之，只当问成为学不成为学，不必问有用与无用，非如此则学问不能独立，不能发达。夫清学派固能成为学者也，其在我国文化史上有价值者以此。"①需要指出，近代学者中认识到学术具有独立价值，不能过分强调学术经世的并非始自梁启超，早在 1906 年章太炎发表《与人论朴学报书》时，就以汉儒为例说明此理，"通经致用，特汉儒所以干禄，过崇前圣，推为万能，则适为桎梏矣"②。即过于强调学术的经世功能，会助长学人的干禄躁进之风，如此，学术对象的真正面貌便难以准确了解。此后，章氏又有一系列相关论述谈及此问题。梁启超在章氏之后全面系统地阐明了近代学者对学术所应抱持的客观超然态度，凸显学术的独立性与非功利性，这表明中国传统学术向现代转型的时机已成熟，即不止一个学界领袖对学术非为手段而是目的有了较为深切的认知，从而在思

---

① 梁启超：《清代学术概论》，见朱维铮校注：《梁启超论清学史二种》，40 页。
② 章太炎：《与人论朴学报书》，见《章太炎全集》（四），154 页。

想意识上接受了这种导致西方学术（科学）发达的现代理念，接下来所要做的自然是在学术研究中期以体现。所幸清儒从事的考据研究在表象上与这种理念颇为相似，为中国学术向现代转型提供了一个可资参照的对象，故梁启超等人均抓住此契机，从对清学的评价入手寻求更新传统学术的资源。

既然梁启超眼里的清代考据学有"为学问而治学问"的精神，与西方科学相近，那么他在《清代学术概论》中一再强调此点，视之为自己论清学史的一大特色，便是自然而然的事情了。梁氏一向视惠栋之学为"求古"之学，戴震之学为"求是"之学，而与科学方法相近的是"实事求是""无征不信"，所以他虽谈的是考据学与科学的关联，实际上主要是指戴派考据学与科学的关联。他认为，"戴震之精神""清学派之精神"与近代西方"实证哲学派"的精神相通。他引用戴震《与姚姬传书》中的一段话作为证明，戴氏书中言："凡仆所以寻求于遗经，惧圣人之绪言，暗汶于后世也。然寻求而获，有十分之见，有未至十分之见。所谓十分之见，必征之古而靡不条贯，合诸道而不留余议，巨细毕究，本末兼察。若夫依于传闻以拟其是，择于众说以裁其优，出于空言以定其论，据于孤证以信其通。虽溯流可以知源，不目睹渊泉所导，循根可以达杪，不手披枝肄所歧，皆未至十分之见也。以此治经，失不知为不知之意，而徒增一惑，以兹识者之辨之也"[①]梁启超则说："其所谓十分之见与未至十分之见者，即科学家定理与假说之分也。科学之目的，在求定理，然定理必经过假设之阶级而后成。初得一义，未敢信为真也，其真之程度，或仅一二分而已，然姑假定以为近真焉，而凭借之以为研究之点，几经试验之结果，寝假而真之程度增至五六分，七八分，卒达于十分，于是认为定理而主张之。其不能至十分者，或仍存为假说以俟后人，或遂自废弃之也。凡科学家之态度，固当如是也。震之此论，实从甘苦阅历得来。"[②]由此可见，梁启超心目中的戴震考据学简直就是西方科学精神在

---

① （清）戴震：《与姚孝廉姬传书》，见《戴震集》，汤志钧校点，184～185 页。
② 梁启超：《清代学术概论》，见朱维铮校注：《梁启超论清学史二种》，30～31 页。

中国的翻版，只是"惜乎此精神仅应用于考古，而未能应用于自然科学界，则时代为之也"。① 总之，戴学诸公之所以成就巨大，"一言以蔽之曰：用科学的研究法而已"②。

在《戴东原生日二百年纪念会缘起》中，梁启超再次强调戴震之研究法的重要，说："东原本人自己研究出来的成绩品，可宝贵的虽然甚多，但他同时或后辈的人有和他一样或更优的成绩品的也不少。东原在学术史上所以能占特别重要位置者，专在研究法之发明，他所主张'去蔽''求是'两大主义，和近世科学精神一致。他自己和他的门生各种著述中，处处给我们这种精神的指导。这种精神，过去的学者虽然仅用在考证古典方面，依我们看，很可以应用到各种专门科学的研究，而且现在已经有一部分应用颇著成绩，所以东原可以说是我们'科学界的先驱者'。"③ 即在梁氏眼里，戴震的学术成就固然重要，但其在学术史上之所以有崇高地位，关键还不在这里，而是在于其"和近世科学精神一致"的"研究法之发明"，正由于此，他才是"科学界的先驱者"。

从梁启超的上述言论来看，他此时对戴震的推崇，主要着眼于其治学方法和治学精神的"科学"性。之所以出现这种局面，一是因梁氏论述清代学术有用文艺复兴比拟的大框架，而欧洲文艺复兴对科学的探究，无疑会启发他寻找在中国的对应物。二是"五四"时期科学思潮的兴起和胡适对科学方法的大力推介，对梁氏产生了较大影响。梁氏的《清代学术概论》和纪念戴震二百年诞辰的一系列论著，其写作皆笼罩在"五四"科学主义思潮大流行的总体氛围下，是不争的事实④，而好友胡适对此

---

① 梁启超：《清代学术概论》，见朱维铮校注：《梁启超论清学史二种》，31 页。
② 梁启超：《清代学术概论》，见朱维铮校注：《梁启超论清学史二种》，37 页。
③ 梁启超：《戴东原生日二百年纪念会缘起》，见《饮冰室合集》第 5 册文集之四十，38 页。
④ 按，梁启超此时的心态颇矛盾。1920 年春，他从第一次世界大战结束不久的欧洲返国，有感于所看到的西方文明的破败，因而提倡中国传统文化，欲以之救西方文明之衰颓。另一方面，他又赞美西人方法论的精致与科学，因而主张输入之。前者与新文化运动的思想潮流相违，后者却又相符。他的《清代学术概论》等著强调清儒治学的"科学"性，是体现了后者。应该说，关于"五四"时期的梁启超思想，是一个相当复杂的问题。囿于主题，本文只谈输入"科学"这一方面，特此说明。

潮流的全力推动以及在清儒考据学中发掘科学方法的做法，是对梁氏的又一层刺激①。需要指出，《清代学术概论》的写作有胡适的鼓励，初稿经胡适过目并提出修改意见。不仅如此，胡适对清代考据学与科学之关系的看法与梁氏惊人地相似，他认为："中国旧有的学术，只有清代的'朴学'确有'科学'的精神。"清代学者的治学方法"总括起来，只是两点：大胆的假设和小心的求证。假设不大胆，不能有新发明。证据不充足，不能使人信仰"，"清学的宗师戴震"是深通此"清学的真精神"的。②"戴氏是一个科学家，他长于算学，精于考据，他的治学方法最精密，故能用这个时代的科学精神到哲学上去……他的哲学是科学精神的哲学。"③可见胡适同样十分赞赏戴氏之学的"科学精神"与"科学方法"。他所总结出的清儒治学方法"大胆的假设，小心的求证"，亦是他本人倡导科学方法的十字箴言。若以之与前引梁启超论戴震的某些议论相较④，则更可看出胡适此语与梁氏之议论以及戴震之主张的一致性。也许不能单纯强调此时胡适对梁启超的影响，说两人相互影响、相互启示可能更合适。总归经由两人的共同努力，以戴氏考据学为代表的清代学术近于科学的说法，在当时广为人知并产生相当深远的影响。

　　梁启超与胡适用科学精神、科学方法作尺度来解释与评估戴氏考据学，其目的是想在中国学术传统里发掘出西方式的科学精神或科学方法，以利于中国学术的现代转型。梁、胡之用意和其努力之成果固然可嘉，但问题在于，以戴氏考据学为代表的"方法"与"精神"是否真的为"科学"？侯外庐曾指出，清儒的治学精神，"在梁任公、胡适之论来，

---

　　① 此时胡适正发起以"科学方法"整理国故的运动，而且他对此"方法"极为重视，晚年曾自述："我治中国思想与中国历史的各种著作，都是围绕着'方法'这一观念打转的。'方法'实在主宰了我四十多年来所有的著述。"见［美］唐德刚译注：《胡适口述自传》，94 页，上海，华东师范大学出版社，1993。
　　② 胡适：《清代学者的治学方法》，见《胡适文存》一集，285、298～300 页，合肥，黄山书社，1996。
　　③ 胡适：《几个反理学的思想家》，见《胡适文存》三集，74 页。
　　④ 戴震有"所谓十分之见与未至十分之见者，即科学家定理与假说之分也。科学之目的，在求定理，然定理必经过假设之阶级而后成"。梁启超：《清代学术概论》，见朱维铮校注：《梁启超论清学史二种》，30 页。

便崇赞为'近世的科学方法'。这是似是而非的论断"。侯氏承认戴震关于治学的见解"合于一部分科学的精神，它的主要内容是'无所顾虑'。然而乾嘉学者不是在严格意义上'无所顾虑'的，大部分汉学家，因为没有将来社会的信仰，在结论上还是被古道所桎梏的，换言之，在古籍的狭小天地中只有科学态度的冷静，而没有科学态度的热力，这热力是要超出于古籍而进入于物质世界与光明社会的。……所以，乾嘉汉学，是有科学精神的要素，而不是代表科学方法"①。张君劢也反对把考据学方法与西方科学方法等同，他在评论《清代学术概论》时指出："考证学在西方名曰文字学，如柏拉图氏之书之真假之研究，古代名物之研究，均属此项文字学，倘以文字学中之科学方法，视之与汉学家所用之方法，为同一科学方法，则西方培根氏所提倡之新方法，岂不等于故纸堆中之生活，何以能成为科学界之先驱呢？"②此外，当代学者林毓生、郭颖颐亦认为胡适等人对科学方法有误解，胡适所持的只是科学主义信仰，他把现代科学方法与清代学者的"经验主义"等同起来，是牵强而又浅薄的。③

平心而论，以今日之学术眼光来论定梁启超、胡适把清代考据学与西方科学相等同的做法是一种牵强附会，颇为容易，且有学者已进一步指出："胡梁等近代学人之所以能够将清代学术抬举为科学，乃是采用了将'科学'的'方法'与'精神'从科学系统中抽离出来的手法，而这一点

---

① 侯外庐：《近代中国思想学说史》上册，370～372页。杨念群也认为："乾嘉学术的经验式研究与西方实证主义的一个重大区别在于，它隐含着一个不变的知识论前提：经典中所蕴藏的知识信息在源起的状态下已经具有了自足的性质，其合理性是不容置疑的，之所以后来出现偏离是经书篡伪与王学传统主观歪曲的结果。经验研究的目的不是证明某种历史的客观存在的意义，而是证明经书微言大义的初始的自足合理性，所谓'识字'并非摈除义理的辨析而是作为阐明义理的基础。"见杨念群：《中层理论——东西方思想会通下的中国史研究》，33～34页，南昌，江西教育出版社，2001。

② 张君劢：《评梁任公先生〈清代学术概论〉中关于欧洲文艺复兴、宋明理学、戴东原哲学三点》，载《民主评论》，第15卷，第2期，1964。

③ 参见林毓生：《民初"科学主义"的兴起与含意——对"科学与玄学"之争的研究》，见《中国传统的创造性转化》，252～272页，北京，生活·读书·新知三联书店，1988；[美]郭颖颐：《中国现代思想中的唯科学主义（1900—1950）》，雷颐译，77～78页，南京，江苏人民出版社，1989。

恰是成问题的。"①这些论述都是非常恰当的。但问题在于，若回到梁启超、胡适当年为此论的语境中去，就不能不首先承认梁、胡之论的合理性与积极意义。在中国传统学术向现代转型的关键时刻，欲将古老的经、史、子、集四部转化为与现代西方学术相似的学科分类体系，从而实现中国学术"科学化"的目标，其入手处必为中国古学中具"科学"色彩的学科。但就像梁启超所坦承的："我国数千年学术，皆集中社会方面，于自然界方面素不措意，此无庸为讳也。"②故难于从自然界所涉学科起步，而社会方面的经史考证之学恰在方法手段上似与西方科学相近，易于成为与西方科学相接的突破口。所以要首先从此形似于却非神似于科学的考据之学入手，实现中西学术的相通相融。实则胡适等人后来也意识到仅靠从故纸堆中寻求"科学方法""科学精神"，是不能给中国学术带来近代西方式的进步的。这种"事后诸葛亮"式的认识固然有其意义，但起初就考虑到从中国传统学术里寻求导引学术走向现代的资源，无论如何也是值得肯定的。对于今日学术界，肯定之余所需思考的应该是：在把考据学之类纳入"科学"大框架，"科学"思维笼罩一切之后，中国学术失落了什么？

---

① 刘巍：《钱穆与胡适梁启超关于清代学术史整理的思想交涉——以戴震研究为例》，见中国社会科学院近代史研究所主编：《中国社会科学院近代史研究所青年学术论坛 1999年卷》，265 页，北京，社会科学文献出版社，2000。

② 梁启超：《清代学术概论》，见朱维铮校注：《梁启超论清学史二种》，24 页。

近代中国思想史上的戴震

——以章太炎、刘师培、梁启超、胡适对戴震义理学的解说视角为核心

戴震在清代思想、学术史上具有关键地位，这已是如今人所共知的事实。但在清末以前，戴震在人们心目中主要还是考据大师，其地位是学术史上的，而非思想(哲学)史上的。今日戴震在学术、思想上完整地位的确立，尤其是戴震义理学之价值在遭长久忽视①后被重新认识和开发，与清末民初学者的大力阐扬密不可分。在这方面，章太炎、刘师培、梁启超、胡适等人功不可没。他们从不同视角对戴震义理学所做的解说，不仅恢复了戴震的完整形象，而且促使戴学在民国年间成为显学，迄于今日而不衰。

一、民族主义视角下的考察

在阐发戴震之学方面，近代学者中章太炎有开启之功。就像侯外庐所言，章太炎"是近代首先评论戴学的人"②。戴震首次进入章太炎的视野，是在 1900 年所撰《学隐》一文中。章太炎在文中言："若东原者，观

---

① 与戴震同时和其后之清代学者，大都只推崇其考据学，相对冷落其义理学，只有洪榜、焦循、凌廷堪等极少数学者认可并推崇其义理学之价值。所以戴氏义理学在清末之前始终处于边缘状态，甚至可以说，戴学后续者大多只继承了一半的戴学。实际上，正如余英时先生所指出的，戴震"虽然同时从事于义理和考证两种性质不同的工作，但是他对前者的重视和偏爱则远超过了后者"。引自余英时：《戴东原与清代考证学风》，见《论戴震与章学诚：清代中期学术思想史研究》，105 页。

② 侯外庐：《近代中国思想学说史》上册，384 页。

其遗书，规摹闳远，执志故可知。当是时，知中夏黤黯不可为……士皆思偷惕禄仕久矣，则惧夫谐媚为疏附，窃仁义于侯之门者。故教之汉学，绝其恢谲异谋，使废则中权，出则朝隐。如是足也！"①即戴震在世之时，清廷统治已稳定多年，人们渐忘当初之痛苦，仁人志士"知中夏黤黯不可为"，于是戴震等人通过标识汉学，对清廷进行特殊形式的抗争，由"学隐"来造就"朝隐"，不与统治者合作，所以戴震之书"规摹闳远"。说戴震之讲汉学，是以消极方式反对清廷，今天看来，应属章太炎的想象之辞。但问题在于，章太炎何以会有此想象之辞。这就不能不从章氏当时所处的时代环境和社会思潮谈起。

  章太炎阐扬戴学之时，正是"排满"革命风潮一日千里之际。众所周知，章氏是"排满"革命最激烈的倡导者，总是抓住一切机会宣扬"排满"。但与孙中山等革命领导人不同的是，身为国学大师，章氏之宣扬"排满"，往往与其学术素养有密不可分的关系，即他习惯于从所熟知的中国传统学术、文化中寻找思想资源。也就是说，"排满"革命与研讨国学这两种追求在他那里是统一的，就像1906年他甫到日本时所言："用国粹激动种姓，增进爱国的热肠。"②在这方面，不仅章太炎，刘师培亦然，奉章、刘二人为领袖的国粹派也是如此。国粹派之兴起和国粹思潮的广泛传播，一个直接导因便是为适应"排满"革命的需要。③故而国粹派学者常常把他们视为国之"粹"的先贤遗文刊印出来，以助益"排满"革命。而在他们所刊印的《国粹丛书》中，恰恰就有戴震《孟子字义疏证》《原善》等著作。由此即可看出，章太炎将戴震视作可引为同道的政治思想家，从戴氏著作中获取"排满"的思想资源，是毫不足怪的。

  正是出于上述因素，章太炎谈及戴震义理著作时，亦尽力发掘其中有反清色彩的"微言大义"。他说："戴君生雍正乱世，亲见贼渠之遇士

  ① 章炳麟：《学隐》，见《訄书初刻本 重订本》，朱维铮编校，165页，北京，生活·读书·新知三联书店，1998。

  ② 章太炎：《东京留学生欢迎会演说辞》，载《民报》，第6号，1906-07-25。

  ③ 参见郑师渠：《晚清国粹派——文化思想研究》，41～42页，北京，北京师范大学出版社，1997。

民，不循法律，而以洛、闽之言相稽。哀矜庶戮之不辜，方告无辜于上，其言绝痛。"①"震自幼为贾贩，转运千里，复具知民生隐曲，而上无一言之惠，故发愤著《原善》、《孟子字义疏证》，专务平恕，为臣民诉上天。明死于法可救，死于理即不可救。又谓衽席之间，米盐之事，古先王以是相民，而后人视之猥鄙。其中坚之言尽是也。"②可以看出，章太炎把戴震著《原善》《孟子字义疏证》的动机总结为控诉清朝专制统治之暴虐，因清廷皇帝借程、朱理学"以理杀人"，故必从揭露理学入手。在《东京留学生欢迎会演说辞》中，章氏把这层意思说得更为明确，即戴震"虽专讲儒教，却是不服宋儒，常说'法律杀人，还是可救；理学杀人，便无可救'。因这位东原先生，生在满洲雍正之末，那满洲雍正所作朱批上谕，责备臣下，并不用法律上的说话，总说'你的天良何在？你自己问心可以无愧的么？'只这几句宋儒理学的话，就可以任意杀人。世人总说雍正待人最为酷虐，却不晓是理学助成的。因此那个东原先生，痛哭流涕，做了一本小小册子，他的书上，并没有明骂满洲，但看见他这本书，没有不深恨满洲"③。

综合来看，上述言论，无不是从民族主义视角出发对戴震的理解。所以钱穆评论道："近儒首尊东原者自太炎，特取其排程、朱，以清末治程、朱率恶言革命也。又谓：'东原著书，特发愤于清廷之酷淫，皆一时权言耳。'《检论》成于民国三年，排斥程、朱之谈，太炎亦复不取。……至东原著书初意，是否如太炎所云云，兹可勿论耳。"④钱穆之论，颇为有理，但是说进入民国后章太炎不再取戴震排程、朱之言，则未免绝对。《检论》自《訄书》修订而成，其中本就极少谈及戴氏义理学，《学隐》虽经增补，但总体意图未变。《检论》外，民国年间章氏的论戴著述仍一如既往地强调，戴氏义理之作旨在揭露宋儒"以理杀人"，是有所为而发。如完成于 1916 年的《菿汉微言》仍说，戴震"生当雍正、乾隆之

---

① 章太炎：《说林上》，见《章太炎全集》(四)，118 页。
② 章太炎：《释戴》，见《章太炎全集》(四)，122 页。
③ 章太炎：《东京留学生欢迎会演说辞》。
④ 钱穆：《中国近三百年学术史》，396 页。

交，见其诏令谪人，辄介程朱绪言以戢法，民将无所厝手足，故为《原善》、《孟子字义疏证》，斥理欲异实之谬……其间虽有诋诃，亦犹庄周书之讥孔子，禅宗之诃佛骂祖，其所诃固在此不在彼也"[1]。晚年在苏州国学讲习会所做的讲演中，章氏还是强调戴震"作《原善》《孟子字义疏证》。其大旨有二：一者，以为程、朱、陆、王均近禅，与儒异趣；一者，以为宋儒以理杀人，甚于以法杀人。盖雍乾间，文字之狱，牵累无辜，于法无可杀之道，则假借理学以杀之。东原有感于此，而不敢正言，故发愤为此说耳"[2]。在去世前一年所写《答李源澄论戴东原〈原善〉〈孟子字义疏证〉书》中，他又说，戴氏"言以理杀人，甚于以法杀人，此则目击雍正、乾隆时事，有为言之。当是时，有言辞触忤与自道失职而兴怨望者，辄以大逆不道论罪。……观其定狱，往往不下刑部，而属之九卿会议，以刑部尚持法律，九卿则可以轶出绳外、从上所欲尔。东原著书骨干不过在此，而身亦不敢质言，故托诸《孟子字义疏证》以文之"[3]。可见章太炎对戴氏述学动机的总结，终其一生没有大的变化。辛亥前这样做可说是"排满兴汉"的革命时局所需，辛亥革命后直至去世前仍持此论，则说明非"一时权言"，而是根本立论所在。也就是说，将戴氏之撰义理著作，看作是借批评宋儒"以理杀人"来抨击清廷之暴虐统治，这种民族主义视角下的认识与理解，乃章氏论戴震义理学的基本前提。

民族主义与民主主义常常是相通的，尤其在清末，"排满兴汉"的民族主义目标同时也是推翻皇权专制的民主主义目标，但在章太炎那里，过于强烈的民族主义情结往往掩盖或代替了他的民主主义追求，他对戴震的上述评价，就已表现出这种倾向。而同为革命党人、国粹派领袖的

---

① 章太炎：《菿汉微言》，见《菿汉三言》，虞云国标点整理，40页，沈阳，辽宁教育出版社，2000。

② 章太炎：《诸子略说》，见《国学讲演录》，193页，上海，华东师范大学出版社，1995。

③ 章炳麟：《答李源澄论戴东原〈原善〉〈孟子字义疏证〉书》，载《学术世界》，第1卷，第7期，1935。

刘师培则不像章氏，他在谈及戴震义理著作时，尽管也关注民族主义目标，但相对而言，更看重戴氏书中的民主主义诉求。在《中国民约精义》里，刘师培以《孟子字义疏证》中的言论与卢梭《民约论》相印证，发掘其中具有民主意蕴的思想。在《东原学案序》里，刘氏又指出，程、朱之兴，"以三纲立教，而名分之说遂为人主所乐闻，立之学官，颁为功令，民顺其则，不识不知，然祸中生民，盖数百年于兹矣。近代以来，鸿儒辈出，鄞县万氏，萧山毛氏，渐知宋学之非，或立说著书，以与宋儒相诘难，而集其成者，实惟东原戴先生。东原之书，以《原善》、《孟子字义疏证》为最著。……西国民主政治，凡立一政行一法，咸取决于多数之民，所谓公好恶也。且倡人类平等之说，舍势论理。而戴氏所言，与之相合。则戴氏之功，岂减卢梭、斯鸠哉！"①可见同样是发掘戴氏书中反专制的思想，但章、刘二人之议论明显有倾向上的差异。② 刘师培号称"激烈派第一人"，又更名"光汉"，是"排满兴汉"的大力鼓吹者，以民族主义立场评论戴氏在他那里应是很自然的事情，但他却未在这方面大做文章，也许是因章太炎已有此议论而不欲重复吧！不过无论如何，这倒说明了章、刘等人此时发掘戴震义理思想之精义是有共同政治意图与政治目的的，民族主义与民主主义在这一问题上已统一起来。

此外还需提及的是，1907 年至 1908 年刘师培一度信奉无政府主义，其间往往以无政府学说为标准衡量清人的政治思想，对戴震的评价也不例外，说"或谓戴氏之书在于抵排专制，足遂民性之自由，不知昔日之制，不过少数之人权力以凌其下，今则多数之人，各于利权相竞，弱肉强食，为害益深。而中级社会之子，上竞利权，下陵贫弱。戴氏谓宋儒以意见为理，长悖厉恣睢之风；吾则谓戴氏说行，悖厉恣睢，较习

---

① 刘师培：《东原学案序》，见《刘申叔遗书》，1759 页。
② 章太炎不仅较少谈及民主主义目标，且对将戴氏言论与西方民主思想相比附表示不满，曾指出："戴氏作《原善》及《孟子字义疏证》，遂人情而不制以理，两本孟子、孙卿。王守仁以降，唐甄等已开其题端，至戴氏遂光大之，非取法于欧罗巴人言自由者。世人欲以一端傅会，忘其所自来。"见章太炎：《征信论上》，《章太炎全集》（四），56 页。

宋学者为尤甚"①。这种迥异于前的评价，其所依据的准则为："盖持衡学派之得失，当视其涉及人治与否，一涉人治，则虽有良法美意，决不足以利多数人民，其害较宗教为尤甚。"②也就是说，只要是不符合无政府主义理想的"人治"思想，便都应否定。所以不仅戴震，顾炎武、黄宗羲、王夫之、颜元等人的政治思想，此时皆被他一概否定。不过纵观刘氏一生对戴震思想的总评价，这种看法在他仅是一时之论，不能作为最终之论看待。

二、哲学视角下的阐释

戴震义理学虽有政治意义，特别是后人附加的大量政治意义，但究其根本，毕竟是一种学术，属今人所言之哲学范畴，欲明了其底蕴，不能脱离这一基本判断。在这方面，刘师培、章太炎于阐发其政治意义的同时，做了不少工作，梁启超、胡适更是直接采用"哲学"一词，予以学术上的新解。

在完成于1905年、1906年的《东原学案序》《戴震传》中，刘师培对戴氏义理之论做了学理上的阐释。他认为戴氏能将训诂与义理结合起来，从而兼具两者之长，故所论超越了宋儒。但若从西方心理学、唯心论的角度考量，则瑕疵立现。刘氏直接在文中引用了《穆勒名学》和日本学者井上圆了的《哲学要领》《哲学原理》等著作，以与戴氏义理学相印证。由此可以看出，刘氏虽未直接以"哲学"一词标明戴震义理学，但哲学视角已为他所采纳。

与刘师培相比，章太炎显得过于看重戴氏义理学的政治用意，对其所具有的哲理性评价不高。尽管称其"推本于晚周大师，近校宋儒为得

---

① 刘师培：《非六子论》，见李妙根编选：《国粹与西化——刘师培文选》，224页，上海，上海远东出版社，1996。
② 刘师培：《非六子论》，见李妙根编选：《国粹与西化——刘师培文选》，225页。

真"①。且在1910年发表的《释戴》中，谈及《原善》《孟子字义疏证》的哲理性，但在同年所发表的另一篇文章里，则说戴震"做几卷《孟子字义疏证》，自己以为比宋儒高，其实戴家的话，只好用在政事一边，别的道理，也并没得看见。宋儒在《孟子》里头翻来翻去，戴家也在《孟子》里头翻来翻去。……孟子一家的话，戴家所发明的，原比宋儒切实，不过哲理不能专据孟子"②。晚年在苏州国学讲习会讲演时，又说："东原之说，在清儒中自可卓然成家，若谓可以推倒宋儒（段若膺作挽词有'孟子之功不在禹下'语，太过），则未敢信也。"③在这样的认识前提下，章氏自然对戴震义理学的哲学价值阐发得不多，尽管他较重视对其"推本于晚周大师"的述学风格加以诠释。至于对"哲学"一词的使用，章氏也略有保留，只是到"五四"之后才徇俗，断言"我国的诸子学，就是现在的西洋所谓哲学"，"因此，治子且主'不遏抑人欲'的戴东原，就被作为哲学家来论述了"。④

在章、刘、梁三人中，一直以"哲学"一词涵盖戴震义理学的是梁启超。清末梁启超最初谈及戴氏《孟子字义疏证》与《原善》时，便称"其言颇有近于泰西近世所谓乐利主义者，不可谓非哲学派中一支流"⑤。同年（1904年），王国维在《国朝汉学派戴阮二家之哲学说》中，亦将戴派义理学视为"我国最近哲学上唯一有兴味之事"。两人不约而同地开始以哲学眼光审视戴震义理学。

五四运动之后，梁启超又在一系列论著里对戴震义理之作贯以哲学名义的考察。他说："《孟子字义疏证》，盖轶出考证学范围以外，欲建设一'戴氏哲学'矣"，"《疏证》一书，字字精粹……综其内容，不外欲以'情感哲学'代'理性哲学'"。⑥"宋明以来之主观的理智哲学，到清初而

① 章太炎：《说林上》，见《章太炎全集》（四），118页。
② 章太炎：《论教育的根本要从自国自心发出来（一九一○年）》，见汤志钧编：《章太炎政论选集》上册，505页，北京，中华书局，1977。
③ 章太炎：《诸子略说》，见《国学讲演录》，197页。
④ 陈平原：《中国现代学术之建立——以章太炎、胡适之为中心》，255页。
⑤ 梁启超：《论中国学术思想变迁之大势》，见《饮冰室合集》第1册文集之七，93页。
⑥ 梁启超：《清代学术概论》，见朱维铮校注：《梁启超论清学史二种》，32、34～35页。

发生大反动，但东原以前大师，所做的不过破坏工夫，却未能有所新建设，到东原才提出自己独重情感主义，卓然成一家言。他这项工作，并不为当时人所重视，但我们觉得他的话是在世界哲学史上有价值的，最少也应该和朱晦翁、王阳明平分位置，所以东原可以说是我们'哲学界的革命建设家'。"①"东原学术，虽有多方面，然足以不朽的全在他的哲学。"②这些论断，足以证明梁启超心目中的戴震义理学地位之高，他已完全将其视为一种哲学，并肯定它在哲学史上的重要位置。这种做法，既使戴震学术有了现代意味（义理学成为哲学），又使戴震思想以"情感哲学""情感主义"的面目得一新解，其意义不言而喻。

　　五四运动后与梁启超一同对戴震义理学做哲学阐释的是胡适，两人在不少方面的见解很接近，相互商讨、相互影响之处颇多。胡适认为："（戴震）是朱子以后第一个大思想家，大哲学家。……他在哲学的方面，二百年来，只有一个焦循了解得一部分；但论思想的透辟，气魄的伟大，二百年来，戴东原真成独霸了！"③这一评价，与梁启超所言戴震"最少也应该和朱晦翁、王阳明平分位置"是颇为相近的。不仅如此，胡适亦强调戴震的反礼教、重欲望，说"戴震是反抗这种排斥人欲的礼教的第一个人"，他抬高欲望的重要性，"在中国思想史上是很难得的"。④此说也与梁启超所概括的"到东原才提出自己独重情感主义"一语有相近之处。此外，关于戴震哲学的理论渊源，两人的见解也极相合，即都认为戴震思想某种程度上是颜李学派影响下的产物，尽管缺乏直接证据。⑤ 当然，梁、胡二人之见也是有渊源的，晚清戴望所撰《颜氏学记》

---

　　① 梁启超：《戴东原生日二百年纪念会缘起》，见《饮冰室合集》第 5 册文集之四十，38～39 页。
　　② 梁启超：《戴东原哲学》，见《饮冰室合集》第 5 册文集之四十，52 页。
　　③ 胡适：《戴东原在中国哲学史上的位置》，见《戴东原的哲学》附录，144 页。
　　④ 胡适：《戴东原的哲学》，50、52 页。
　　⑤ 梁启超说："我深信戴原的思想，有一部分是受颜李学派影响而成。虽然在他的著作中一点实证也找不出来，但我觉得这件事有可能性。"引自梁启超：《戴东原哲学》，《饮冰室合集》第 5 册文集之四十，60～61 页；胡适说："我们看他的两部哲学书——《孟子字义疏证》和《原善》——不能不疑心他曾受着颜李学派的影响。"引自胡适：《戴东原的哲学》，16 页。

对此所发的议论影响了他们，刘师培也曾有过类似看法。[①]虽然此后的学术界对梁、胡二人的这一主张并不完全认同[②]，但在民国初期，梁、胡二人的这种探索还是非常有助于强化戴震的哲学地位的。

应该说，正是经由章太炎、刘师培、梁启超、胡适等人的努力，尤其是五四运动之后梁、胡二人的努力，戴震的哲学家地位在现代学术界才被确立下来，加之此后冯友兰、侯外庐等人在哲学史、思想史著作中的进一步阐发，戴震哲学研究成为中国哲学史研究中的经典性课题，迄于今日而不衰。

三、所谓"反理学的思想家"

从章太炎、梁启超到胡适，谈论戴震时有一共同趋向，即重视戴震思想中的"反理学"倾向，胡适更直接命名戴震为"反理学的思想家"。

前已言及，章太炎某种程度上是将戴震视为政治思想家的，他对戴氏谈义理之动机的解释是：因为不满清廷统治，不满皇帝借程、朱理学"以理杀人"，所以从揭露理学入手阐发己之理念。由此情形可以推断，章氏眼里戴震的"反理学"主要是政治层面上的。

梁启超对戴震"反理学"的议论始自《清代学术概论》，其基本点在于两条：一是出于对清代学术的总体评价；二是出于对"戴氏哲学"的理解。实则两者密不可分，皆与梁氏引入"文艺复兴"作为研究视角相关。就前者而言，《清代学术概论》的叙述框架是用欧洲文艺复兴比拟清代思想学术，即"清代思潮"是"对于宋明理学之一大反动，而以'复古'为其职志者也。其动机及其内容，皆与欧洲之'文艺复兴'绝相类"[③]。而戴

---

① 刘师培说："至先生（按，指颜元）论学惟《存性》一编，辟宋儒气质之说，实开东原学派之先。"见刘师培：《习斋学案序》，见《刘申叔遗书》，1756 页。

② 参见张舜徽：《清代扬州学记》，4～7 页，上海，上海人民出版社，1962；周兆茂：《戴震哲学新探》，174～175 页，合肥，安徽人民出版社，1997。

③ 梁启超：《清代学术概论》，见朱维铮校注：《梁启超论清学史二种》，3 页。

震思想与学术，正是梁启超眼里"对于宋明理学之一大反动"的典型代表；就后者而言，"戴氏哲学"是以"情感哲学"代"理性哲学"，"乃与欧洲文艺复兴时代之思潮之本质绝相类。盖当时人心，为基督教绝对禁欲主义所束缚，痛苦无艺，既反乎人理而又不敢违，乃相与作伪，而道德反扫地以尽。文艺复兴之运动，乃采久阔窒之'希腊的情感主义'以药之。一旦解放，文化转一新方向以进行，则蓬勃而莫能御。戴震盖确有见于此，其志愿确欲为中国文化转一新方向。其哲学之立脚点，真可称二千年一大翻案。其论尊卑顺逆一段，实以平等精神，作伦理学上一大革命"①。从这段话来看，梁启超显然是将矛头指向宋明理学的，即文艺复兴反对的是"基督教绝对禁欲主义"，与之相类的戴氏"情感哲学"则针对束缚中国人的理学。此后在纪念戴震二百周年诞辰时，梁氏又发挥此意，进一步把戴氏所倡"情感主义"与宋明"理智哲学"对立起来。总之，梁启超对戴震"反理学"之彰扬，是基于他对宋明思想学术与清代思想学术之关系的基本看法，是其"理学反动说"的必然结果②，这与章太炎基于政治因素的考虑而揄扬戴震之"反理学"，是不同的③。当然，这里也有学术之外的时代因素在起作用，"五四"时期的个性解放思潮和对礼教的批判，恰为梁氏谈戴氏"反理学"提供了一个适当的时机与空间。

　　再看胡适，他不但接受了"理学反动说"，而且有了进一步的发展。他明确指出："中国的近世哲学可分两个时期：（A）理学时期——西历1050—1600。（B）反理学时期——1600至今日。"④反理学的思想家主要是顾炎武、颜元、戴震、吴稚晖等人，戴震是其中的枢纽人物。与梁启超一样，胡适也强调戴氏学说中的"情感主义"，即"理学最不近人情之处在于因袭中古宗教排斥情欲的态度。戴学的大贡献正在于充分指出这

---

① 梁启超：《清代学术概论》，见朱维铮校注：《梁启超论清学史二种》，35页。
② 丘为君：《清代思想史"研究典范"的形成、特质与义涵》，载《清华学报》，第24卷，第4期，1994。该文将梁启超、胡适的清学史理论界定为"理学反动说"。
③ 按，章太炎并不主张将戴氏之见用于政事之外，说"夫言欲不可绝，欲当即为理者，斯固莅政之言，非饬身之典矣。"此与梁启超之言"情感主义"颇不一致。参见章太炎：《释戴》，《章太炎全集》（四），123页。
④ 胡适：《几个反理学的思想家》，见《胡适文存》三集，55页。

一个紧要关键"①。而且亦言"戴氏的主张颇近于边沁（Bentham）、弥尔（J. S. Mill）一派的乐利主义（Utilitarianism）"②。当然，在"五四"时期的大背景下，作为新文化领袖的胡适对戴震思想有这样的看法是很自然的，很难说全系梁启超影响所致，实际上两人在不少方面是相互影响的。此外还需提及，胡适之谈戴震"反理学"，亦继承了章太炎的说法，就像有学者所言："'五四'时代的打孔家店、反理学家，本就与章太炎颇多关联；章氏关于戴震述学动机的发掘，很合胡适的口味，几被全部接受，只是补充了一点《大义觉迷录》的材料。"③但比之章氏的强调政治用意，胡适还是更多地着眼于建立"反理学"的戴氏哲学，学术意味相对浓厚。即就现实应用而言，章氏所言针对清廷的民族压迫，而胡适则适应"五四"时期反礼教的大环境而建言，所以尽管胡适认同章氏的说法，但在主要主张上的指向明显相异。

由此可见，所谓戴震"反理学"，在章、梁、胡三人那里是有不同认知的。章氏主要基于政治考虑，梁、胡二人较接近，虽亦顾及现实因素，但不离主"情感主义"的戴氏哲学本身。以章、梁、胡三人之地位和学说的影响力，戴震作为"反理学的思想家"的形象日渐丰满起来，加之此后不断有学者阐发此意，使得该形象几成今人认识戴震的基本出发点。当然也非所有人都赞成章、梁、胡三人之"反理学"论，钱穆在《中国近三百年学术史》中即针对梁、胡二人之见解提出反对意见，其主张的基本立足点便是"崇宋学抑戴震"。已有学者对此做了研究，指出："钱穆与胡适、梁启超在对戴学的诠释和评价上的抑扬对立内在地关联着'理学与反理学'的分歧：前至思想学术的渊源，后至身后的反响，乃至其人品心术。细核双方的文字，非常显白。……钱穆之'为程朱辩护'，也不只是'无意'的，而是很自觉的。可以说，钱穆'持论稍稍近宋

---

① 胡适：《几个反理学的思想家》，见《胡适文存》三集，72 页。

② 胡适：《戴东原的哲学》，51 页。按，梁启超清末初次谈及此点时，对戴氏学说是取否定态度的，和其后来的态度大相径庭。

③ 陈平原：《中国现代学术之建立——以章太炎、胡适之为中心》，253～254 页。

明'的立场的明确与胡适'反理学'意识的强烈不分轩轾而恰相激荡。"①

钱穆之抑戴震，不以其"反理学"为然的见解，是基于自身崇宋抑汉、"持论稍稍近宋明"的学术立场而发。若称为超越此立场，进一步思考，那么，何谓"反理学"？戴震是否是"反理学的思想家"？此类问题皆是值得今日学者再思的问题。

戴震生活的时代，正是所谓雍乾盛世，一方面，有社会经济、文化的表面繁荣；另一方面，则是专制皇权的空前强化。就思想学术而言，理学不再有康熙时期那样的独尊地位，尤其是乾隆中期以后。而汉学方兴未艾，得到清廷的肯定和提倡，上升为官方学术并很快占据学术界的主导地位。戴震之向理学挑战的言论正是在这一大环境下发出的。不过尽管此时理学处于低潮，某种程度上甚至失宠②，但作为国家意识形态的地位并未被根本动摇，科举考试仍把程、朱理学当作士子解经立说的标准。而且对皇帝而言，理学与汉学交相为用，恰是控制士子、稳定统治的有效手段，他不可能把理学这种有用的官方哲学赶下舞台。此种情形之下，即使有些学者针对理学提出一些不同意见，甚至有某种程度的反理学倾向，但不会从根本上反理学，因道统观念在当时士子心中已根深蒂固，程朱之说又是他们科考晋身以至安身立命的根本，戴震的多次科考经历已表明此点，加之苛酷的文字狱的外在压力③等，很难想象噤若寒蝉的士子们会将理学彻底打翻，他们不过是乘理学暂时失宠之机发出一些不满之音罢了。所以就像皮锡瑞所言："戴震作《原善》、《孟子字义疏证》，虽与朱子说经抵牾，亦只是争辨一理字。"④并非从根本上反对理学。而胡适将戴震等人命名为"反理学的思想家"，视他们为完全站

---

① 刘巍：《钱穆与胡适梁启超关于清代学术史整理的思想交涉——以戴震研究为例》，见中国社会科学院近代史研究所主编：《中国社会科学院近代史研究所青年学术论坛 1999年卷》，260～261页。

② 有学者甚至认为，雍乾时的文字狱首先祸及清代理学，特别是朱子学，间接影响经学家与朱学的关系，人们不得不重新定位自己与朱学的关系。与其说经学的兴盛是文字狱的结果，不如说经学的反理学倾向受到了朱学失宠的影响。参见汪晖：《论戴震与章学诚》，见汪晖、陈平原、王守常主编：《学人（第十五辑）》，106～182页，南京，江苏文艺出版社，2000。

③ 按，文字狱实际是把双刃剑，既砍向某些理学家，也对汉学家不客气。

④ （清）皮锡瑞：《经学历史》，周予同注释，313页，北京，中华书局，1959。

在理学对立面的反对派，则不免拔高了他们当时之所为。实际上，这又涉及清学史之重构与历史事实的关系问题。从章太炎、梁启超到胡适，莫不是在本身所处环境与所持理念的基础上构建戴氏"反理学"体系的，即或出于反清之政治需要，或出于建立"戴氏哲学"之所需，或出于批判礼教的时代需求等。因此，欲明戴震思想底蕴和在思想、学术史上的真正位置，必将其发言所处"语境"和后世研究者所处"语境"综合审明，所知方能较为真切。

总之，通过章太炎、刘师培、梁启超、胡适等人从不同角度对戴震义理学所做的解说，戴震在中国学术、思想史上，尤其是在政治思想、哲学史上的地位得以确立，且由此开启了现代学者研究戴震思想的基本路向，其意义之重大，显然是无须多说的。不过在透过他们的视角研讨戴震思想时，亦需注意他们在某种特殊"语境"下设置的概念、定义与历史实际所存之差异，不可因盲从前贤而丧失今人独立的判断能力。

章太炎、刘师培、梁启超对
戴震理欲观的评析

　　戴震在清代思想、学术史上具有重要地位，除考据学外，其义理学也颇具创见。戴学之成为显学，尤其是戴震义理学之价值在遭长久忽视后被重新认识和开发，与清末民初学者的大力阐扬密不可分。在这方面，章太炎、刘师培、梁启超等人功不可没。他们从不同视角对戴氏义理学所做的解说，甚至为后世的戴震思想研究建立了某种"范式"。理欲观是戴震义理思想的中心内容，为章太炎、刘师培、梁启超论戴时所共同关注，但叙述角度不一。若以之为个案，加以系统阐发，不仅能认识章、刘、梁三人研究戴氏思想的各自特色，而且有助于中国近代思想、学术史以及戴震研究的进一步深入。遗憾的是，现有论著对此关注有限①，需完善之处尚多。本文拟做初步探讨，以求有所收获。

一

　　在清代中叶的汉学家中，戴震是公认的集大成者。他虽一生困顿，但著述甚多，达 40 余种。这些著作包括小学、测算、典章制度、地理、义理等领域，亦涉及目录、版本、校勘、辨伪、辑佚诸方面。其治学次

---

　　① 　现有的戴震研究著作如李开的《戴震评传》(南京，南京大学出版社，1992)、许苏民的《戴震与中国文化》(贵阳，贵州人民出版社，2000)、周兆茂的《戴震哲学新探》(合肥，安徽人民出版社，1997)等，都曾提及章太炎、刘师培、梁启超等人对戴震义理学所做的解说，但关于章、刘、梁三人对戴震理欲观所做评价的分析略显不足，颇有继续深入研究和补充之必要。

第基本是由小学训诂到上求义理，或可说其所治之学大体为两类：考据之学与义理之学。在其心目中，考据之学固然十分重要，义理之学则为最终目的，所谓"经之至者，道也。所以明道者，其词也；所以成词者，字也。由字以通其词，由词以通其道，必有渐"①。无论是在追随江永求学时，还是在与惠栋相见后，由考据进而上求义理都是其一生追求不懈的目标。故而其对生平著作，自认是以考据求义理的"《孟子字义疏证》为第一"②。

综观戴震之义理著作，理欲问题是他最为关注的焦点。也可以说，理欲之论是其义理思想的核心内容。其他如本体论、认识论、道德论等，都是围绕这一核心而展开的。

理与欲的关系问题，是中国思想史上长期争论不休的问题。程、朱理学把人性分为"天命之性"与"气质之性"，认为理出于"天命之性"，即天理，是至善的；而人欲则出于"气质之性"，是罪恶的渊薮。所以，理、欲二分，天理、人欲决然对立，"天理存，则人欲亡；人欲胜，则天理灭，未有天理人欲夹杂者。……学者须是革尽人欲，复尽天理，方始是学"③。"圣贤千言万语，只是教人明天理，灭人欲。"④

在这一问题上，戴震与程、朱的主张截然不同。第一，他对天理和人欲有自己的界定。他认为"情之不爽失"即为"理"，"以我之情絜人之情"，使"情得其平"即为"理"。他说："理也者，情之不爽失也，未有情不得而理得者也。……情得其平，是为好恶之节，是为依乎天理。"⑤"人伦日用，圣人以通天下之情，遂天下之欲，权之而分理不爽，是谓理。"⑥在这里，他完全是以"人伦日用"为视角，从人的情、欲出发来界定"理"，这和程、朱仅把"理"视为出于"天命之性"，是"天理"的看法全

① （清）戴震：《与是仲明论学书》，见《戴震集》，汤志钧校点，183页。
② （清）段玉裁：《戴东原集序》，见《戴东原集》。
③ （宋）黎靖德编：《朱子语类》第1册，王星贤点校，224～225页，北京，中华书局，1983。
④ （宋）黎靖德编：《朱子语类》第1册，王星贤点校，207页。
⑤ （清）戴震：《孟子字义疏证》卷上，见《戴震集》，汤志钧校点，265～266页。
⑥ （清）戴震：《孟子字义疏证》卷下，见《戴震集》，汤志钧校点，323页。

然对立。而且戴震还认为程、朱"舍情求理"之所谓"天理",乃是"一己之意见",非为"理"。① 表明他从根本上就不赞同程、朱的"天理"观。

对于"欲",戴震也有自己的看法。他说:"人之血气心知,原于天地之化者也。有血气,则所资以养其血气者,声、色、臭、味是也。……'欲'根于血气,故曰性也……孟子之所谓性,即口之于味、目之于色、耳之于声、鼻之于臭、四肢于安佚之为性。"②"喜怒哀乐之情,声色臭味之欲,是非美恶之知,皆根于性而原于天,其性全,故其材亦全,材即形气之为耳目百体而会归于心也。凡日用事为,皆性为之本,而所谓人道也;上之原于阴阳五行,所谓天道也。言乎天地之化曰天道,言乎天地之中曰天德,耳目百体之所欲,血气之资以养者,所谓性之欲也,原于天地之化者也。"③从这两段话来看,戴震心目中的"欲"是人的本性,是"血气心知"之自然,也就是孟子所说的"性"。它离不开"口之于味、目之于色、耳之于声、鼻之于臭"等"人伦日用",是任何人不可缺少的。而且它还"原于天地之化",所以是天然合理的。

第二,在理、欲关系问题上,戴震认为理、欲一体,天理即在人欲之中。他说:"宋以来之言理也,其说为'不出于理则出于欲,不出于欲则出于理',故辨乎理欲之界,以为君子小人于此焉分。今以情之不爽失为理,是理者存乎欲者也。"④在这里,戴震一反朱熹理、欲"不容并立""未有天理人欲夹杂者"的主张,明确指出,因"情之不爽失为理",故天理寓于人欲之中,离开人欲,即无所谓天理,二者是统一的。

第三,戴震将"体民之情,遂民之欲"作为"圣人之道",以此反对程、朱的"存天理、灭人欲"之说。在戴震眼里,"欲"既然是人的本性,是"血气心知"之自然,人不能无"欲",那么,作为统治者就应当顺应这一点,从而达到"天下治"的目的。他说:"圣人之道,使天下无不达之

---

① "苟舍情求理,其所谓理,无非意见也。"引自(清)戴震:《孟子字义疏证》卷上,见《戴震集》,汤志钧校点,269 页。

② (清)戴震:《孟子字义疏证》卷中,见《戴震集》,汤志钧校点,305~306 页。

③ (清)戴震:《绪言》卷上,见《戴震集》,汤志钧校点,371 页。

④ (清)戴震:《孟子字义疏证》卷上,见《戴震集》,汤志钧校点,273 页。

情，求遂其欲而天下治。"①"天下之事，使欲之得遂，情之得达，斯已矣。"②"圣人治天下，体民之情，遂民之欲，而王道备。"③这里所说的"圣人"，指的是理想状态下的统治者。这样的统治者了解"天下之事，使欲之得遂，情之得达，斯已矣"的道理，能够"体民之情，遂民之欲"，以达成"王道"之治。而程、朱"存天理、灭人欲"的说法，恰是与此背道而驰的，不合于"圣人之道"，所以是要不得的。

第四，戴震公开指责程、朱之理欲观会导致"以理杀人"。他评价程、朱所言之"理"曰："尊者以理责卑，长者以理责幼，贵者以理责贱，虽失，谓之顺；卑者、幼者、贱者以理争之，虽得，谓之逆。于是下之人不能以天下之同情、天下所同欲达之于上；上以理责其下，而在下之罪，人人不胜指数。人死于法，犹有怜之者；死于理，其谁怜之？呜呼！"④这就是说，程、朱所言之"理"，无非是供尊者、长者、贵者责难卑者、幼者、贱者的利器，"上以理责其下，而在下之罪，人人不胜指数"。所以，"此理欲之辨，适成忍而残杀之具"。这样的观念，最终所带来的结果必然是"以理杀人"，"后儒不知情之至于纤微无憾，是谓理，而其所谓理者，同于酷吏之所谓法。酷吏以法杀人，后儒以理杀人，浸浸乎舍法而论理，死矣！更无可救矣！"⑤与"以法杀人"相较，"以理杀人"者"舍法而论理"，是更可怕的杀人，"无可救矣"。这里，戴震是以痛切的语言表达了他对程、朱理欲观极为不满的态度，宣示了他的批判立场。

总之，在理欲观方面，戴震不仅完全站到了程、朱的对立面，而且对程、朱的"存天理、灭人欲"之说进行了有力的揭露和批驳，其思想在理论上的进步和领先于时代之处，于此显露无遗。

---

① （清）戴震：《与某书》，见《戴震集》，汤志钧校点，188 页。
② （清）戴震：《孟子字义疏证》卷下，见《戴震集》，汤志钧校点，309 页。
③ （清）戴震：《孟子字义疏证》卷上，见《戴震集》，汤志钧校点，275 页。
④ （清）戴震：《孟子字义疏证》卷上，见《戴震集》，汤志钧校点，275 页。
⑤ （清）戴震：《与某书》，见《戴震集》，汤志钧校点，188 页。

二

清末民初，章太炎、刘师培、梁启超等学者都很关注学术史的研究，尤其注意对本身学问产生直接影响的清代学术的探讨，戴震是他们所论述的中心人物之一。他们不仅注重梳理戴震的考据学，而且着意于阐发戴震的义理学，特别是其最具意义性的理欲观。

由前所述可以看出，理欲观方面，程、朱与戴震之别，甚为分明，后人亦据此加以演绎。不过章太炎却自出机杼，对之颇有新见。

在《释戴》中，章太炎指出，戴震"言欲不可绝，欲当即为理者，斯固莅政之言，非饬身之典矣。辞有枝叶，乃往往轶出阃外，以诋洛、闽。……洛、闽所言，本以饬身，不以莅政，震所诃又非也。……洛、闽诸儒，躬行虽短，其言颇欲放物一二，而不足以长民。长民者，使人人得职，筬篡其性，国以富强。"①即在章氏眼里，戴震所谈之理欲，是"莅政之言"，针对君王长吏而论，要求他们注意爱民；而程、朱之言理欲，则为"饬身"之用，供人们修身养性。所以，"程朱东原，所言理欲，其范畴大小，本不相侔，内涵外延，亦非尽同"②。由此可见，章氏是从政治视角理解戴震理欲观的，即在他看来，戴氏说"以理杀人"实为抨击借理学之言行暴虐统治的清廷。甚至可以说，章氏心目中的戴震与程、朱并无根本冲突，双方所持理欲观是在不同层面上（一为"莅政"，一为"饬身"），故戴震对程朱的指责"所诃又非也"。

从政治角度评论戴震理欲观固然是章氏之所长，但在表象上理欲观

---

① 章太炎：《释戴》，见《章太炎全集》（四），123 页。

② 胡楚生：《章太炎〈释戴篇〉申论》，见《清代学术史研究》，155 页，台北，台湾学生书局，1988。葛兆光则认为："这种强作区分的说法，实际上是后设的，未必是戴震的原意，再退一步说，即使是戴震的原意如此，也未必是当时阅读《疏证》者理解视野中的'欲'，通常，当这种有尖锐针对性的解释被提出来之后，处在那种阅读背景中的人，自然会把这一表述，看成是对程朱之'理'的挑战。"引自葛兆光：《中国思想史 第二卷 七世纪至十九世纪中国的知识、思想与信仰》，544 页，上海，复旦大学出版社，2001。

毕竟是一种伦理学说，对此无法视而不见。在这方面，章氏的看法是，戴震同代以及后代之人不解其谈理欲关系的本意，把本为"苛政"的主张看作与程朱"饬身"说相对立的主张，此即所谓"纪昀以来，负戴震之法度"。如此一来，戴震的"继善成性"说和"欲当为理"说，往往会造成很坏的客观效果，"挽世或盗其言，以崇饰惛淫。今又文致西来之说，教天下奢，以菜食裋衣为耻，为廉节士所非。诚明震意，诸款言岂得托哉？"①

平心而论，如果考虑到戴氏所生活的时代的话，刻意强调戴震理欲观的政治性，似乎给人以诛心之论的感觉。而在伦理层面所做之评价，又对戴氏过于严苛。在肯定章氏释戴之精辟的同时，此为章氏之失，不能不言明。

既然章氏把戴震批判的矛头视为打着程、朱旗号的清廷，而非程、朱本身，那么从1910年发表《释戴》起，章氏日渐有调和戴震与朱熹之举，便不足为怪了，至少在逻辑上顺理成章。如在《菿汉微言》中，他指出，戴震"补正《毛郑诗》，颇采朱氏《集传》（长沙叶德辉言，曾见戴氏原稿，采用朱义尤多），其文中或尊称为朱子，明其推重朱氏也。……是故东原之术，仍不与朱氏相入，而观其会通，则为朱学之干蛊者，厥惟东原"。而且章氏还把与王阳明同时的罗钦顺视为沟通朱熹与戴震的桥梁，因罗氏"始言'天理即在人欲之中'，'气质之性即义理之性'，此为朱学之骈枝矣"。戴氏之书"斥理欲异实之谬，近本罗氏而远匡乡先生之失"。②"东原之说，盖有取于整庵（按：罗钦顺号整庵）"③。章氏之调和戴震与朱熹，对后来胡适评论戴震，颇有影响，胡适亦认为，戴震虽反理学，但与程、朱同属致知穷理的学派，即"戴学实在是程朱的嫡派，又是程朱的诤友"④。

此外，对戴氏理欲论的思想渊源，章太炎也颇为关注。戴氏义理著

① 章太炎：《释戴》，见《章太炎全集》（四），123 页。
② 章太炎：《菿汉微言》，见《菿汉三言》，虞云国标点整理，40 页。
③ 章太炎：《诸子略说》，见《国学讲演录》，194 页。
④ 胡适：《戴东原的哲学》，134 页。

作题名为《孟子字义疏证》《原善》等，顾名思义，是阐述孟子学说及与孟子性善论有关联的著作。章太炎起初亦为此表象所惑，在 1906 年发表的《悲先戴》中言："戴君道性善，为孟轲之徒。"①其实此前一年，刘师培已在《东原学案序》中断言："东原之说，名为伸孟子，实则与孟子相戾也。"②但未引起章氏注意。后来随着认识的深化，章氏才修正了自己看法，1910 年发表《释戴》时，便指出戴震虽"资名于孟子"，但其"以欲当为理者"，实与荀子《正名》篇所论理欲关系"若合符"；再向上追溯，"任自然者，则莫上老聃矣"，即戴震之主欲出自然也与老子不异。不过戴震对老庄领会不深，"多姗议老、庄，不得要领，而以浮辞相难，弥以自陷，其失也"。那么，何以与荀子、老庄相符却要"资名于孟子""以孟轲为冢子"呢？章氏的解释是："当是时，学者以老、庄、商、韩为忌"③，不得不如此。的确，乾嘉时已出现重视子书的情形，荀学更有复兴之象④，但在当时俗尚治经的学术风气下，学者们不得不有所隐晦。

　　总的来看，章太炎对戴震理欲论的评析既有颇为精辟之处，又有一偏之失，但其在中国近现代学术界所产生的影响却非其他学者可以比肩，胡适之外，冯友兰的《中国哲学史》、钱穆的《中国近三百年学术史》、侯外庐的《近代中国思想学说史》等著作谈及此问题时的见解，便充分证明了这种影响力。对今日学界而言，探讨章氏之论在不同时期、不同学者身上所产生之反响，较之探讨章氏论述本身，也许在学术上更有意义。

---

① 章太炎：《说林上》，见《章太炎全集》（四），118 页。
② 刘师培：《东原学案序》，见《刘申叔遗书》，1762 页。
③ 章太炎：《释戴》，见《章太炎全集》（四），123～124 页。
④ 参见罗检秋：《近代诸子学与文化思潮》，北京，中国社会科学出版社，1998；杨琥：《乾嘉荀学复兴概述》，见陈平原、王守常、汪晖主编：《学人》第 7 辑，615～626 页，南京，江苏文艺出版社，1995。

三

刘师培对戴震理欲观的评析，主要集中在三个方面，一是从学术渊源角度予以评论；二是赞赏其能将义理与训诂结合，所论超越了宋儒；三是将其与西学相较，点明其瑕疵所在。

与理学家有所不同，戴震之言"理"，较为注重从渊源上着眼，体现出汉学家探究学问的特色。对此，刘师培指出："东原之解理字也，以为理生于欲，情得其平，是为循理。是则理也者，人心之所同然者也，情欲之不爽失者也，故能戒偏私以公好恶，舍名分而论是非，言为世则其利溥哉。盖东原解理为分（按，郑玄'训理为分'），确宗汉诂，复以理为同条共贯也，故以理字为公例，较宋儒以浑全解理字者，迥不同矣。"①即戴震是从文字训诂入手，从源头探寻理字古义。对这种做法，同为汉学家的刘氏显然是颇为赞同的，称之为"可谓精微之学矣"。不过他也随即指出了戴氏溯源的不彻底性，说"惟谓六经群籍理字不多见，此则东原立说之偏耳"，并列举大量上古典籍之记载证明戴氏"立说之偏"。②足见刘氏是以汉学家的治经标准讨论戴氏之论的。不仅如此，他效仿戴氏而作的《理学字义通释》，也是用治经之法阐义理。这与章太炎形成鲜明对照。在章氏看来，戴震《孟子字义疏证》非为治经，而是治子，"既然是治子，着重在发明义理，是否'凿空'也就不必深究了。故章氏评价此作，前后有别，可都是在义理而不是考据上做文章"③。

在谈及戴震理欲论与宋儒之关系时，刘师培认为，戴震谓"理在欲中"，即"非宋儒所可及。宋儒以蔽为欲，复误解《乐记》之文，以为天理与人欲不两立，以天理为公，以人欲为私，惟断私克欲，天理乃存。然

---

① 刘师培：《东原学案序》，见《刘申叔遗书》，1759 页。
② 刘师培：《理学字义通释》，见《刘申叔遗书》，462 页。
③ 陈平原：《中国现代学术之建立——以章太炎、胡适之为中心》，255 页。

宋儒之说贵公去私，近于逆民，东原之说推私为公，近于顺民，又虑民之恣情纵欲也，故复于顺欲之中隐寓节欲之意"。① 可见戴震对理、欲的解释远超宋儒。之所以如此，在刘氏看来，是因宋儒仅知义理而不知训诂，"不识正名之用"，故其义理"区域未明"，疏漏较多，常为后人所讥。而戴震之论"义理必衷训故，则功在正名；讲学不蹈空虚，则学趋实用"。② 即义理基于训诂，方可"正名"，这是戴震义理学之能超越宋儒的关键。进言之，"夫字必有义，字义既明，则一切性理之名词，皆可别其同异，以证前儒立说之是非"，所以"欲通义理之学者，必先通训诂之学矣。昔宋儒之言义理者，以心字理字为绝对之词，凡性命道德仁义礼智皆为同物而异名……此则宋儒不明训诂之故也"。故戴震"作《孟子字义疏证》，据《孟子》以难宋儒"从这里可以看出，刘师培是以汉学家之长较宋学家之短，再次显露了汉学家的基本立场。③

刘师培认为，与宋儒相较，戴震后来居上，但若与西学相较，则瑕疵立现。如就"理"而言，刘师培通过引证日本哲学家井上圆了的著作，从西方心理学和唯心论的视角观察，指出："事物之理，心能别之"，"在物在心，总名曰理"，而戴震所言之理仅指其"在物之理"，这是其"言理之偏"。④ 对刘师培此见，章太炎后来亦有同感，说"'理在事物而不在心'一语，实东原之大谬也。""夫能分析事物之理者，非心而何？安得谓理在事物哉？"⑤ 就"欲"而言，刘氏认为，"嗜欲、欲望之分，东原未及析之耳"。此为戴震论欲之失。他据以评判的标准仍为西方学说，"西人分欲为二种，一曰嗜欲，如男女饮食是也，是曰必得之欲；一曰欲望，如名誉财产是也，是曰希望之欲。……嗜欲之欲当节，而欲望之欲则人生所恃以进取者也，不当言节，惜戴氏未及知之"⑥。

① 刘师培：《东原学案序》，见《刘申叔遗书》，1759～1760 页。
② 刘师培：《东原学案序》，见《刘申叔遗书》，1759～1763 页。
③ 刘师培：《理学字义通释》，见《刘申叔遗书》，460 页。
④ 刘师培：《东原学案序》，见《刘申叔遗书》，1760～1761 页。按，王阳明曾谓理不在心外，但刘师培此论则非据阳明之言。
⑤ 章太炎：《诸子略说》，见《国学讲演录》，194、197 页。
⑥ 刘师培：《东原学案序》，见《刘申叔遗书》，1760 页。

可以说，在刘师培眼里，衡量戴震义理学可用中、西两种标准，由此其利弊得失便能清晰呈现出来。尽管以近代西学为标准衡量戴震似有苛求之嫌，但这样做毕竟有助于学术界对之作现代意义的阐发，从而使其在学理上趋于圆满，因而还是值得肯定的。

四

对戴震的义理思想，梁启超也曾有过总结，认为第一是理（"客观的理义与主观的意见"），第二是欲（"情欲主义"），此后才是性、命之类。可见他很清楚戴氏思想的精髓所在。实际从梁氏的整体论述来看，他更看重第二点，因他径命名戴震哲学为"情感哲学"[①]，并说此为戴震"在今后学术界留下最大价值者"之一（另一项为"研究法"）[②]，"情欲主义"自是在此"情感哲学"中占据着举足轻重的位置。

在论及"理"时，梁启超依据戴震之言做了辨析，说"东原以为"，宋儒所言之理，"只能谓之'意见'而不能谓之理"。依他的定义，"'理'是要从客观的事物看出来的"，不能"舍事物而言理"，"'理'必为客观的存在"，"所以宋儒说'理在人心'，东原说'理在事情'"。那么"'意见'从哪里来呢？东原以为离却客观的事物条理与同情同欲的公认标准，而欲从主观上别求一个先天的理，便是'意见'"。因此，梁氏用一句话概括出东原之理与宋儒之理的分别，即"客观的理义与主观的意见"。而且"据东原看起来，一切罪恶根源，都起于误拿意见当做理，他所以不能不大声疾呼以'正人心'者在此"。[③]

从梁氏所论来看，他对戴震之言甚表赞同，故表彰的多，深入阐发的少。如对戴震"理在事情"的见解，就不像刘师培、章太炎那样予以辨

---

① 在章太炎、刘师培、梁启超三人中，一直以"哲学"一词涵盖戴震理学的是梁启超。

② 梁启超：《清代学术概论》，见朱维铮校注：《梁启超论清学史二种》，35 页；梁启超：《戴东原生日二百年纪念会缘起》，见《饮冰室合集》第 5 册文集之四十，38 页。

③ 梁启超：《戴东原哲学》，见《饮冰室合集》第 5 册文集之四十，61～63、65 页。

析，指出其偏，而是笼统地肯定下来。再如对戴震抨击宋儒之理"祸民"的看法，亦仅是抄录戴氏之语简单以论，并未去探寻戴氏之语背后深刻的社会、政治原因。

对戴震论"欲"的考察，梁启超经历了一个过程，清末之时是否定的，"人生而有欲，其天性矣，节之犹惧不及，而岂复劳戴氏之教猱升木为也"①。但到五四运动后撰《清代学术概论》《戴东原哲学》等著作时，态度发生了 180 度大转弯，转到了热烈颂扬上，认为其是要以"情感哲学"代"理性哲学"，"欲为中国文化转一新方向"。② 而且他观察到，戴震这方面的学说系由王夫之的哲学见解衍生。③ 他还径直将"欲"界定为"情欲"，并引述戴震之言予以解说，指出："义理和情欲不能分为二事"，"'欲'是中性的，说不上好坏，'欲之失为私'，是因'欲'过了制限生出来的，才可以说是坏"；"儒教以人生为立脚点，所以一切理义都建设在体人情遂人欲上头。佛老立脚点不同，他们主张无欲，可以自成片段。宋儒并不打算脱离人生，却杂取佛老的话主张无欲，便闹成四不像了，所以东原要驳他"；"简单说一句，东原所以重视情欲，不过对于宋儒之'非生活主义'，而建设'生活主义'罢了"。④ 从这些论述来看，梁启超完全是从"人生日用"的角度谈论"欲"的，类似于章太炎所言"饬身"，但与章氏所论正相反。梁氏所以着重于此，与其从"文艺复兴"视角解释戴震哲学密切相关，即在他眼里，文艺复兴思潮是采"希腊的情感主义"将欧洲从"基督教绝对禁欲主义"中解脱出来，戴震则是以"情感哲学"代替宋明"理性哲学"，二者在本质上"绝相类"。⑤

在"五四"时期反礼教、求个性解放的大环境下，梁启超推崇戴震

---

① 梁启超：《论中国学术思想变迁之大势》，见《饮冰室合集》第 1 册文集之七，93 页。

② 梁启超：《清代学术概论》，见朱维铮校注：《梁启超论清学史二种》，35 页。

③ 梁启超说："（王夫之）言'天理即在人欲之中，无人欲则天理亦无从发现'（《正蒙注》），可谓发元以来所未发。后此戴震学说，实由兹衍出。"引自梁启超：《清代学术概论》，见朱维铮校注：《梁启超论清学史二种》，16 页。值得注意的是，前已述及，章太炎认为是明代罗钦顺"始言'天理即在人欲之中'"，戴震之说本于罗氏。就思想史的考索而论，罗氏之言早于王夫之，梁启超说王氏之言"发元以来所未发"，显然过于轻率。

④ 梁启超：《戴东原哲学》，见《饮冰室合集》第 5 册文集之四十，65、66、67 页。

⑤ 梁启超：《清代学术概论》，见朱维铮校注：《梁启超论清学史二种》，35 页。

"情欲主义"的一系列议论，自是发挥了积极作用。不过若从学理角度分析，其疏漏则较为明显。一是将戴震所言"欲"仅以"情欲"界定，显然过狭。尽管戴震如刘师培所说未将"欲"分解为"嗜欲"与"欲望"，但其所言"欲"是从人欲角度谈之，非简单的"情欲"可概之；二是梁氏将文艺复兴运动作为戴震"情感哲学"之对照物，其间显有失误之处。张君劢曾指出："梁先生因其提高人欲，乃视之为与欧洲文艺复兴，同一方向。欧洲文艺复兴之精义为'人生之发见'，一切文字、美术、科学、哲学、政治，尽在其中，单单情欲二字，是否为欧洲文艺之本质，已大有疑问。"①依张氏之论，梁启超并不熟知文艺复兴之"精义"，仅以"情欲"二字作为文艺复兴之本质，拿戴氏哲学与之比附。这种做法，在学理上自然是不严谨的。

需要提及的是，胡适在其间所起的作用。梁启超之论戴震与胡适是相互启迪、相互影响的。此时胡适也正大力表彰戴震理欲论，称赞戴震是反抗"排斥人欲的礼教的第一个人"，"他这样抬高欲望的重要，在中国思想史上是很难得的"。②但胡适对戴震的阐发亦是较多地停留于表面上的叙述，较少严密的哲学分析，像王国维所做的那样。③所以，梁启超也很难从他这位朋友那里得到更多的启示。

总之，梁启超对戴震理欲观的评析有其时代意义，但相对而言，多停留于表面。他虽以"哲学"一词涵盖戴震义理学，而其论说实以叙述为主，哲理性并不强。对以思想见长却非哲学家的梁氏而言，这种评价也许过苛，不过作为学术史的研讨，此点必须指出。

最后需言明的是，除理、欲外，戴震义理学所涉范畴还有性、情、命、才、道、仁、义、礼、智等。对这些范畴，刘师培、梁启超也有所

---

① 张君劢：《评梁任公先生〈清代学术概论〉中关于欧洲文艺复兴、宋明理学、戴东原哲学三点》。

② 胡适：《戴东原的哲学》，50、52 页。

③ 王国维对戴震哲学中的概念有较为精辟的分析，如指出戴震所言"情"，有"情兼欲而言之"和"狭义之情"之别。参见王国维：《国朝汉学派戴阮二家之哲学说》，见《静庵文集》，97～98 页。

议论，章太炎亦曾涉及，但皆未加深论。毕竟在戴震那里，理欲观是其义理思想的核心，最能反映其思想本质，也最受章太炎、刘师培、梁启超以及胡适等为代表的近代学者的关注。所以，这里仅围绕章、刘、梁三人对戴震理欲观的评析做些阐发，力求从关键处着手而能真正有所创新和收获。

严复论中西学术

——以其前期著译为核心

在译介西学的同时，严复做了不少会通中西的工作，同样取得较大成就，以致梁启超称赞他"于西学中学，皆为我国第一流人物"①。会通中西，必有一定观念在支撑，即如何看待和评判中西学术。在这方面，严复有自己的独到认识。对之加以系统探讨，不仅有助于严复研究的深化，而且有助于晚清以降学术思想史研究的进一步完善。本文拟以集中反映严复中西学术观念的前期（辛亥革命之前）著译为核心，做一粗浅探索。

一

经过多年摸索和苦心钻研，甲午中日战争之后，严复对于中西学术都已有了相当的体会和认识。1895 年 2 月起，他相继发表了《论世变之亟》《原强》《辟韩》《救亡决论》等文，并陆续翻译了《天演论》《群学肄言》《社会通诠》《穆勒名学》等西方著作，在这些论文和译书里，他谈及自己的中西学术观，以比较的方式论析中西学术，尤其是论析中西学术内涵与学术精神之异。

中西学术分属不同学术系统，晚清之人常以比附态度对待这两种学

---

① 梁启超：《绍介新著·原富》，载《新民丛报》，第 1 号，1902-02-08。

术。严复尽管也有中西学比附之时，但他往往是站在西学立场上来把握中学，多强调中西学相异之处。他认为，如果用西学的眼光观察中学，那么中国的学问不能称其为"学"："'学'者所以务民义，明民以所可知者也。明民以所可知，故求之吾心而有是非，考之外物而有离合，无所苟焉而已矣。……是故取西学之规矩法戒，以绳吾'学'，则凡中国之所有，举不得以'学'名；吾所有者，以彼法观之，特阅历知解积而存焉，如散钱，如委积。此非仅形名象数已也，即所谓道德、政治、礼乐，吾人所举为大道，而诮西人为无所知者，质而言乎，亦仅如是而已矣。"①中国学问不成其为"学"的核心在于它不是建立在科学的基础之上，因中国学问的目的是修身养性、治国平天下，而修身养性、治国平天下之道又被认为是先圣已在经书中为后人准备好了的，那么学问内容便自然是经书中的东西，"盖吾国所谓学，自晚周秦汉以来，大经不离言词文字而已。求其仰观俯察，近取诸身，远取诸物，如西人所谓学于自然者，不多遘也"②。这些"言词文字"之学大体包括汉学考据、宋学义理以及词章之学等，既不具备科学系统，"如散钱，如委积"，又"无实""无用"，所以"其为祸也，始于学术，终于国家"③。反观西学则不然，"一理之明，一法之立，必验之物物事事而皆然，而后定之为不易。其所验也贵多，故博大；其收效也必恒，故悠久；其究极也，必道通为一，左右逢原，故高明"④。这样的学术，是奠定在科学基础之上的，其分类符合科学规律，如数（数学）、力（物理）、质（化学）、天学（天文学）、地学（地理学）、动植学、群学、生理学、心理学、农学、兵学等，都是用已得之"公理大例而用之，以考专门之物"⑤，既有系统，又有实际用途。不仅如此，严复心目中的西学还层次分明，功能各异。他曾把西学分为三个层次，第一层次为"数名力质"四学，治数学和名学，"以察不

---

① 严复：《救亡决论》，见王栻主编：《严复集》第1册，52～53页。
② 严复：《阳明先生集要三种序》，见王栻主编：《严复集》第2册，237页。
③ 严复：《救亡决论》，见王栻主编：《严复集》第1册，44～45页。
④ 严复：《救亡决论》，见王栻主编：《严复集》第1册，45页。
⑤ 严复：《西学门径功用》，见王栻主编：《严复集》第1册，95页。

遁之理，必然之数也"，治力学和质学（化学），以审"因果功效之相生也"；第二层次为"天地人三学"，治此三学，"以尽事理之悠久博大与蕃变也"，并强调"三者之中，则人学为尤急切……人学者，群学入德之门也。人学又析而为二焉：曰生学，曰心学。生学者，论人类长养孳乳之大法也，心学者，言斯民知行感应之秘机也"；第三层次即最高层次为群学，"群学治，而后能修齐治平，用以持世保民以日进于郅治馨香之极盛也"①。以现代观念言之，这可谓严复心目中的西学谱系，由自然科学而至于研究人自身的科学再进至群学。群学至高无上，是命脉之学，"唯群学明而后知治乱盛衰之故，而能有修齐治平之功"②。所以学习西方，最重要的是学好群学。严复对西学的这种认识框架，很明显是受了 19 世纪下半叶伟大科学运动的影响，主要是摄取了达尔文、穆勒、赫胥黎、斯宾塞等英国科学家、思想家著作中的养料而形成。③

中西学术内涵既有此重大差异，必然导致其学术精神也非一致，对此，严复亦有所论述。他认为，在中国学术范畴里，既然道理、知识都已是圣人写在经书中的，那么学术研究必然是围绕经书而进行，后人只需不断疏解经书，从经书中汲取知识与真理，就达到了治学目的，不必别求其他。所以，中国学者治学"必求古训。古人之非，既不能明，即古人之是，亦不知其所以是"。其治学途径则为研究书本，读书就是学问的一切，方法是死记硬背，甚至"六七龄童子入学，脑气木坚，即教以穷玄极眇之文字，事资强记，何裨灵襟！其中所恃以开浚神明者，不外区区对偶已耳。所以审核物理，辨析是非者，胥无有焉"。④ 结果是"好古而忽今"，让人的精神自己囚困自己，学问千篇一律，几无创新。如此重因袭而不重创造的学术，久而久之，必会走向穷途末路。与此相反，西方社会注重创新，尊重学者富有个性色彩的创造机制，肯定人类

---

① 严复：《原强》，见王栻主编：《严复集》第 1 册，6～7 页。
② 严复：《原强修订稿》，见王栻主编：《严复集》第 1 册，18 页。
③ 参见刘桂生主编：《时代的错位与理论的选择——西方近代思潮与中国"五四"启蒙思想》，75～76 页，北京，清华大学出版社，1989。
④ 严复：《原强修订稿》，见王栻主编：《严复集》第 1 册，29～30 页。

理性永无休止的进取心，因而其治学以研究自然之理为第一义，提倡独立思考的求知精神和怀疑求异的理性批判意识，"言学则先物理而后文词，重达用而薄藻饰。且其教子弟也，尤必使自竭其耳目，自致其心思，贵自得而贱因人，喜善疑而慎信古。其名数诸学，则借以教致思穷理之术；其力质诸学，则假以导观物察变之方，而其本事，则筌蹄之于鱼兔而已矣"，"读书得智，是第二手事，唯能以宇宙为我简编，民物为我文字者，斯真学耳"。① 既重读书，又重实验，尤其崇尚个人的创造性，这种科学的治学精神，使得西学不断进步，并在社会发展过程中不断产生实际效用。

实际上，严复不仅看重西学的实用效能，就是在学理层面对中国学术也缺少信心。他说："君等从事西学之后，平心察理，然后知中国从来政教之少是而多非。即吾圣人之精意微言，亦必既通西学之后，以归求反观，而后有以窥其精微，而服其为不可易也。"②这段话表明，在政治层面上，中国之政教颇有不足，但在学术层面上，中国固有的学术文化却不能一概否定，其内部确有"不可易"的"精意微言"，只是这样的"精意微言"，需"通西学之后，以归求反观"，方能得之。可见在严复眼里，中学之价值，无法自我体现③，要靠通晓西学后"归求反观"，加深理解，才可"窥其精微"。④ 如此一来，西学自然成了评判中学的坐标。那么他往往站在西学立场上把握中学，强调中西学相异之处，便也顺理成章了。

由此可见，严复是以西学为坐标来比较中西学术的，这样的标准之下，中学自然处下风，可谓事事不如人。很显然，如此比照中西学术并非全然客观。那么，严复何以会出此举，他的态度关联着什么，这应是

----

① 严复：《原强修订稿》，见王栻主编：《严复集》第1册，29页。

② 严复：《救亡决论》，见王栻主编：《严复集》第1册，49页。

③ 这一点严复在《天演论·自序》中也曾指出过，他说："大抵古书难读，中国为尤。二千年来，士徇利禄，守阙残，无独辟之虑。是以生今日者，乃转于西学，得识古之用焉。"引自王栻主编：《严复集》第5册，1320页。

④ 刘桂生：《严复中西文化观前后期的一致性——从张恒寿教的严复思想研究谈起》，见《刘桂生学术文化随笔》，60～61页，北京，中国青年出版社，2000。

值得我们进一步关注的问题。

二

　　清末的中国，救亡已成为时代主题。如何救亡，或者从正面来讲，如何在大厦将倾的清王朝基础上建立新国家，成为有识之士最关注的问题，而且围绕此"建国"问题还展开了一场涉及广泛的争论。对这一关乎全民族前途命运的大问题，政治家们各有其立场，学者们也有其独特的思考角度。顾炎武的"亡国"与"亡天下"之辨此时经常被学者提及，便反映了他们的视角。对于他们而言，亡天下是比亡国更可怕的事情，是最根本的灭亡，因中国首先是作为文化集合体的"天下"而存在，文化存亡是民族兴衰的首要因素。所以，"天下兴亡，匹夫有责"，文化承担者的社会责任相当重大，就像国粹派学者所言："盖以易朔者，一家之事。至于礼俗政教，澌灭俱尽，而天下亡矣。夫礼俗政教固自学出者也，必学亡而后礼俗政教乃与俱亡。"[①]鉴于此，救亡必先救学，建国必先建学。学术兴，礼俗政教必兴，天下亦随之兴。也就是说，学术为立国之本，"国有学，则虽亡而复兴；国无学，则一亡而永亡。何者，盖国有学则国亡而学不亡，学不亡则国犹可再造；国无学则国亡而学亡，学亡而国之亡遂终古矣"[②]。这样的议论，是以文化承担为职责、以学问为依归的读书人对空前的民族危机的自然反应，也是其继承往圣先贤之道而形成的终极关怀之体现，尽管这里有受斯宾塞理论影响的成分在内。[③] 既然学术关乎国家存亡，那么兴学以救国就成了当务之急，由此，"学术救国"之主张顺理成章地走上历史前台。

　　正是在这样的大环境下，严复从事译介西学的工作，试图借西学以

---

① 潘博：《国粹学报叙》，载《国粹学报》，第 1 期，1905。
② 许守微：《论国粹无阻于欧化》，载《国粹学报》，第 7 期，1905。
③ "此种见解的理论依据，是国粹派受斯宾塞的理论影响而形成的'文化有机'论。"引自郑师渠：《晚清国粹派——文化思想研究》，116 页。

救国，就像他在《救亡决论》中所呼吁的，"驱夷之论，既为天之所废而不可行，则不容不通知外国事。欲通知外国事，自不容不以西学为要图。此理不明，丧心而已。救亡之道在此，自强之谋亦在此。早一日变计，早一日转机，若尚因循，行将无及"①。即引入西学作为救国利器，是当务之急，迟缓不得。而他之所以力主通西学以救国，很大程度上是因看到中国学术本身有致命缺陷，"中土之学，必求古训。古人之非，既不能明，即古人之是，亦不知其所以是。记诵词章既已误，训诂注疏又甚拘，江河日下，以致于今日之经义八股，则适足以破坏人材，复何民智之开之与有耶？"②这样的学问，"吾得一言以蔽之，曰：无用。非真无用也，凡此皆富强而后物阜民康，以为怡情遣日之用，而非今日救弱救贫之切用也。……吾又得一言以蔽之，曰：无实。非果无实也，救死不赡，宏愿长赊。所托愈高，去实滋远。徒多伪道，何裨民生也哉！……均之无救危亡而已矣。"③即中国学问并非真的无实无用，国家富强太平盛世，还是可以从事的，但当国家、民族危亡之际，显然无助于"救弱救贫之切用"，无益于救国大计。反观西方，"其为事也，一一皆本诸学术；其为学术也，一一皆本于即物实测，层累阶级，以造于至精至大之涂，故蔑一事焉可坐论而不足起行者也"④。"西洋今日，业无论兵、农、工、商，治无论家、国、天下，蔑一事焉不资于学。"⑤即西方事事皆本学术，而其学术基于实际，非"可坐论而不足起行者也"，乃有实有用之学，故"一言富国阜民，则先后始终之间，必皆有事于西学，然则其事又曷可须臾缓哉！"⑥欲使国富民强，必须引进和学习西学，而且不能迟缓。有了这层极为现实的考虑，严复在比照中西学术时褒西学而贬中学，便顺理成章了。当然，出于现实需要，其以西学之长较中学

---

① 严复：《救亡决论》，见王栻主编：《严复集》第1册，49～50页。
② 严复：《原强修订稿》，见王栻主编：《严复集》第1册，29页。
③ 严复：《救亡决论》，见王栻主编：《严复集》第1册，44页。
④ 严复：《原强修订稿》，见王栻主编：《严复集》第1册，23页。
⑤ 严复：《救亡决论》，见王栻主编：《严复集》第1册，48页。
⑥ 严复：《救亡决论》，见王栻主编：《严复集》第1册，48页。

之短，甚至为强调西学的实用功能而对西学形而上的一面尽量回避，这应视为用心良苦之举，恐非其对西学理解褊狭所致。

那么，何以西学有此功用而中学却做不到呢？对此严复也做了些探讨，认为是西学"学"与"术"结合、中学"学"与"术"分离所致。西学刚刚进入中国之时，人们先以形下之"术"来格义，认为"西艺"（工艺技术）能包蕴西学的全部内容。到清末，随着认识的深化，已知道西学亦有其根本，遂以中国之"学术"来格义它。刘师培对此所做的界定为："学指理言，术指用言。"① 严复也说："学者，即物而穷理……术者，设事而知方……术之不良，皆由学之不明之故；而学之既明之后，将术之良者自呈。此一切科学所以大裨人事也……"② "学"与"术"不可分，两者之结合，构成科学系统，裨于国计民生，促进西方的进步。反观中国，"学"与"术"分离，言"学"不言"术"，形上之"学"备受士人重视，甚至皓首以穷之；形下之"术"则被看作雕虫小技，向遭冷遇。在严复看来，特别是自南宋以后，中国之学问越来越走向无用无实之途，"盖学术末流之大患，在于徇高论而远事情，尚气矜而忘实祸"，"侈陈礼乐，广说性理"，"所托愈高，去实滋远"。③ 以此，学术无由进步，国家亦无法从中获取走向复兴的力量。这样的学术，较之西学自然相去甚远。

严复如此比照中西学术，贬斥中学，是出于对"学术救国"之主张的贯彻，其根本目的在于救亡。"学术救国"途径各异，在他那里，则是力图通过中西学术的这种比较，使国人明了自身学术的缺陷所在，以此急起直追，学习西方，用西学改造中学，使中学摆脱无实无用的境况，发挥救国救民的效用，成为可与西学并驾齐驱的现代学术。所以，他提出一系列在中国建立类似西学之学科的设想，认为中国虽无政治学、名学（逻辑学）、计学（经济学）等学科，但古代典籍中不乏与这些学科相关的内容，可在此基础上发展起各学科。如在谈及政治学时，他说："查政

---

① 刘师培：《古学出于史官论》，见《刘申叔遗书》，1478 页。
② 严复：《政治讲义》，见王栻主编：《严复集》第 5 册，1248 页。
③ 严复：《救亡决论》，见王栻主编：《严复集》第 1 册，43～44 页。

治一学，最为吾国士大夫所习闻。束发就傅，即读《大学》《中庸》。《大学》由格致而至于平天下，《中庸》本诸天命之性，慎独工夫，而驯致于天下平。言政治之学，孰有逾此者乎？他日读《论》《孟》、五经，其中所言，大抵不外德行、政治两事——两事者，固儒者专门之业也。"①在谈及名学时，他说："及观西人名学，则见其于格物致知之事，有内籀之术焉，有外籀之术焉。……乃推卷起曰：有是哉，是固吾《易》、《春秋》之学也。迁所谓本隐之显者，外籀也；所谓推见至隐者，内籀也。"②在谈及计学时，他说："计学之理，如日用饮食，不可暂离，而其成专科之学，则当二百年而已。故其理虽中国所旧有，而其学则中国所本无，无庸讳也。若谓中国开化数千年，于人生必需之学，古籍当有专名，则吾恐无专名者不止计学。"③即中国典籍中有西方各学术门类所涉及的具体内容，但未上升到科学高度，因为"讲科学，与吾国寻常议论不同，中有难处：一是求名义了晰，截然不紊之难；二是思理层折，非所习惯之难。"④不过尽管如此，他仍是希望通过引入西学为样板，改造中国学术，使之上升到科学层面，最终成为像西学那样能发挥救国救民效用的学科。所以，他译介西方各学科的经典之作，自有其多方考虑，但为改造中学计，则必为目的之一。

三

在比照中西学术、力求改造中学方面，严复不仅大力倡导，而且也身体力行，通过做一些用西学完善中学的工作，树立会通中西、使中学走上现代轨道的典范。这些工作取得一系列突破性的成果，在学术界颇有影响。以下试举两例，予以说明。

---

① 严复：《政治讲义》，见王栻主编：《严复集》第 5 册，1242 页。
② 严复：《天演论·自序》，见王栻主编：《严复集》第 5 册，1319～1320 页。
③ 严复：《与梁启超书（二）》，见王栻主编：《严复集》第 3 册，518 页。
④ 严复：《政治讲义》，见王栻主编：《严复集》第 5 册，1243 页。

在西方，社会学、政治学等属于专门学问，与中国之小学并无关联。但严复在译介《群学肄言》《社会通诠》等著作时，常通过序文、凡例、按语、夹注等形式不断援引中国古典文化内容，与所述西方社会学、政治学内容比较、对照、印证，尤其在透过语言文字的含义来观察中西文化内涵的异同方面有很敏锐的洞察力，如他曾言及："尝考六书文义，而知古人之说与西学合。何以言之？西学社会之界说曰：'民聚而有所部勒，祈向者，曰社会。'而字书曰：'邑，人聚会之称也，从口有区域也，从卪有法度也。'西学国之界说曰：'有土地之区域，而其民任战守者曰国。'而字书曰：'国古文或，从一，地也，从口以戈守之。'观此可知中西字义之冥合矣。"①以这样的方式考察中西学术，西方社会学便与中国传统语言文字之学即小学联系了起来，从而促使小学走出旧有轨道，向现代转型。如此做法，对旧学根底深厚且有志于会通中西的学者启示颇大。

社会学著作外，严复所译《穆勒名学》也予国内学者诸多启示。严氏非常重视名实之分，强调概念的严密性，认为："两物遇而伦生焉，对待之名因之以起。故欲观伦之果为何物，莫若历举对待之名，而察其所同有者为何义。盖即诸异而取其同，此求公名之义之定法也。"②受其影响，刘师培把名学视为"循名责实之学"③。在界定"理"之含义时，刘氏引入《穆勒名学》中"伦"的概念，认为古人所言之"理"即伦，"皆由对待而生，故理亦必由比较分析而后见"。他还进一步引用郑玄"训理为分"之注，从汉学考据角度对"理"做了精确界分，"理可以分，故曰分理，且肌之可分者曰肌理，腠之可分者曰腠理，文之可分者曰文理。且事事物物莫不有理，故天曰天理，地曰地理，性命曰性命之理，犹之科学家之言心理学、物理学、地理学也"④。显然，这是将名学与汉学训

---

① 严复：《群学肄言·译余赘语》，见［英］斯宾塞：《群学肄言》，严复译，xi 页，北京，商务印书馆，1981。
② ［英］约翰·穆勒：《穆勒名学》，严复译，63～64 页，北京，商务印书馆，1981。
③ 刘师培：《国学发微》，见《刘申叔遗书》，480 页。
④ 刘师培：《东原学案序》，见《刘申叔遗书》，1759 页。

诂结合起来以"循名责实",即通过逻辑学与小学的结合来探究学理。

严复对刘师培的这种影响,只是其影响晚清中国学界的显例之一,类似例证不胜枚举。仅此即可看出,他对中国学术的贡献并不止于译介西学,其所为实际是树立起一个样板,在中国古典学术向现代迈进的行程中起到了"典范"作用。

总之,在看待和评判中西学术方面,严复有自己的独到认识。他往往是以西学为坐标来评判中学,强调中西学相异之处,褒扬西学,贬低中学。之所以如此,有其基于时代特性的具体考虑,即中国学问本身有致命缺陷,无益于救国,而西学是能实行实用之学,有助于救国大业。因此他力主用西学完善中学、改造中学,并亲身实践,成绩斐然,从而为中国学术发展做出了特殊贡献。

从《刘向歆父子年谱》看钱穆的史学理念

经史之学乃钱穆先生一生用力之所在。对于钱先生以史学之法治经学所取得的成就，近年来已有学者做过论述①，但相对缺乏从个案入手深入细致的讨论。② 本文拟以钱先生的成名作《刘向歆父子年谱》为个案，通过对这部著作的学术背景、主题意旨、各方反响等的分析，尤其通过研究顾颉刚先生与钱先生围绕此著所生之争论，系统探讨钱先生在清末民初的今古文纷争大背景下，于早年形成并终生抱持之"于史学立场，而为经学显真是"的史学理念。

一

众所周知，钱穆非学院出身，基本是以自学为主走上经史研究之路。辛亥革命前后，他开始涉猎经史之学。他曾细读夏曾佑《中国历史

---

① 这方面的论著主要有郭齐勇、汪学群：《钱穆评传》（南昌，百花洲文艺出版社，1995）、汪学群：《钱穆学术思想评传》（北京，北京图书馆出版社，1998）、陈勇：《钱穆传》（北京，人民出版社，2001）等。另外，在评述钱穆与疑古学派关系的论文中也有相关论述，如罗义俊：《钱穆与顾颉刚的〈古史辨〉》（《史林》，1993年第4期）、廖名春：《钱穆与疑古学派关系述评》（陈明、朱汉民主编：《原道》第5辑，贵阳，贵州人民出版社，1999）、陈勇：《疑古与考信——钱穆评古史辨派的古史理论》（《学术月刊》，2000年第5期）等。

② 个案入手的讨论并非完全没有，最有代表性的当属刘巍：《〈刘向歆父子年谱〉的学术背景与初始反响——兼论钱穆与疑古学派的关系以及民国史学与晚清经今古文学之争的关系》（中国社会科学院近代史研究所编：《中国社会科学院近代史研究所青年学术论坛 2000年卷》，北京，社会科学文献出版社，2001），该文经修改后又刊于《历史研究》，2001（3）。

教科书》，从中了解到"经学之有今古文之别"①，后来随着学力加深，对经学问题逐渐有了自己的认识。1919 年后，他读到康有为《新学伪经考》，经过多年钻研，与各家学说比照和独立思考，"深病其抵牾"②，怀疑其准确性。1929 年夏，顾颉刚自广州北上赴燕京大学任教，途中回苏州家中小住，前去拜访当时已小有名气的钱穆，在翻阅钱氏《先秦诸子系年》一稿后，十分推崇其学问，认为其应去大学教历史，遂将其荐往中山大学任教，并嘱其为自己将兼任编辑的《燕京学报》撰稿。出于一些因素，钱穆辞谢了中山大学之聘。与此同时，他又得悉顾颉刚此去燕京大学要以讲授康有为今文经学为主，于是把写好的直斥康氏《新学伪经考》之误的长文《刘向歆父子年谱》交给顾颉刚，"不膺特与颉刚争议"③。顾氏胸襟宽阔，不以为忤，将其发表在 1930 年 6 月出版的《燕京学报》第七期上，后又编入《古史辨》第五册中。④

《刘向歆父子年谱》是钱穆多年潜心于经史研究的一个成果。在这篇奠定其学术地位的长文中，钱穆所用的方法很简单，基本是根据《汉书·儒林传》及与此相关的大量史料，梳理出从西汉昭帝元凤二年（公元前 79 年）刘向出生到王莽地皇四年（公元 23 年）刘歆、王莽死亡为止的经学史实，逐年排列，将各家各派师承之家法和经师论学的焦点所在以及诸经博士间的意见分歧，都原原本本地凸显出来，从而廓清了经学史上的迷雾，以有力证据证明了康有为《新学伪经考》说刘歆伪造古文经之不通。具体说来，不通之处有二十八端。概括起来，这二十八端主要有以下几方面内容。

第一，从时间上看。"刘向卒在成帝绥和元年，刘歆复领五经在二

---

① 钱穆：《八十忆双亲　师友杂忆》，89 页，北京，生活·读书·新知三联书店，1998。
② 钱穆：《刘向歆父子年谱·自序》，见顾颉刚：《古史辨》第 5 册，106 页，北京，朴社，1935。
③ 钱穆：《八十忆双亲　师友杂忆》，152 页。
④ 《刘向歆父子年谱》原名为《刘向歆王莽年谱》，是顾颉刚先生在《燕京学报》发稿前改成此题的，顾先生还对钱穆原稿做了细致的编辑加工。参见顾洪：《记顾颉刚先生收藏钱穆先生的一份手稿》，见葛兆光主编：《清华汉学研究》第 2 辑，246～248 页，北京，清华大学出版社，1997。

年，争立古文经博士在哀帝建平元年，去向卒不逾二年，去歆领校五经才数月。谓歆遍伪诸经，在向未死之前乎？将向既卒之后乎？向未死之前，歆已遍伪诸经，向何弗知？不可通一也。向死未二年，歆领校五经未数月，即能遍伪诸经，不可通二也。谓歆遍伪诸经，非一时之事，建平以下，迄于为莽国师，逐有所伪，随伪随布，以欺天下，天下何易欺？不可通三也。然则歆之遍伪诸经果何时耶？"①

第二，从伪造手法和旁证看。首先，钱穆设问，刘歆遍伪诸经是一手伪之，还是借群手伪之？"一手伪之，古者竹简繁重，杀青非易，不能不假手于人也。群手伪之，何忠于伪者之多，绝不一泄其诈耶？"当时被王莽征入朝廷的通经学者有数千人之多，"谓此诸人尽歆预布以待征，则此数千人者遍于国中四方，何无一人泄其诈者？自此不二十年，光武中兴，此数千人不能无一及于后，何当时未闻有言及歆之诈者？"其次，钱穆认为找不出刘歆造伪的旁证。当时与刘歆同校五经者非一人，像尹咸父子、班斿、苏竟等人都是有名的经学家，尹氏父子位在刘歆之上，苏竟为人正直，东汉初尚在，他们都没说刘歆造伪，而且苏竟对刘歆还相当推崇。扬雄也曾校书天禄阁，这是当年刘歆校书的地方。如果说刘歆造伪经，"于诸经史恣意妄窜，岂能尽灭故简，遍为更写？伪迹之昭，雄何不见？"另外，"稍前如师丹、公孙禄，稍后如范升，皆深抑古文诸经，皆与歆同世，然皆不言歆伪，特谓非先帝所立而已。何以舍其重而论其轻？"②可见说刘歆造伪经是缺乏证据的。

第三，从伪造目的看。康有为《新学伪经考》认为，刘歆伪造经书的目的是为王莽篡权服务。钱穆则指出，刘歆争立古文诸经时，王莽刚好退职，绝无篡汉动向，说刘歆伪造诸经为王莽篡权服务是没有根据的。在诸经书中，康氏指称《周官》为刘歆伪造以献媚于王莽的主要经书。钱穆考辨道，刘歆争立诸经时，《周官》不包括在内，此后是王莽根据《周官》以立政，并非刘歆依据王莽改制以造《周官》。当时取媚王莽以助篡

---

① 钱穆：《刘向歆父子年谱·自序》，见顾颉刚：《古史辨》第 5 册，101～102 页。
② 钱穆：《刘向歆父子年谱·自序》，见顾颉刚：《古史辨》第 5 册，102～103 页。

者首在符命，"符命源自灾异，善言灾异者皆今文师也。次则周公居摄称王，本诸《尚书》，亦今文说耳。歆欲媚莽助篡，不造符命，不言灾异，不说《今文尚书》，顾伪为《周官》。《周官》乃莽得志后据以改制，非可借以助篡，则歆之伪《周官》，何为者耶？"①另外，康书说刘歆伪造《周官》前，已先伪造《左氏传》《毛诗》《古文尚书》《逸礼》诸经，钱穆问：即便《周官》是为献媚王莽，那么伪造《左氏传》诸经又是为了什么？若说为了篡圣统，则刘歆虽为国师公，被王莽尊信，但同时朝中六经祭酒、讲学大夫不少出自今文诸儒，而且王莽立制，《王制》《周礼》兼举，刘歆议礼，亦折中于今文，这显然与篡圣统说不符。总之，从目的上看，钱穆认为刘歆编造伪经是没有根据的。

第四，从经书渊源和内容看。"《左氏》传授远有渊源……歆以前其父向及他诸儒，奏记述造，引及《左氏》者多矣。《左氏》自传于世，不得尽谓歆伪。……至《周官》果出何代，《左氏》《国语》为一为二，此非一言可决，何以遽知为歆伪？"②即在钱穆看来，《左氏传》早在刘歆之前既已存在，渊源久远，绝非刘歆伪造。《周官》等书的问题，也非一言可决，不能简单得出刘歆伪造的结论。再从经书内容看，今文经中五帝无少皞，刘歆古文中则有；今文五帝前无三皇，刘歆古文则有之；今文天下惟九州，无十二州之说，刘歆古文则有之。但刘歆之说，断断不始于他，先秦旧籍载刘歆之说颇多，故该说并非他伪造。而且"必以今文一说为真，异于今文者皆歆说，皆伪，然今文自有十四博士，已自相异"③。

总之，钱穆认为，无论从时间上、从伪造手法和旁证上看，还是从伪造目的、从经书渊源和内容上看，都不能得出刘歆编伪诸经的结论，即不存在刘歆在数月之间掩尽天下耳目编造经书的事实，自然也不存在造经为王莽篡权服务之事。至于康有为力主刘歆造伪之说，纯是为其托

① 钱穆：《刘向歆父子年谱·自序》，见顾颉刚：《古史辨》第5册，103页。
② 钱穆：《刘向歆父子年谱·自序》，见顾颉刚：《古史辨》第5册，105页。
③ 钱穆：《刘向歆父子年谱·自序》，见顾颉刚：《古史辨》第5册，106页。

古改制的目的而杜撰的。

《刘向歆父子年谱》是钱穆的成名作，当时的硕学通儒对它大都推崇备至，胡适在 1930 年 10 月 28 日的日记中就称誉道："《钱谱》为一大著作，见解与体例都好。"①钱穆的学术地位由此而奠定，随即由刊发此文的顾颉刚推荐，进入燕京大学任教，开始了人生和学术的重大转折。钱穆到燕京大学后，"知故都各大学本都开设经学史及经学通论诸课，都主康南海今文家言。余文（按：指《刘向歆父子年谱》）出，各校经学课遂多在秋后停开。但都疑余主古文家言"②。

钱穆之所以凭《刘向歆父子年谱》一文在学术界一亮相即获巨大成功，不仅是因此文廓清摧陷，对中国经学史的研究确有划时代的贡献，而且更为关键的是因它触及了当时学术界共同关注的一个大问题——经今古文之争。清末，康有为力主刘歆伪造古文经之说，其所产生的影响是我们今天难以想象的，尽管当时即有章太炎、刘师培等人大力反驳，但双方的争论显然没有从根本上解决问题，直到钱穆登上学术舞台之时，这仍是学界普遍关心的事情，学者头脑中大都还有古文经是否刘歆伪造、《周礼》《左传》等书是否伪书的疑问。故而钱穆以翔实证据一举摧破康说，不能不在学界引起震撼，"使人从康有为《新学伪经考》的笼罩中彻底解放了出来"，"使晚清以来有关经今古文的争论告一结束"，意义不可谓不大。③ 不过站在今天的立场上，评价仅限于此恐怕还不够，要深入评价钱穆的这一贡献，探讨钱穆何以会有此成就，须于经史之学的深层再做文章。

① 《胡适的日记》手稿本第 10 册，台北，远流出版事业股份有限公司，1990。
② 钱穆：《八十忆双亲　师友杂忆》，160 页。
③ 余英时：《〈犹记风吹水上鳞〉序》《〈周礼〉考证和〈周礼〉的现代启示》，见《钱穆与中国文化》，239、134 页。另，除余英时外，其他学者对《刘向歆父子年谱》的贡献也有类似评价，大致已成共识。

二

在中国传统学问里，经史之学占有主导地位，经学更是处于核心位置，这从经、史、子、集四部的排列次序便可看得很清楚。当然，经、史两学的关系，向来是学者最为关注的问题之一。

清末，经、史两学的关系问题比以往引人注目。反映经、史关系的"六经皆史"说此时被章太炎所大力倡导。"六经皆史"表达的是经等于史的观念，这一说法早就存在，章学诚曾做过系统条贯的论述，龚自珍亦曾有过深入阐发，章太炎则在前人基础上把它发扬光大，表述得更彻底。他说："六经都是古史"，"经外并没有史，经就是古人的史，史就是后世的经"。① 研究经学是为了弄清古代历史实际，"说经者所以存古，非以是适今也"②。章太炎是一位渊博的学者，论学所涉及的范围十分广阔，在思想上所散布的影响面要比康有为来得大。③ 故他的"六经皆史"说得到不少学者的认同和响应，如刘师培便极为认同，这非常有助于人们关注史学，促进史学地位的上升。实际上，清末之时史学的地位确实是大大提升了，史学革命或曰新史学运动轰轰烈烈的展开及在社会上的巨大反响，即已表明此点。相对而言，经学稍显沉寂，尽管有以康有为、章太炎为代表的所谓今古文学之争，有孙诒让、廖平、皮锡瑞等人的经学著作陆续刊行，但毕竟康、章之争很大程度上是披着经学外衣的政治争论，政治意义大于学术意义；孙、廖、皮等人的著述也无新史学著作那样的效应，不再像已往经学中心时代那样处于学术舞台的

---

① 独角（章太炎）：《群经学：论经的大意》，载《教育今语杂志》，第 2 期，1910。
② 章太炎：《某君与某论朴学报书》，载《国粹学报》，第 23 期，1906。
③ 参见余英时：《五四运动与中国传统》，见《中国思想传统的现代诠释》，344 页，南京，江苏人民出版社，1995。

核心位置。所以，应该说学术研究的重心已由经学转向史学。① 进入民国之后，经过新文化运动的洗礼，被视作旧文化、旧学术代表的经学更是一落千丈，"新派学者望而却步，引不起他们的兴味"②。

到钱穆登上学术舞台之时，正统意义上的经学已经分崩离析，其内容分解到现代人文社会各学科中，大学里"经学史""经学通论"诸课的开设，也仅是从知识层面进入，非传统的经学教育可比。但经学并未就此终结，经学中的问题仍在困扰着学术界，经学研究的思维惯性也仍在影响着很多学者，今古文门派、家法观念还未从学者头脑中彻底摒除，以致钱穆《刘向歆父子年谱》一出，却被怀疑为是"主古文家言"。此种情形表明，尽管经学已非旧观，但有关经学问题的研究还是关联着学术命脉——现代中国学术如何真正从经学中走出来。从这层意义上再看钱穆的《刘向歆父子年谱》，其贡献与价值便不可以简单估量了。

前已指出，《刘向歆父子年谱》完全依据史实而编撰，具体说来是依据《汉书》记载，把当时的五经异同、诸博士的意见分歧一一梳理，原原本本地指出各家各派师承之家法及各经师论学之焦点所在，使人就此对两汉经学历史有明晰的了解，从而明白《新学伪经考》说刘歆伪造古文经之妄，即"实事既列，虚说自消"，"庶乎可以脱经学之樊笼，发古人之真态矣"。③ 所以这是典型的以史学治经学的作品，绝非传统经学所能笼罩。钱穆这样做，是基于他研治经史之学的基本观念——"经学上之问题，同时即为史学上之问题"，需"于史学立场，而为经学显真是"。④

经学与史学、治经与治史，内涵不同，路径亦有差异。治经者往往有求"道"的意念，所谓"经之至者，道也。所以明道者，其词也；所以成词者，字也。由字以通其词，由词以通其道，必有渐"⑤。而治史者

---

① 参见李帆：《刘师培与中西学术——以其中西交融之学和学术史研究为核心》，49～51页，北京，北京师范大学出版社，2003。

② 嵇文甫：《漫谈学术中国化问题》，载《理论与现实（重庆）》，第1卷，第4期，1940。

③ 钱穆：《刘向歆父子年谱·自序》，见顾颉刚：《古史辨》第5册，106页。

④ 钱穆：《两汉经学今古文平议·自序》，见《两汉经学今古文平议》，6页，北京，商务印书馆，2001。

⑤ 戴震：《与是仲明论学书》，见《戴震集》，汤志钧校点，183页。

则旨在求真，就像钱穆谈其以史治经之作《两汉经学今古文平议》时所言："本书之所用心，则不在乎排击清儒说经之非，而重在乎发见古人学术之真相。亦惟真相显，而后伪说可以息，浮辨可以止。"①有此不同，所以评价《刘向歆父子年谱》这样的著作便不能不超越经学窠臼，以"史学立场"为准。即钱穆已然把经学问题转化为史学问题，用史法治经学，那么就不能再依经学传统或今古文之类门派标准来判断这部著作的价值，而是要完全摆脱经学束缚，一依史学标准。按此标准，这部著作所取得的成就自是相当高，它的史料充分，考核精当，"论证是建立在坚强的历史事实之上"②，从而令经学史上聚讼纷纭的公案得以彻底破解。

进言之，把经学问题视为史学问题，"于史学立场，而为经学显真是"，还在深层次上解决了两方面问题：一是化解了经学上的门户之见；二是对"六经皆史"之成说有所突破，为中国现代史学开辟了道路。

清人治学，最讲门户，但最大的门户——经今古文学之门户，却是直至晚清才确立，就像有学者所指出的，"晚清以前的历代学者，虽常论及今文、古文，却没有以今文为一大派，古文为另一大派的。用这样分派的观点来看汉代经学的，实始于四川学者廖平先生的名著《今古学考》"③。此后学者或尊今抑古，或尊古抑今，莫不以廖平所分之门户为门户，章太炎、刘师培、康有为、皮锡瑞等经学大家皆如此。正因学者头脑中一直存有今古文门户之见，所以当钱穆以《刘向歆父子年谱》力攻今文经学之非时，有人批评他"似未能离开古文家之立足点而批评康氏"④，怀疑他"主古文家言"。实际上，作为史学家，钱穆绝无站到古文经学立场上申古抑今的用意，他的目的是要以"史学立场"，彻底破除晚清以降的经今古文学之门户。在他看来，今文、古文都是晚清经师主

---

① 钱穆：《两汉经学今古文平议·自序》，见《两汉经学今古文平议》，7 页。

② 余英时：《〈周礼〉考证和〈周礼〉的现代启示》，见《钱穆与中国文化》，134 页。

③ 李学勤：《〈今古学考〉与〈五经异义〉》，见张岱年等：《国学今论》，125 页，沈阳，辽宁教育出版社，1991。

④ 青松：《评〈刘向歆父子年谱〉》，见顾颉刚：《古史辨》第 5 册，250 页。

观臆造的门户，与历史真相并不相符，"晚清经师，有主今文者，亦有主古文者。主张今文经师之所说，既多不可信。而主张古文诸经师，其说亦同样不可信，且更见其为疲软而无力。此何故？盖今文古文之分，本出晚清今文学者门户之偏见，彼辈主张今文，遂为今文诸经建立门户，而排斥古文诸经于此门户之外。而主张古文诸经者，亦即以今文学家之门户为门户，而不过入主出奴之意见之相异而已"。为了维护门户之见，"甚至于颠倒史实而不顾。凡所不合于其所欲建立之门户者，则胥以伪书伪说斥之。于是不仅群经有伪，而诸史亦有伪"①。要把这种局面彻底纠正过来，唯有不带任何偏见，完全依据可靠的历史资料，将历史真相揭示出来，方能达成目的。《刘向歆父子年谱》正是做到了这一点，才令人们头脑中的经学门户得以破除，从而使经学或经学史的研究摆脱经师习气，超越"通儒"立场②，走上规范的现代学术之途。

在经史两学关系的问题上，章太炎在前人基础上所大力倡导的"六经皆史"说，清末民初已然得到不少学者的认同和响应，钱玄同、顾颉刚等学者自接受"六经皆史"的观点后，一直信奉它，钱穆对章氏的"等贯经史"至少也是认同的。③ 当然，如何理解"六经皆史"，各人看法相异。清末，章太炎主张"六经都是古史"，夷经为史，固然是出于史学经世的用意④，同时也是出于破除经学统治地位、建立现代学科分类体系的需要。而到了民国年间，胡适、梁启超、钱玄同、顾颉刚、周予同等人再论"六经皆史"时，却已是将六经视为史料了，就像周予同所明确指

---

① 钱穆：《两汉经学今古文平议·自序》，见《两汉经学今古文平议》，5～6页。

② 一些经学家不主门户，看待某些经学问题时不受今古文窠臼制约，自谓"通儒"。但在史学家看来，他们仍各有其经学立场，未能完全超越自身立场总结经学史。

③ 参见钱穆：《国学概论》，11页，北京，商务印书馆，1997。亦可参见刘巍《〈刘向歆父子年谱〉的学术背景与初始反响》(见中国社会科学院近代史研究所编：《中国社会科学院近代史研究所青年学术论坛 2000年卷》)一文对此所展开的议论。

④ 有学者认为，与章学诚倡"六经皆史"相比，章太炎等人再倡此说时立意已有所不同。章学诚"虽有经史并列之心，其基本立意还是希望提高史学(到近于经学)的地位"，章太炎等人虽也认同此点，但在当时民族危机的情势下，史学"荣其国家，华其祖宗"的功用较平日凸显，"随着历史对国家兴衰重要性的增加，'六经皆史'说的社会学意义也与前大异"。引自罗志田：《清季民初经学的边缘化与史学的走向中心》，见《权势转移：近代中国的思想、社会与学术》，331页，武汉，湖北人民出版社，1999。

出的，"我们不仅将经分隶于史，而且要明白地主张'六经皆史料'说"①。对于"六经皆史"，钱穆有其独到见解，即在章学诚倡此说的原初意义上，他不赞成"六经皆史料"②。但从《刘向歆父子年谱》等一系列著作和他的撰述宗旨看，他的某些观念又与胡适、梁启超、钱玄同、顾颉刚、周予同等人并无根本区别。如前所述，他是把经学问题转化为史学问题，依据史学标准，用史法治经的，既然如此，经学记录在他那里便转为史学记录，经书也便成了史料。从夷经为史到"六经皆史料"，经学又一次下跌，独立地位不保，表明现代学科体系已形成，经学不仅不再是为首的学科，而且已经分崩离析，其内容为人文社会各学科所分解，从历史学的角度看，这些古老的内容自是应属史料。当然，换个思路予以分析，也可说钱穆的《刘向歆父子年谱》冲破了"六经皆史"说之樊篱。因其颠倒了经史位置，逆向操作，反过来以史证经，仅用《汉书》等常见史料，即解决了经学上的大问题，最终达成以史御经的目的。这样，在经史关系上，乃至史学研究上，一条新的道路被开辟出来。此后，遇到经学上的问题时，学者大都是追步钱穆，以史法治之，从学术史角度考察，成就愈益丰厚，一迄于今。

三

《刘向歆父子年谱》虽由顾颉刚经手发表，但对这篇直斥康有为《新学伪经考》之误的长文，顾氏并不认同，还就有关问题与钱穆进行了讨论。

---

① 周予同：《治经与治史》，见朱维铮编：《周予同经学史论著选集（增订版）》，622页，上海，上海人民出版社，1996。亦可参见刘巍：《〈刘向歆父子年谱〉的学术背景与初始反响》，见中国社会科学院近代史研究所编：《中国社会科学院近代史研究所青年学术论坛 2000年卷》，732～735页。

② "实斋（按：指章学诚）《文史通义》唱'六经皆史'之说，盖所以救当时经学家以训诂考核求道之流弊"，"近人误会'六经皆史'之旨，遂谓'流水账簿尽是史料'。呜呼！此岂章氏之旨哉！"见钱穆：《中国近三百年学术史》，430、433页。

顾颉刚于1913年考进北京大学预科后，曾在国学会听章太炎讲学，觉得章氏的学说很有道理，产生"古文家是合理的，今文家则全是些妄人"的看法。但不久之后，他又读到了康有为的《新学伪经考》与《孔子改制考》，又觉十分敬佩，认识到"古文家的诋毁今文家大都不过为了党见，这种事情原是经师做的而不是学者做的"①。数年后，顾颉刚对章太炎的崇敬之心更降低了，相反由于受胡适授课内容的影响，益发信服康有为。胡适在讲授"中国哲学史"时，"丢开唐虞夏商，径从周宣王以后讲起"，这一讲法使顾颉刚对自己"上古史靠不住的观念在读了《改制考》之后又经过这样地一温"②，而更加坚定了。从此更觉康有为之言有理，认为"长素先生受了西洋历史家考定的上古史的影响，知道中国古史的不可信，就揭出了战国诸子和新代经师的作伪的原因，使人读了不但不信任古史，而且要看出伪史的背景，就从伪史上去研究，实在比较以前的辨伪者深进了一层"③。康有为的著作本是为变法改制提供依据的政治性极强的经学著作，并非严格的史学研究之作，但在此时的顾颉刚眼里，却是启发他推倒旧古史、查出伪史背景的史学专著。当然顾氏也清楚康氏著作有相当复杂的背景和政治动机，说康氏是"拿辨伪做手段，把改制做目的，是为运用政策而非研究学问"，故"对于今文家的态度总不能佩服"。④ 所以，他是取康氏的结论而非手段，并认为自己的辨伪工作才是手段与目的一致的工作。很显然，在接受康氏影响的同时，顾氏对其所代表的今文家派却持怀疑态度。1920年大学毕业后，顾氏认识了钱玄同，并深受其启发。钱氏曾是章太炎的学生，又受康有为和今文家崔适的影响很大，所以他"兼通今古文而对今古文都不满意"⑤。他曾对顾颉刚说："我们今天，该用古文家的话来批评今文家，又该用今文家的话来批评古文家，把他们的假面具一齐撕破，方好显露

① 顾颉刚：《古史辨·自序》第1册，26页，北京，朴社，1926。
② 顾颉刚：《古史辨·自序》第1册，36页。
③ 顾颉刚：《古史辨·自序》第1册，78页。
④ 顾颉刚：《古史辨·自序》第1册，43页。
⑤ 顾颉刚：《秦汉的方士与儒生》序，6页，上海，上海古籍出版社，1978。

出他们的真相。"①这番议论，使顾氏"眼前仿佛已经打开一座门，让我
们进去对这个二千余年来学术史上的一件大公案作最后的解决"②。从
此，顾氏对经学今古文问题有了更深入的认识，并对上古史材料做系统
的搜集与研究，陆续编出了《古史辨》。在《古史辨》中，他受今文经学
"疑古惑经"的启发，怀疑经书，进而辨析古史，欲拨开古史"茫昧无稽"
的迷雾，恢复古史的本来面目。就像有学者所言："《古史辨》一开始就
带有全盘'抹煞'上古信史的精神——在还没有逐步的检视每一件史事
（或大部分重要史事）前，就先抹煞古书古史。而这个精神主要便是承继
清季今文家的历史观而来的。"③"正因受康有为《孔子改制考》与《新学伪
经考》的影响，使得顾颉刚在一开始就全盘否定上古信史。"④

　　由于顾颉刚的古史辨伪思想在今古文两家中主要取法于今文，尤其
是取法于康有为的观念，所以他对钱穆直斥康氏《新学伪经考》之非的
《刘向歆父子年谱》并不赞同。于是，在《五德终始说下的政治和历史》一
文中，他表达了与钱穆相左的看法。⑤《五德终始说下的政治和历史》的
前十三节基本是用五德终始说讲五行说的起源和发展，其中已杂入不少
今文家说，从第十四节开始专门谈今古文问题。从顾氏的具体论述来
看，他相信《毛诗》《古文尚书》《逸礼》《左传》都是刘歆伪造或改造的，这
明显是袭自康有为的观点。所以，他的结论是："其实所谓古学何尝是
真的古学，只不过是王莽所需要之学，刘歆所认为应行提倡之学而已。
康长素先生以'新学伪经'名书，这是很不错的。"⑥"我深信一个人的真

　　①　顾颉刚：《秦汉的方士与儒生》序，7 页。
　　②　顾颉刚：《秦汉的方士与儒生》序，7 页。
　　③　王汎森：《古史辨运动的兴起：一个思想史的分析》，217 页，台北，允晨文化实业股
份有限公司，1987。
　　④　彭明辉：《疑古思想与现代中国史学的发展》，165 页，台北，"台湾商务印书馆股份
有限公司"，1991。
　　⑤　按，顾颉刚是于 1930 年 2 月至 6 月，应杨振声先生之邀，为《清华学报》作《五德终始
说下的政治和历史》。该文初刊于 1930 年 6 月《清华学报》第 6 卷第 1 期，与《刘向歆父子年谱》
的刊布几乎同时，但写作时间比《刘向歆父子年谱》晚几个月。胡适曾说："顾说一部分作于曾
见钱谱之后，而墨守康有为、崔适之说，殊不可晓。"引自《胡适的日记》手稿本第 10 册。
　　⑥　顾颉刚：《五德终始说下的政治和历史》，见《古史辨》第 5 册，533～534 页。

理即是大家的真理。《伪经考》这书，议论或有错误，但是这个中心思想及其考证的方法是不错的。"①可见，顾颉刚在论及今古文问题时，是同意康有为《新学伪经考》中的结论的，明显站在钱穆对立面，维护康氏旧说。

应顾颉刚之请，钱穆在读了《五德终始说下的政治和历史》之后为其写了一篇评论。在评论中，钱氏指出，顾颉刚"时时不免根据今文学派的态度和议论来为自己的古史观张目。……《五德终始说下的政治和历史》那篇论文，便是一个例子。无论政治和学说，在我看来，从汉武到王莽，从董仲舒到刘歆，也只是一线的演进和生长，而今文学家的见解，则认为其间定有一番盛大的伪造和突异的改换。顾先生那篇文里，蒙其采纳我《刘向歆王莽年谱》里不少的取材和意见，而同时顾先生和今文学家同样主张歆、莽一切的作伪"②。接着钱穆考察了顾氏文中的一些例证，并在大量论据基础上得出与顾氏相反的结论。最后，钱穆概括己意，重申"刘歆只把当时已有的传说和意见加以写定（或可说加以利用）。刘歆、王莽一切说法皆有沿袭，并非无端伪造"，"顾先生原文所引各种史料及疑点，均可用历史演进的原则和传说的流变来加以说明，不必用今文家说把大规模的作伪及急剧的改换来归罪于刘歆一人"。③

钱穆说顾颉刚的论断可用历史演进和传说流变加以说明，不必尽如今文家说归之于刘歆一人所造，这确是说中了问题的要害。因运用历史演进和传说流变的眼光来研析历史，恰是顾氏所长，顾氏若弃置其长，难免有失。但顾颉刚本人对此问题并不这样看，在读了钱穆评文后，他随即写了一篇跋文，申说自己的观点。他认为自己"对于清代的今文家的话，并非无条件的信仰，也不是相信他们所谓的微言大义，乃是相信他们的历史考证。他们的历史考证，固然有些地方受了家派的束缚，流

---

① 顾颉刚：《五德终始说下的政治和历史》，见《古史辨》第5册，537～538页。

② 钱穆：《评顾颉刚〈五德终始说下的政治和历史〉》，见顾颉刚：《古史辨》第5册，621页。

③ 钱穆：《评顾颉刚〈五德终始说下的政治和历史〉》，见顾颉刚：《古史辨》第5册，630页。

于牵强武断，但他们揭发西汉末年一段骗案，这是不错的。……刘歆一个人，年寿有限，精力有限，要他伪造许多书自然不可能，但这个古文学运动是他于校书后开始提倡的（见本传），是他于当权后竭力推行的（见王莽传），这是极明显的事实。在这个利禄诱引之下，自然收得许多党徒，造成一种新风气，自然他们所目为乖谬的都得正，所目为异说的都得壹，而学术于是乎大变。所以刘歆虽不是三头六臂的神人，但他确是改变学术的领袖，这个改变的责任终究应归他担负。清代今文家在这一方面，议论虽有些流于苛刻，而大体自是不误。"①显然在顾氏看来，相信清今文家的历史考证与钱穆所言用历史演进和传说流变说明问题并不矛盾，只要清今文家的历史考证大体不误，就可以作为说明问题的历史资料。可见顾氏的基本见解未变，没能接受钱穆的批评。

从钱顾之辩可以看出，两人都是站在史学立场上讨论经学问题。钱氏自不待言，顾氏维护康有为旧说，也非为相信今文家说，"乃是相信他们的历史考证"。他曾表明："我们所以在现在提出今古文问题，原不是要把这些已枯的骸骨敷上血肉，使它重新活跃在今日的社会，只因它是一件不能不决的悬案，如果不决则古代政治史、历法史、思想史、学术史、文字史全不能做好，所以要做这种基础的工作而已。"②针对有些人因其发表了一些不信任古文家的文章而将其视作"新今文家"的议论，他的回应是非常明确的，说："我决不想做今文家，不但不想做，而且凡是今文家自己所建立的学说我一样地要把它打破。只是西汉末的一幕今古文之争，我们必得弄清楚，否则不但上古史和古文籍受其纠缠而弄不清楚，即研究哲学史和文学史的也要被它连累而弄不清楚了。这种难关是逃避不了的。"③很显然，他把讨论经学问题作为史学研究的一个基础，不厘清今古文之争，中国历史的重重迷雾就无法拨开，他主观上绝无经学家的家派观念。

---

① 顾颉刚：《跋钱穆评〈五德终始说下的政治和历史〉》，见《古史辨》第 5 册，631～632 页。

② 顾颉刚：《古史辨·自序》第 5 册，3 页。

③ 顾颉刚：《跋钱穆评〈五德终始说下的政治和历史〉》，见《古史辨》第 5 册，632 页。

对于顾氏的不受家派束缚和超越今文学，其论争对手钱穆也看得十分清楚。钱氏曾分析了《古史辨》所以产生的缘由，认为顾氏的学说"自然和晚清的今文学未可一概而论"，"顾先生的古史剥皮，比崔述还要深进一步，决不肯再受今文学那重关界的阻碍，自无待言"。而且他还引用胡适的见解，指出顾氏之学说与康有为今文学的区别，说："顾先生讨论古史里那个根本的见解和方法，是重在传说的经历和演进，而康有为一辈人所主张的今文学，却说是孔子托古改制，六经为儒家伪造，此后又经刘歆、王莽一番伪造，而成所谓新学伪经。伪造与传说，其间究是两样。传说是演进生长的，而伪造却可以一气呵成，一手创立。传说是社会上共同的有意无意——而无意为多——的一种演进生长，而伪造却专是一人或一派人的特意制造。传说是自然的，而伪造是人为的。传说是连续的，而伪造是改换的。传说渐变，而伪造突异。我们把顾先生的传说演进的见解，和康有为孔子改制新学伪经等说法两两比较，似觉康氏之说有些粗糙武断，不合情理，不如传说演进的说法较近实际。"①钱穆不满意顾颉刚《五德终始说下的政治和历史》一文的基本结论，恰恰在于他认为顾氏在一些问题上过于相信今文家的说法，而没有运用自己所擅长的传说演进的见解与方法。

可以说，由《刘向歆父子年谱》所引发的钱、顾之辩，核心问题虽仍是经今古文问题，但从争论双方所持立场和主张看，已非传统的经学之争，而是现代意义上的史学之争。双方所信服者都是各自所认可的历史考证结果，即便这一结果与今古文家的某些结论相合，但基本着眼点已是大相径庭。若与清末康有为、章太炎之间的今古文之争相较，更能看出这一争论的时代特性。康、章之争尽管带有浓厚的政治意味，但毕竟还是一场经学争论；而钱、顾之辩则既无政治色彩，又非经学论辩。这

---

① 钱穆：《评顾颉刚〈五德终始说下的政治和历史〉》，见顾颉刚：《古史辨》第 5 册，620页。按，王汎森在《古史辨运动的兴起：一个思想史的分析》（50～51 页）中曾引用钱氏这段话以说明顾颉刚"古史辨"派"把无意的积累与有意造伪等同"，实则钱氏这段话旨在说明顾颉刚是重传说的经历和演进的，传说主要是无意的演进生长，而康有为一派人才是重刻意伪造之说的，两者区别很大。

至少表明时代语境和学术主题已转换，经史之学走上了现代化轨道，就像顾颉刚所言："从前人治学的最大希望是为承接道统，古文家所以造伪经者为此，清代的今文家所以排斥伪经者也为此。但时至今日……我们可以打破这种'求正统'的观念而易以'求真实'的观念了。"[①]这种围绕古老经学问题而展开的史学层面上的正常学术讨论，不仅为此类问题的研讨树立了典范，而且某种意义上也是为中国史学摆脱政治化倾向，在学术道路上健康前行奠定了基础。

进言之，通过考察钱、顾之辩，还可深入地看清钱、顾二人相近又相异的史学理念。《刘向歆父子年谱》经顾颉刚之手发表，后又被顾氏收入《古史辨》第五册中，这似乎意味着钱穆与古史辨派的某种关联，具有象征意义。钱穆本人也曾申明，自己的主张是"想为顾先生助攻那西汉今文学家的一道防线（其实还是晚清今文学家的防线），好让《古史辨》的胜利再展进一程"[②]。到了晚年，他又自谓："颉刚史学渊源于崔东壁之《考信录》，变而过激，乃有《古史辨》之跃起。然考信必有疑，疑古终当考。二者分辨，仅在分数上。……余则疑《尧典》，疑《禹贡》，疑《易传》，疑老子出庄周后，所疑皆超于颉刚。然窃愿以考古名，不愿以疑古名。疑与信皆须考，余与颉刚，精神意气，仍同一线，实无大异。"[③]应该说，在把经学问题作为史学问题、汲汲于史学求真方面，钱、顾二人是颇为一致的，"于史学立场，而为经学显真是"[④]，"打破……'求正统'的观念而易以'求真实'的观念"[⑤]，此类表述，便充分证明了这一点。不过，治学目的相同，不等于其他方面也都一致，钱穆"愿以考古名，不愿以疑古名"的说法，即能令人察觉此中端倪。[⑥] 实际上，早在

---

① 顾颉刚：《中国上古史研究课第二学期讲义序目》，见《古史辨》第 5 册，258 页。
② 钱穆：《评顾颉刚〈五德终始说下的政治和历史〉》，见顾颉刚：《古史辨》第 5 册，630 页。
③ 钱穆：《八十忆双亲 师友杂忆》，167～168 页。
④ 钱穆：《两汉经学今古文平议·自序》，见《两汉经学今古文平议》，6 页。
⑤ 顾颉刚：《中国上古史研究课第二学期讲义存目》，见《古史辨》第 5 册，258 页。
⑥ 有学者认为："把 20—30 年代以考据名家的钱穆归为王国维一类的考古派史家，恐怕更为恰当。"引自陈勇：《疑古与考信——钱穆评古史辨派的古史理论》，载《学术月刊》，2000(5)。

北大史学系教授中国上古史时，他就明确表示过不能赞同疑古，说"余任上古史课，若亦疑古，将无可言"①。后来他在致顾颉刚的一封信中说："弟与兄治学途径颇有相涉，而吾两人才性所异则所得亦各有不同。……兄之所长在于多开途辙，发人神智。弟有千虑之一得者，则在斩尽葛藤，破人迷妄。故兄能推倒，能开拓，弟则稍有所得，多在于折衷，在于判断。"②可见两人在治学取向和风格上，是有较大差异的。仅就《刘向歆父子年谱》而言，钱穆确乎是以"考古"的态度和精神，孜孜于原始文献，一步步考出康有为之说之误；而顾颉刚不认同钱氏说，则是出于古史辨派与今文经学"疑古惑经"一脉相承的思想联系，从而相信今文家的历史考证所致。他们的目的皆为拨开经学迷雾，探求史之真相，但切入点和研究取向明显有异。若进一步考察，还可看出钱穆是在总体上非"疑古"的宏观视野下，于具体微观领域"疑"而"考"之③；而顾颉刚则在"疑古"的大思路下，对前人的某些具体论断信而采之。两人皆有"疑"，但所疑方向不同，显示出史学理念上的差异。

对于中国历史学而言，无论是钱穆的信而有疑，还是顾颉刚的疑而有信，最终应该说殊途同归，皆有益于近代新史学的成长壮大。事实也证明，他们从各自方向所做出的努力，确为此贡献良多。

---

① 钱穆：《八十忆双亲 师友杂忆》，163 页。

② 顾潮：《历劫终教志不灰·我的父亲顾颉刚》，143 页，上海，华东师范大学出版社，1997。

③ 何兹全先生曾指出，《刘向歆父子年谱》"就是一篇考订精密而有创见的专题著作，是一篇对历史问题的微观著作。但这篇文章也显示钱先生是大处着眼小处着手的。他从对刘向、刘歆父子一生经历的精密考订入手，却在解决今古文经的一个大问题——刘歆是否伪造了诸经"。引自何兹全：《钱穆先生的史学思想——读〈国史大纲〉〈中国文化史导论〉札记》，见李振声编：《钱穆印象》，157 页，上海，学林出版社，1997。

拉克伯里学说进入中国的若干问题

  清朝末年，在特殊的历史条件下，关于中国人种和文明的起源问题，受到政、学两界的共同关注。其中，法国汉学家拉克伯里所倡中国人种、文明自巴比伦而来的学说尤得时人青睐，对政治、学术乃至中华民族心理的塑造都产生一定影响。所以，民国迄今（2008 年），国内外学者对这一学说进入中国的问题始终有所注意，做过一些初步的介绍与考察。① 不过从纯学术角度言之，学者们大体视该说为"极尽穿凿附会之能事"②之说，缺乏科学性，故没有对之做系统研究的兴趣。近年来，一些学者十分关注近代中国的民族认同、民族主义以及民族国家建构等问题，并将中国人种、文明西来说作为一个探讨的切入点，从而引发了人们对拉克伯里学说的再次注意。③ 囿于论述视角，这些学者的著述并

---

  ① 涉及拉克伯里学说进入中国的论著主要有缪凤林：《中国民族西来辨》，载《学衡》，第 37 期，1925；何炳松：《中华民族起源之新神话》，载《东方杂志》，第 26 卷，第 2 号，1929，见刘寅生、谢巍、房鑫亮编校：《何炳松论文集》，168～188 页，北京，商务印书馆，1990；刘盼遂：《中华人种西来新证》，见《刘盼遂文集》，699～700 页，北京，北京师范大学出版社，2002；徐杰舜：《汉民族发展史》，成都，四川人民出版社，1992；王尔敏：《中西学源流说所反映之文化心理趋向》，见《中国近代思想史论续集》，44～67 页，北京，社会科学文献出版社，2005；等等。

  ② 何炳松：《中华民族起源之新神话》，见刘寅生、谢巍、房鑫亮编校：《何炳松论文集》，188 页。

  ③ 这方面的论著主要有［美］普莱斯：《宋教仁与民族认同意识》，见中国史学会编：《辛亥革命与二十世纪的中国》中，1021～1045 页，北京，中央文献出版社，2002；［日］石川祯浩：《辛亥革命时期的种族主义与中国人类学的兴起》，见中国史学会编：《辛亥革命与二十世纪的中国》中，998～1020 页；［日］石川祯浩：《20 世纪初年中国留日学生"黄帝"之再造——排满、肖像、西方起源论》，载《清史研究》，2005(4)；孙江：《连续性与断裂——清末民初历史教科书中的黄帝叙述》，见王笛主编：《时间·空间·书写》，210～244 页，杭州，浙江人民出版社，2006；等等。

未对拉氏学说本身以及清季中国学者对它的接受予以细致研讨，从文化交流史、学术史乃至汉学史的研究来看，实为憾事。有鉴于此，本文拟就拉氏学说的本来面貌、日本知识界对它的介绍以及中国学者对它的接受和阐发进行具体梳理，以利相关讨论的进一步深入。

一

　　清朝末年，尤其是 19 世纪与 20 世纪交替之际，随着西方人种学、人类学、民族学、考古学等学科的迅猛发展，随着西方、日本势力对中国侵略、渗透的进一步加剧，中国人种和文明的起源问题，受到西方、日本学者的关注。这种关注以及相应的研讨多是出于政治目的而披着学术外衣的所谓"研究"。

　　具体而言，对于中国人种和文明源自何方的问题，当时的西方、日本学者做了种种考释，提出种种说法。众说纷纭中，最能博得中国知识界赞赏和信从，并令梁启超、章太炎、刘师培等知名学者与思想家推崇的，是帕米尔—昆仑山和巴比伦两种西来说。[①] 其中巴比伦说论证较为系统严密，尤得中国学者青睐。

　　巴比伦说的主要倡导者是法国汉学家拉克伯里（Terrien de Lacouperie，1844—1894）。拉克伯里自幼生长在香港，接受中国传统经籍教育，后来前往英国，先后出任大英博物馆馆员、伦敦大学教授等职，成为东方学家的一员，在学术界有所成就。他的主要著述有《早期中国文明史》（*Early History of the Chinese Civilization*）、《早期中国文明的西方起源（公元前 2300 年—公元 200 年）》（*Western Origin of the Early Chinese Civilization from 2300 B. C. to 200 A. D.*）、《早期中国文献中的巴比伦传统》（*Traditions of Babylonia in Early Chinese Documents*）、

---

　　① 参见唐文权、罗福惠：《章太炎思想研究》，53 页，武汉，华中师范大学出版社，1986。

《最古老的中国典籍：〈易经〉和它的作者》（*The Oldest Book of the Chinese*，The Yh-King，*And Its Authors*）等。这些著作，尤其是《早期中国文明的西方起源（公元前 2300 年—公元 200 年）》和《早期中国文献中的巴比伦传统》两书的一个核心观点，是主张中国人种、文明自西而来，巴比伦是发源地。为此，他还专门办了一份杂志《巴比伦与东方纪事》（*Babylonian and Oriental Record*），以集中宣扬这一学说。

拉克伯里认为，公元前 23 世纪左右，原居西亚巴比伦及爱雷姆（Elam）一带已有高度文明之迦克底亚－巴克民族（Bak tribes），在其酋长奈亨台（Kudur Nakhunte）率领下大举东迁，自土耳其斯坦，循喀什噶尔，沿塔里木河以达昆仑山脉，辗转入今甘肃、陕西一带，又经长期征战，征服附近原有之野蛮部落，势力深入黄河流域，遂于此建国。酋长奈亨台即中国古史传说中的黄帝（Huang Di），Huang Di 是 Nakhunte 的讹音；巴克族中的 Sargon 即神农，Dunkit 即仓颉；巴克本为首府及都邑之名，西亚东迁民族用之以为自身之称号，即中国古籍所言之"百姓"；昆仑即"花国"，因其地丰饶，西亚东迁民族到达后便以"花国"命名之，所以中国称"中华"。[1] 为了证明自己的论点，他还举出大量中国早期文明相似于巴比伦文明的实例，涉及科学、艺术、文字、文学、政治制度、宗教、历史传统和传说等领域，如认为中国的卦象类似于巴比伦的楔形文字；历法上一年分十二个月和四季的方法以及定闰月的方法，两地极为相似；二十八星宿之说也是两地共有；等等。所有这些，都成了中国文明系巴比伦文明派生物的标志。[2]

对于拉克伯里其人及其学说，后来的一些汉学家评价并不高，如考狄便在《中国通史》中这样描述他："此人富于神思而拙于科学；其学识

---

[1]　Terrien de Lacouperie，*Western Origin of the Early Chinese Civilization from* 2300 *B. C. to* 200 *A. D.* ，Reprint of the edition 1894，Osnabrück，Otto Zeller 1966，pp. 4-7；*The Languages of China before the Chinese*，London 1887，Reprinted by Ch'eng-wen Publishing Company，Taipei 1966，pp. 9-13.

[2]　Terrien de Lacouperie，*Western Origin of the Early Chinese Civilization from* 2300 *B. C. to* 200 *A. D.* ，pp. 9-25.

博洽有余而精审不足；既不谙巴比伦之历史，复不审中国之情形；不顾历史上之年代，仅依据近人之论著，于此中搜取不甚可信之材料以适合其一己之成见；其学说骤视之颇觉规模宏大，门面辉煌；然稍加检察即全体瓦解有如冰山之融化"。① 不过尽管如此，附和拉氏之说者亦不乏人，如英国牛津大学的亚述学教授鲍尔（C. J. Ball）1913 年出版的《中国人与苏美尔人》一书，将中国古文字与苏美尔文字相同者予以罗列，以此证明中国和巴比伦文明同源。可见，拉氏之说在学术界并非全无市场。

二

　　拉克伯里的论著大多在 19 世纪 80 年代发表，其巴比伦说的集大成之作《早期中国文明的西方起源（公元前 2300 年—公元 200 年）》则出版于 1894 年。该说很快传至日本，1896 年时便由青年学者三宅米吉、桑原骘藏撰文介绍，不过二人所持态度则为怀疑和批评，"可以说，拉库伯里的学说，从被介绍至日本之当初，即曝于明治时期学术界怀疑目光之下"②。但尽管如此，白河次郎和国府种德 1900 年合作出版的关于中国文明史的著作还是使得拉氏学说流传开来，并由此获得部分中国知识分子的认同。

　　白河次郎、国府种德当时供职于新闻界，并非职业学者，所以他们的著作不以严谨的学术论断见长，但很受公众欢迎。他们的著作在当时是作为具有普及色彩的"帝国百科全书"中的一种而出版的，在社会上有一定的影响力。对于 1898 年戊戌变法失败后东渡日本的中国知识分子而言，这样的著作恰是他们了解域外中国观最好的入门书籍。该书第三

① 何炳松：《中华民族起源之新神话》，见刘寅生、谢巍、房鑫亮编校：《何炳松论文集》，178 页，北京，商务印书馆，1990。

② ［日］石川祯浩：《20 世纪初年中国留日学生"黄帝"之再造——排满、肖像、西方起源论》。

章集中介绍了拉克伯里学说，尤其是拉氏《早期中国文明的西方起源（公元前 2300 年—公元 200 年）》中的观点，从文本对照来看，大量内容翻译或编译自拉氏此书。具体而言，第三章首先介绍拉氏之说的核心主张，其内容来自《早期中国文明的西方起源（公元前 2300 年—公元 200 年）》的第二章"论题简介"和第三章"中国源于西方的历史踪迹与时期"①；之后从"学术及技术""文字及文学""制度及信仰""历史上之传说及传奇""埃拉孟德根元之特称"五个方面（五节）论证古中国文明与巴比伦文明相通，前四节采自《早期中国文明的西方起源（公元前 2300 年—公元 200 年）》的第四章"中国文明承自巴比伦的文化因素"，不仅标题与拉氏之书基本一致②，而且所谈内容也一致，如"学术及技术"一节用 51 条证据证明中国文明承自巴比伦，这些证据全部译自拉氏之书③；第五节"埃拉孟德根元之特称"的内容，取自拉氏之书的第五章"Elamite 根源的特有证据"④。只不过白河次郎和国府种德在著作中舍弃了拉氏书中的大量注释，这恐怕是通俗学术著作性质所致。

　　值得注意的是，为了强化拉氏之说，该书甚至在个别地方添加拉氏原书所无的材料，例如，书中"文字及文学"一节以图示方式比较《易经》的八卦图与刚刚解读成功的巴比伦楔形文字，说明两者的类似性，但查核拉氏原书，并无此图例，而是作者白河次郎、国府种德从论述古代西亚文明的英文论文中未经一字说明而引用的，该论文所述与中国人种、文明西来说并无任何关联。⑤ 不过有了这样的图例，似乎使人更觉得拉

---

　　① Terrien De Lacouperie，*Western Origin of the Early Chinese Civilization from* 2300 *B. C. to* 200 *A. D.*，pp. 3-7.

　　② 《早期中国文明的西方起源（公元前 2300 年—公元 200 年）》第四章"中国文明承自巴比伦的文化因素"子标题如下："Sciences and Arts，Writing and Literature，Institutions and Religions，Historical Traditions and Legends"。

　　③ Terrien De Lacouperie，*Western Origin of the Early Chinese Civilization from* 2300 *B. C. to* 200 *A. D.*，pp. 9-11.

　　④ Terrien De Lacouperie，*Western Origin of the Early Chinese Civilization from* 2300 *B. C. to* 200 *A. D.*，pp. 25-27. 按埃拉孟德（Elamite）指古代巴比伦 Elam 人或其语言。

　　⑤ ［日］石川祯浩：《20 世纪初年中国留日学生"黄帝"之再造——排满、肖像、西方起源论》。石川还进而指出："对于西方新学说的这些非驴非马式的'介绍'……更是明治时期日本在接受西方思潮时一个共通的特点。"

氏之说近于"科学",说服力也更强,或许这正是白河次郎和国府种德的用意所在。

三

有了这样的著作,拉克伯里学说不仅在日本得以传扬,而且很快为中国知识分子所知。在这方面,既有白河次郎和国府种德著作的中文译本所发挥的作用,又有蒋智由、刘师培、章太炎等学者的介绍与评价所起的作用。

1903 年,该著作被上海竞化书局译为中文出版。中译本基本是忠实于日文原著的,只是在极个别之处略有不同,如上文提及的日文原著中"文字及文学"一节以图示方式比较《易经》的八卦图与刚刚解读成功的巴比伦楔形文字,说明两者的类似性,而中译本就未将此图例照搬过来,原因不详。

也是在 1903 年,蒋智由开始在《新民丛报》上连载《中国人种考》,其中的一节"中国人种西来之说"用了相当的篇幅,介绍拉克伯里学说。他首先说:"研求中国民族从亚洲西方而来之证据,其言之崭新而惊辟者,莫若千八百九十四年出版之拉克伯里 Terrien de Lacouperie 所著之……(*Western Origin of the Early Chinese Civilization*)一书。其所引皆据亚洲西方古史与中国有同一之点,于此得窥见中国民族之西来,于西方尚留其痕迹,而为霾没之太古时代,放一线之光。"[①]接着他以精练的文字对拉氏书中的核心内容和基本观点予以概括,从行文和所附图例来看,其表述主要取自白河次郎和国府种德的著作一书。

几乎与蒋智由同时或稍后,刘师培对中国人种、文明西来之说也进行了介绍并表示认同,其主张某种程度上代表了国粹派知识分子在这一问题上的看法。1903 年至 1906 年,刘师培在《中国民族志》《攘书》《论

---

① 观云(蒋智由):《中国人种考(二)》续 35 号(附图),载《新民丛报》,第 37 号,1903。

中国对外思想之变迁《思祖国篇》《古政原始论》《论孔子无改制之事》《中国历史教科书》等论著中皆征引和阐发了中国人种、文明西来之说。他的主张有一扩展过程，从认同帕米尔—昆仑山说到信从巴比伦说。在1903年发表的《中国民族志》《攘书》中，他认为："汉族初兴，肇基西土。而昆仑峨峨（昆仑即帕米尔高原……），实为巴科民族所发迹（西书称中国民族为巴科族，即盘古一音之转，古盘字读若般，如公输般或作盘之类，巴般之音尤近）。"[①]在1905年至1906年发表的《古政原始论》《论孔子无改制之事》《中国历史教科书》等著作中，他又进而提倡巴比伦说，认为："神州民族，兴于迦克底亚。《史记·封禅书》曰'泰帝兴，神鼎一'，《淮南子》曰'泰古二皇，得道之柄'。泰帝泰古者，即迦克底之转音也。厥后逾越昆仑，经过大夏，自西徂东，以卜宅神州之沃壤，皙种人民称为巴枯逊族。巴枯逊者，盘古之转音，亦即百姓之转音也。"[②]"西人之称汉族也，称为巴枯民族，而中国古籍亦以盘古为创世之君。盘古为巴枯一音之转。盖盘古为中国首出之君，即以种名为君名耳。……谓：巴克即百姓，黄帝即巴克民族之酋长，神农即巴庇伦之莎公，仓颉即但克，巴克本该地首府之名。又谓：学术、技术、文字、文学，中国当上古时，无不与巴庇伦迦克底亚相同。所引者共数十事，今不具引，其确否亦不得而定。然拉氏为法国考古大家，则所言必非无据，按以中国古籍，亦多相合，而人种西来之说，确证尤多。"[③]从这些论述来看，刘师培在认同国外学者关于中国人种、文明自西而来的说法的同时，运用自己所擅长的文字音韵之学和中国典籍中的某些记载对之加以印证，从而使得该主张更具说服力。当然，他对这一问题的认识有一深入过程，他虽以"盘古"之转音"巴科""巴枯逊""巴枯"作为西来说的

---

① 刘师培：《攘书·华夏篇》，见《刘申叔遗书》，631页。按，刘师培在论述中国人种西来问题时，往往以"汉族""神州民族""华夏族"等词汇指称中国人种。

② 刘师培：《古政原始论》，见《刘申叔遗书》，664页。

③ 刘师培：《中国历史教科书》，见《刘申叔遗书》，2178页。按，刘师培这段议论，基本源自蒋智由《中国人种考》里"中国人种西来之说"一节的有关论述，见观云（蒋智由）：《中国人种考（二）》续35号（附图）。

基本论据，但显然这西来之处有帕米尔—昆仑山与巴比伦之别，而其最终认可巴比伦说，则是因服膺拉克伯里学说所致。

在蒋智由、刘师培等人热衷中国人种、文明西来说的氛围下，章太炎也加入了讨论的阵营。在1904年出版的《訄书》重订本《序种姓》篇中，他指出："方夏之族，自科派利（按即拉克伯里）考见石刻，订其出于加尔特亚（按即巴比伦之地）；东逾葱岭，与九黎、三苗战，始自大皞；至禹然后得其志。征之六艺传记，盖近密合矣。其后人文盛，自为一族，与加尔特亚渐别。"①他且运用自身擅长的文字音韵之学和古史修养，寻求一系列佐证进一步论证该说，如认为："宗国加尔特亚者，盖古所谓葛天，（《吕氏春秋·古乐篇》：'昔葛天氏之乐，三人操牛尾，投足以歌八阕。'《古今人表》，大皞氏后十九代，其一曰葛天氏。《御览》七十八引《遁甲开山图》，女娲氏没后有十五代，皆袭庖牺之号，其一曰葛天氏。案自大皞以下诸氏，皆加尔特亚君长东来者，而一代独得其名，上古称号不齐之故。其实葛天为国名，历代所公。加尔特亚者，尔、亚皆余音，中国语简去之，遂曰加特，亦曰葛天）""萨尔宫者，神农也，（或称萨尔宫为神农，古对音正合。）促其音曰石耳。（《御览》七十八引《春秋命历序》曰：有神人名石耳，号皇神农。）先萨尔宫有福巴夫者，伏戏也；后萨尔宫有尼科黄特者，黄帝也。其教授文字称苍格者，苍颉也。……东来也，横渡昆仑。昆仑者，译言华（俗字花）。土也，故建国曰华。"②可见，章太炎对拉克伯里学说不仅持认同立场，而且与刘师培一样，也是运用自身的国学素养进一步强化该说，使之更为学术化和中国化，从而更易被中国知识分子接受。不仅如此，由于刘师培、章太炎是公认的"国学大师"、国粹派领袖，在当时的学术界极有影响，他们认同和宣扬拉克伯里学说这一现象本身，就会令得该说在中国进一步为人尊信。

除了这些学者外，当时的一些著名革命党人也认同中国人种、文明

① 章炳麟：《序种姓上》，见《訄书（初刻本　重订本）》，朱维铮编校，173页。
② 章炳麟：《序种姓上》，见《訄书（初刻本　重订本）》，朱维铮编校，176页。

西来之说，这方面最典型的是陶成章和宋教仁。[①] 在撰于 1904 年的《中国民族权力消长史》里，陶成章节录了白河次郎和国府种德著作中介绍拉克伯里学说的部分内容，并用中国典籍进一步予以佐证。他指出："据拉克伯里氏谓奈亨台王率巴克民族东徙，从土耳其斯坦经喀什噶尔，沿塔里木河达于昆仑山脉之东方，而入宅于中原，其说之果是与否，虽不可得而知，以今考之，我族祖先既留陈迹于昆仑之间，则由中亚迁入东亚，固已确凿不误，由中亚迁入东亚，既已确凿不误，则其由西亚以达中亚，由中亚以达东亚者，亦可因是而类推矣。"[②]从这段话来看，他对拉克伯里学说并未全然确信，但相信中国人种自西而来，拉克伯里学说至少强化了他的这一信念。他与蒋智由交往甚密，《中国民族权力消长史》由蒋智由撰序，书中一些内容也是引自蒋智由的《中国人种考》，可见蒋氏对其人种观念颇有影响。

宋教仁也在 1905 年至 1906 年提倡中国人种、文明西来之说。在《汉族侵略史·叙例》里，他曾指出："太古之汉族，自西南亚细亚迁徙东来"[③]，在 1906 年的个人日记中，他又提及中国人种、文明西来说，并以上古语言文字为证，说"余久疑中国六十甲子之名皆由西方而来，盖西方亚细亚各国或原有似于甲子之神话的记号或名目，及汉族东来亦仍用之。中国古史载三皇时代之天干、地支之名号，或有二字者，或有三字者，而且绝无意义可释，竟若后世翻译梵书之'波罗密''般若''菩提'等语，余以为此我族初到东时所口传记号之音，或仍沿用西方文字之音故也。"[④]但他对拉克伯里学说似乎还未确信，如评说《中国人种考》时，认为其"不免失之支蔓"，"至其主张汉族西来之说中，黄帝系迦勒底帝廓特奈亨台与否之问题，汉族系丢那尼安族与否之问题，神农系塞

---

① 按，陶成章和宋教仁都与章太炎交往颇多，与刘师培也属战友，可能章、刘二人的学术主张对他们会有些影响。

② 陶成章：《中国民族权力消长史》，见汤志钧编：《陶成章集》，258 页，北京，中华书局，1986。

③ 宋教仁：《汉族侵略史·叙例》，见陈旭麓主编：《宋教仁集》上册，3 页，北京，中华书局，1981。

④ 宋教仁：《我之历史》，见陈旭麓主编：《宋教仁集》下册，666～667 页。

米底族之吾尔王朝之沙公与否之问题，则犹无确切之解释也"。[①]

综观拉克伯里学说在清季的流传情况，可以看出，该说是经日本学者中转而为中国学者所了解的，它最为刘师培、章太炎等国粹派学者所认同，与刘、章等关系密切的革命党人也受到一定影响。当然，在这一过程中，他们有自身的取舍。[②] 应该承认，拉克伯里学说传入中国是特定历史时期的特定现象。对这一现象本身，以及其所蕴含的多方面意义，需要进一步深入探讨。

[①] 宋教仁：《我之历史》，见陈旭麓主编：《宋教仁集》下册，702 页。有学者亦认为，宋教仁并不完全信服拉克伯里之说，但也不拒绝这种观点。参见[美]普莱斯：《宋教仁与民族认同意识》，见中国史学会编：《辛亥革命与二十世纪的中国》中，1037 页。

[②] 如拉克伯里在著作中对中国人种评价并不高，认为中国人种属于极为保守、毫无进步的蒙古人种，缺乏创新能力。这一表述在白河次郎和国府种德著作的日文本和中文本中都有翻译，未见删减。参见 Terrien De Lacouperie, *Western Origin of the Early Chinese Civilization from 2300 B. C. to 200 A. D.*, p. 3。而蒋智由、刘师培、章太炎等人可能都没注意到或不愿提及拉克伯里对中国人种的蔑视，他们的论著均未谈到此点。

"文化形态史观"的东渐

——战国策派与汤因比

　　战国策派是抗日战争时期出现在大后方的一个文化团体，它以编辑《战国策》半月刊和在重庆《大公报》上出《战国》副刊而得名。《战国策》与《战国》均是包括哲学、政治、历史、伦理道德、文学等在内的综合性理论刊物，故战国策派诸人言论所及，涉及社会科学和文学的各个领域。长期以来，战国策派的思想倾向和政治主张，一直受到种种批驳，认为它鼓吹的是法西斯主义，为德国和日本侵略者张目，为国民党发动的反共高潮推波助澜。对于这些政治上的评论，本文不拟过多重复。本文着重想要谈的是前人尚未注意或不想注意的问题——战国策派的史学思想，尤其是史坛巨匠汤因比是如何在史学上影响该派的。

　　战国策派在史学上的代表主要为林同济、雷海宗等人，他们称自己所采用的历史观是"文化形态史观"，或曰"历史形态学"，自诩为"比较历史家"。从他们的主要观点、方法和史学实践来看，处处可见英国著名历史学家汤因比的影子，也可以说是汤因比学说在中国的延伸。那么，这方面的具体表现如何，对中国历史学界而言它带来了哪些新的东西、新的启示，其缺陷与弊端又在哪里，这些都是值得深入探讨的。

一

　　汤因比是 20 世纪倡导"文化形态史观"的主将。所谓"文化形态史观"系"文化形态学"在历史学领域的体现，即把文化（或文明）视为一种具有高度自律性，同时具有生、长、盛、衰等发展阶段的有机体，并试图通过比较各个文化的兴衰过程，揭示其不同的特点，以分析、解释人类历史发展的进程。实际上这是把生物界的发展规律搬进历史学领域的做法，系西方史学打破 19 世纪的清规戒律而出现的一种新模式与新流派。不过，汤因比并非这一史观的始作俑者。率先提出"文化形态学"理论的是德国历史哲学家奥斯瓦尔德·斯宾格勒。他在 1918 年出版的《西方的没落》一书中，把文化作为一个具有生、长、盛、衰等不同发展阶段的有机体，认为世界历史上曾有过八种自成一统的高级文化，要揭示这八种文化的兴衰，需提出一种全新的研究方法，他把这一方法称之为"世界历史中的比较形态学方法"①，亦即"文化形态学方法"。汤因比的"文化形态史观"则批判地继承了斯宾格勒的理论而且有了新的发展，在历史学界和整个思想文化界产生了更大的影响，他的皇皇巨著《历史研究》使其成为超越斯宾格勒的史坛巨匠。

《历史研究》一书共 12 卷，从 1934 年开始出版，到 1961 年全部出齐。它是汤因比一生心血的结晶，集中反映和表述了他的"文化形态史观"。与斯宾格勒一样，汤因比也认为人类历史表现为若干个不相同的文明，并且说这些文明都要经历起源、生长、衰落、解体四阶段。与斯宾格勒不同的是，汤因比把文明的历程比作飞轮，在周而复始的循环中实现进步；而在斯氏眼里，"渊源之类的东西是不可能有的，一种文化和另一种文化之间没有任何积极的关系"②。文明走向衰亡后，再无出发的起点。另外在汤因比那里，文明考察的视界进一步扩大了，从斯氏的 8 种发展到 21 种（汤因比还曾把文明归纳为 26 种和 37 种）。汤因比还十分强调这些文明的共时性与可比性。因为在他看来，这些文明尽管出现时间有先后，但时间的长短是相对的，从已知的文明最初出现之日到今天，其间还不足六千年，这在人类诞生已有上百万年的漫长生涯

① ［德］奥斯瓦尔德·斯宾格勒：《西方的没落——世界历史的透视》上册，齐世荣、田农、林传鼎等译，81 页，北京，商务印书馆，1963。

② ［英］R. G. 柯林武德：《历史的观念》，何兆武、张文杰译，208 页，北京，中国社会科学出版社，1986。

中，所占比例甚微。所以，"为了我们的研究目的，所有的这些文明社会都可以说完全是同时代的"，"我们认为所有的 21 个社会都可以假定在哲学上是属于同一时代的，在哲学上是价值相等的"。① 既然各种文明具有共时性，哲学上价值相等，那么不同文明之间能进行比较便不言而喻了。可以说，对"文化形态史观"而言，历史纪年无关紧要，仅此点便是对传统史学的一大突破。

汤因比的基本史学思想在其《历史研究》前六卷出版不久即传入中国，战国策派的林同济、雷海宗等人颇受其影响。他们在《战国策》半月刊上先后发表了一系列文章和讲演录宣传汤氏观点，并把这些文章和讲演录辑为《文化形态史观》一书。雷海宗还进一步将"文化形态史观"运用于自己的具体史学实践，写出了《中国文化与中国的兵》等著作。

在有关文章中，林同济首先指出："研究文化——历史上发生作用的文化——第一步关键工夫就是要断定文化的体系。……历史上真实存在的文化是分有若干体系，布在各个空间时间的。……以古今来所有真实的文化体系为单位，而有系统有步骤地对他们各方面'形态'作一番详尽精密的比较工夫，认识工夫，这不但是最自然应有的办法，而且可以使我们发现无数大大小小的事实，都充满了无穷的实际意义的。"② 这番话是对"文化形态史观"的典型表述，它代表了战国策派诸人在历史思想与方法上的基本主张，其内容与汤因比的文明（文化）体系说极为接近，即汤氏所说文明才是历史研究中"可以自行说明问题的单位"的翻版。汤因比的巨大影响由此卓然可见。

在对汤氏文明（文化）体系说加以接受的同时，战国策派历史学家也接受了他的文明阶段论。林同济认为一切文明都经历了三个历史阶段，即封建时代、列国时代、大一统时代，并把他所处的抗日战争时期视为"战国时代的重演"，也即三个历史阶段中列国时代的再现。雷海宗则把

---

① ［英］汤因比：《历史研究》上册，曹未风译，53 页，上海，上海人民出版社，1986。

② 林同济：《形态历史观》，见林同济、雷海宗：《文化形态史观》，7～8 页，上海，大东书局，1946。

历史上的文化形态界定为五个阶段：封建时代、贵族国家时代、帝国主义时代、大一统时代、政治破裂与文化灭亡的末世，并由此创出中国文化的两周论，每一周里都经历了上述五个阶段。① 实际上无论是林同济的三阶段论或雷海宗的五阶段论，都是汤因比文明须经起源、生长、衰落、解体四阶段论的翻版，只不过在具体的阶段划分和表述上有所差异而已。不仅如此，汤因比的文明具有同时代特征与可比性的观点也被雷海宗等人所继承。雷海宗把中国商鞅变法之后的战国历史、古罗马与迦太基第二次大战后的地中海历史和当时处于战争中的欧美国家的现状相提并论，认为没什么本质区别，即显明地表露出这一点。

在汤因比的文明阶段论中，有对文明发展历程的具体解释。其基本观点如下：文明起源于"挑战与应战"。他比喻说，如同打火石与铁片之间相互碰撞而发生创造性的火花那样，人类文明的诞生与此相似，即文明的产生是对一种特别困难的环境（挑战）进行成功应战的结果。"历史的动力正表现在挑战和应战的相互作用之中。"②挑战不足，不能激起成功的应战；挑战过头，则又无以应付。有些文明流产了，有些文明在其生长的早期就停止了，这是因挑战过量而致。既然如此，那么使文明继续生长和延续的动力是什么呢？汤因比认为是那些富有创造能力的少数人，他们通过退隐与复出的双重活动，实现了文明的生长和延续。"退隐可以使这个人物充分认识到他自己内部所有力量，如果他不能够暂时摆脱他的社会劳苦和障碍，他的这些力量就不能觉醒。"③复出则是为了启发同类，把他个人的思想变为大多数人的行动，成为社会发展的方向。这一复出过程，一般是利用人类的模仿本能，使大多数人能够模仿与按照有创造性的少数人的意志行事，并由此对一系列挑战进行成功的应战。万物有生就有死，文明在度过生长阶段之后，紧接着便是衰落阶

① 参见雷海宗：《历史的形态与例证》，见林同济、雷海宗：《文化形态史观》，18～44页。
② ［英］阿诺德·汤因比：《汤因比体系的概述》，见田汝康、金重远选编：《现代西方史学流派文选》，125页，上海，上海人民出版社，1982。
③ ［英］汤因比：《历史研究》上册，曹未风译，275页。

段。衰落起因于"自决能力"的丧失，即创造性的少数人变为统治者，多数人脱离了他们，社会各部分之间丧失了和谐状态，结果导致社会机体的分裂。衰落之后便是解体。汤因比十分重视对文明解体阶段的研究，因为新旧文明之间的交替正是发生在这个阶段。在他看来，大一统帝国的创立，并非文明发展的目的，而是少数统治者在文明发展到垂死阶段的最后手段。"在少数统治者的大一统国家的机构内，无产阶级创造了一种大一统的宗教。再经过一阵溃退，那分解中的文明便最后地解体了。而大一统宗教则能够继续生存下去，变成后来从中产生出一个新的文明的蝶蛹。"①归根结底，大一统帝国的出现是文明走向解体的标志。

　　汤因比研究各个文明发展历程所得出的这些结论，在战国策派诸人看来同样适用于中国，因而他们也将其搬来，用于研究中国文化与历史上。雷海宗认为中国文化已历两周，他所处的抗日战争时期已是第二周的末期，中国文化的"前途是结束旧的局面，创造新的世界，实现一个第三周的中国文化"②。如何实现"第三周的中国文化"，这一问题被雷海宗、林同济归结为如何迎接西方文化的挑战。林同济指出，西方文化"正在热闹经历着它的列国阶段的高峰"，"它向外膨胀力的强盛，此后只怕有加无减"，中国文化要保持住自己的存在并进一步发展，必须及时自动地对西方文化加以"适应"。在这里，林同济把西方文化视作汤因比体系中文明起源的"挑战"一方，而把中国文化对西方文化的"适应"视为"应战"，设想由此实现新的"第三周的中国文化"。

　　在挑战与应战说之外，汤因比的文明生长动力说也同样被战国策派历史学家所运用。林同济划分的文化发展的"封建阶段"，便与汤氏此说关系密切。林同济认为："封建阶段就是贵族中心或贵士中心阶段。一切创作出自他们，一切创作也为着他们……从文化创造的事实过程看，这里却存有一层伟大的作用：在那'距离'，在那冷酷的'区分'中，前此

---

　　① ［英］阿诺德·汤因比：《我的历史观》，见田汝康、金重远选编：《现代西方史学流派文选》，122 页。

　　② 雷海宗：《历史的形态与例证》，见林同济、雷海宗：《文化形态史观》，42 页。

混一无别的人群乃无形中逐渐诞生两种相反相成相激相引的看法，的态度与努力，——就是由上看下而产生的自高与自持，以及由下望上而产生的景仰与响往。也就是说：'贵士传统'（Aristocratic-Tradition）的形成以及这传统在整个社会中的'引升向上'的功用。……贵士传统乃是任何文化体系的生命活泉源。"①在这里，除了没有"退隐"与"复出"之类词汇外，林同济所表述的基本观念与汤因比的文明生长动力说颇为类似，即富有创造能力的少数人在社会中起着领导民众"引升向上"的作用，成为社会发展的动力，各文化体系中的"生命活泉源"。而且林同济也认为这一"贵士中心"结构，后来出于"内在腐化"的原因而在一番"社会大革命或大骚动"下崩溃下来。这同样是汤因比文明衰落起因于"自决能力"丧失说的翻版。

对汤因比的文明解体说，林同济、雷海宗亦很服膺。与汤因比一样，林同济视大一统帝国阶段为文明走向解体的最后阶段，说这一阶段，"开始百年间，文绩武功往往还能够显出一时的盛况。过此以往，除了偶而复兴的短期外，始终找不出真正有效的法子避免一种与时俱增的老年'倦态'"。普通民众在大一统帝国的淫威下辗转呻吟，"只痛感悠悠天地，漠漠无依，乃设法自寻慰藉而创出种种杂教邪宗。后来这些杂教也许要汇集起来而成为一种混合式的民间信仰"。最后，"帝国的政治生命也往往就借手于'群夷入寇'，而结束起来"。雷海宗也承认大一统阶段世风日下，不可收拾，表面庞大，非内在伟大，"毁灭的命运很快的必然来临"。②把这些叙述与汤因比的有关论点比较起来看，战国策派历史学家承袭汤氏余荫的做法一目了然。

汤因比之"文化形态史观"就这样被战国策派历史学家移植到了中国，从而在中国文化思想界，尤其是历史学领域产生了一定影响，这影响说来不算太大，但却有相当的冲击力。

---

① 林同济：《形态历史观》，见林同济、雷海宗：《文化形态史观》，10～11 页。
② 林同济：《形态历史观》，见林同济、雷海宗：《文化形态史观》，15～16 页。

二

中国历史学具有独特的悠久传统，向以太史公司马迁为楷模，走着自己的路。近代以来，欧风东渐，科学主义思潮弥漫中国学坛，历史学领域则是颇具科学主义意味的考据之学的天下，它是清代考据学遗风与德国兰克"客观主义"史学相结合的产物。与当时西方史坛的最新潮流相比，中国史学仍旧徘徊在大潮之外。

战国策派历史学家对汤因比"文化形态史观"的引进，使中国历史学在一定程度上出现了新面貌。一方面，中国传统叙述型史学受到较大的冲击，历史学开始转向整体型与分析型；另一方面，考据学一统天下的局面被打破，一个新的史学模式开始走上史坛。这样，中国历史学逐渐跟上世界的步伐。

自太史公司马迁以来，中国历史学的道路越走越窄，以致停滞不前。无论是司马迁首创的纪传体史书，还是后人发展起来的编年体、纪事本末体史书，按照现代的标准来看，其模式实则为一，即叙述型历史。这种历史以叙述王朝更迭、帝王更替为中心，描绘各种琐碎的政治事件对历史进程的影响，实际上是由人物加事件堆砌而成的简单历史，很难反映历史发展的全貌；这种历史不注重理论分析，即或有一些对史事的评论，亦是针对具体事件而言，且这类评论一般以伦理道德为标准，谨遵帝王法统，极少理性色彩。越到后来，分析越少，以考证为目的的清乾嘉学派竟至以堆砌历史资料为尚。所以，雷海宗说："二千年来学术界对于司马迁的崇拜，正是二千年间中国没有史学的铁证。《史记》一书，根本谈不到哲学的眼光，更无所谓深刻的了解，只是一堆未消化的史料比较整齐的排列而已。后此的所谓史著，都逃不出此种格式，甚至连（太）史公比较清楚的条理也学不来。文化精神衰退的一泻千里真可惊人!"①对于古人,我们自可不必苛求,但这种传统叙述型历史发展到近现代,历史学界如仍不纠正它的弊端,任其统治下去,无疑会令中国史学走上绝路。战国策派历史学家对此发出警告,尽管其看法稍显偏激,但却起了振聋发聩的作用。而且雷海宗这样说自有其理论依据,在他看来,史学离不开哲学,"史学的消灭与哲学结束是同一件事的两方面",而司马迁之后的中国史学恰恰是缺乏理性分析,没有哲学思想的史学,所以雷海宗必然要贬斥这种史学。

既然中国传统叙述史学已不能适应历史学发展的需要,因而战国策派诸人便极力引进汤因比的"文化形态史观",以此作为挽狂澜于既倒的灵丹妙药。的确,与中国传统史学相比,汤氏"文化形态史观"确有非常值得借鉴之处,它注重史学研究的整体性与分析性,既打破了国别史与断代史的界限,又把对历史本质等理论问题的研讨作为重点,强调历史进程中的"结构""总体""系列"等。这些新的理论、观点、方法在中国史坛的运用,为中国历史学注入了生机与活力,使中国历史学开始转向整体型与分析型。仅此而言,战国策派历史学家功不可没。具体来说,有两点值得特别提出。

第一,抛弃了历史单线论。以往的史著在叙述重大史实的前因后果时,往往就事论事,局限于寻求简单的、直接的因果关系,看不到历史史实深处的各类复杂因素和与之相联的各种其他关系,实则为一种历史单线论。战国策派历史学家受汤因比的启发,提出对历史单线论的反对。林同济说:"本来一切历史上的大事情,不是所谓单向路线的因果律(one-way causality)所能解释的。一个大事情、大史实的产生,都是种种色色大大小小的现象,在不断的互相影响互相推荡中,拥将出来的统相我们只能看到其如此,不知其所以然。"②如何知其"所以然",林同济没有提供答案,雷海宗则以其史学实践做了回答。雷海宗的《中国文化与中国的兵》一书是"从不同的方向探讨了秦汉以上的中国——动的中

---

① 雷海宗:《历史警觉性的时限》,见林同济、雷海宗:《文化形态史观》,182 页。
② 林同济:《民族主义与二十世纪》,见林同济、雷海宗:《文化形态史观》,55 页。

国及秦汉以下的中国——比较静止的中国"，"不同的方向"即多角度、多层次地探索各类历史问题，而不是仅从一个方面、一个角度孤立寻求问题的答案。这样得出的结论，就能避免历史单线论所导致的简单化与武断化。另外，历史单线论也体现在把历史进程看作一个单纯的进步过程的"线性"历史观上。汤因比反对"线性"历史观，以"周期论"的历史观取而代之，认为一系列的文明经历了多多少少大致相同的成长和衰亡阶段，周而复始。姑且不论这种历史观的是非短长，战国策派历史学家用此来重新解释中国历史，在当时"线性"历史观统治史坛的情况下，既需要极大的勇气，同时也确实给中国历史学带来了新鲜气息，有助于史学界推陈出新、百花齐放。仅此一点，就值得肯定。

第二，推动了比较研究的开展。汤因比的"文化形态史观"是将人类历史看作各个文明的历史，并强调对文明进行比较研究的。这一研究方法被自诩为"比较历史家"的战国策派诸人引入中国，运用于自己的史学实践中，实为中国历史学在研究方式、方法上找到了一条新路，使中国历史学挣脱开传统叙述史学的窠臼，弥补了史学界长期忽视研究手段的缺失，并在方法论上开始跟上世界史坛的步伐。直到今天，历史学的比较研究仍具有非常强大的生命力，被誉为"最引人瞩目""未来最有前途的趋势之一"的研究手段。① 当今中国史学界运用比较方法所取得的研究成果已比比皆是，而其开拓之功，很大程度上应归于战国策派历史学家。

除了冲击中国传统叙述型史学，使历史学开始转向整体型与分析型之外，战国策派历史学家通过引进"文化形态史观"还起到了建立新的史学模式的作用。中国历史学进入近代形态以来，新考据学占据了重要地位，它是科学主义思潮弥漫学坛的结果，是以胡适、傅斯年等人为代表的历史学家继承了清乾嘉学派的遗风并以之与西方兰克学派相结合的产物。它中西合璧，融会贯通，使得考据学派从理论到方法都上升到了一

---

① 参见［英］杰弗里·巴勒克拉夫：《当代史学主要趋势》，杨豫译，281 页，上海，上海译文出版社，1987。

个新的高度，有人称之为"新考据学派"。①"新考据学派"讲究客观的、实证主义的、科学主义的史学，认为"近代的历史学只是史料学，利用自然科学供给我们的一切工具，整理一切可以逢着的史料"②。

对"新考据学派"所倡导并在史坛占重要地位的史学模式，战国策派历史学家是极为反对的，他们所服膺的"文化形态史观"与"新考据学派"格格不入。雷海宗曾十分尖锐地指出："多年来中国学术界有意无意间受了实验主义的影响，把许多问题看得太机械，太简单，以史学为例：一般认繁琐的考证或事实的堆砌为历史的人，根本可以不论；即或是知道于事实之外须求道理的学者，也往往以为事实搜集得相当多之后，道理自然就能看出来（。）实际恐怕绝不如此。历史的了解虽凭借传统的事实记载，但了解程度的本身是一种人心内在的活动，一种时代的精神的表现，一种想（整）个宇宙人生观应用于过去事实的思维反应。生于某一时代若对那一时代一切的知识，欲望，思想，与信仰而全不了解，则绝无明了历史的能力。对自己时代的情形与精神愈能体期，对过去历史的了解力也愈发增高。……历史的了解是了解者整个人格与时代精神的一种表现，并非专由乱纸堆中所能找出的一种知识。③他还奉劝"新考据学派"说："中国的乱纸堆，二千年来堆得太高，若必要把许多毫无价值的问题都考证清楚，然后再从事干综合了解的工作，恐怕是到人类消灭时也不能完成的一种企图。"④从雷海宗的这些话来看，其基本意图是提倡在历史研究中要有主观认识与内心体验，强调要认真经过主观思考，才能获得认识，鼓励人们身临其境，从了解自己的时代入手来理解历史，进行创造性思维。显然他的这些主张完全是针对"新考据学派"之追求绝对客观、排除主观的研究宗旨的。此外，雷海宗还特别强调有哲学

① 参见侯云灏：《雷海宗早期史学思想研究》，载《史学理论研究》，1992(3)。
② 本所筹备处(傅斯年)：《历史语言研究所工作之旨趣》，见《历史语言研究所集刊》第1册，3页，北京，中华书局，1987.
③ 雷海宗：《历史警觉性的时限》，见林同济、雷海宗：《文化形态史观》，179页。
④ 雷海宗、林同济：《中国文化与中国的兵（外一种）》，328页，长沙，岳麓书社，1989。

意义的历史，认为哲学的结束等于史学的终结，视"文化形态史观"为指导历史研究的基本哲学理论，用此来研究、解释中国历史。这与"新考据学派"也是针锋相对的。可以这样说，雷海宗的史学思想与"新考据学派"的史学思想基本对立，是一种反对历史科学主义思潮，旨在严格自然科学与人文科学区别的、强调主观和内心体验的人文主义史学思想。[①] 这种史学思想的出现，标志着一个新史学模式的诞生，即在当时占重要地位的新考据史学和兴起不久的马克思主义唯物史学之外，又有了人文主义史学。从历史学的发展历程来看，人文主义史学奉"文化形态史观"为圭臬，系西方思辨的历史哲学在中国的延伸，尽管已不合西方最新潮流，但对中国学界而言，仍是令人大开眼界、耳目一新的，可启发人们重新认识中国历史的很多问题，所以林同济称以人文主义史学为代表的学术潮流为"中国的第三期学术思潮"。与新考据史学相比，人文主义史学更重视历史认识的主客观结合，重视主体意识，显然是有益于历史学的进步的。

当然，任何事物都不是十全十美的，引进新思想、新观念也是如此。战国策派历史学家在引进汤因比"文化形态史观"的过程中，对汤氏解释中国历史的一些主观臆测和武断推论不加鉴别地予以接受，便体现了某种盲目性。诚然，作为思辨而非实证的历史学家，汤因比摄取有关历史事实构造自己的理论体系，颇有点中国传统中"六经注我"的味道，是可以理解的。但中国历史学家在涉及本国历史的评价时，则应发挥自己熟悉国情的优势，灵活运用汤因比的模式，超越汤因比。否则，跟在汤氏后面亦步亦趋，所得出的部分结论难免贻笑史坛。战国策派历史学家的失误正在于此。另外，汤因比史学具有相当的英雄史观的色彩，战国策派历史学家则紧随其后，视中国历史的发展全在少数英雄、"力人"的努力，说"中国力人根本不多，但中国人所以能维持这多年的独立，拥有这样广大的国土，实在说就是靠这无力圈中偶而兴起而成了大业的

---

① 参见侯云灏：《雷海宗早期史学思想研究》。

几个少数力人"①。对这种英雄史观今天已无须做过多评价，前人已有大量评论，而且战国策派这种史观也不全是受汤因比影响所致，很大程度上还有尼采唯意志论的影子。这里只是把这一现象指出，作为战国策派引进汤因比史学的一个侧面而已。

总之，通过战国策派历史学家的大力传播，汤因比"文化形态史观"得以在 20 世纪 40 年代东渐至中国，促使中国历史学从传统叙述型转向整体型与分析型，并有助于中国史学界建立起人文主义史学新模式。尽管在这一过程中，战国策派历史学家有所失误，但其开拓之功确不可没。

---

① 陶云逵：《力人》，见林同济编：《时代之波》，76 页，重庆，在创出版社，1944。

下　编

仪征刘氏学术述略

——以刘师培为核心的探讨

一

刘师培是江苏仪征人，其家世传经学，属"扬州学派"成员。刘师培曾祖刘文淇是刘氏经学世家地位的奠基人。

刘文淇（1789—1854），字孟瞻，出身贫寒，年轻时便以授徒糊口，做乡村塾师。其舅凌曙对其生活和学习予以关照，亲自指导其学业，这为其后来的成就奠定了坚实的基础，尽管舅甥二人在经学研究方面趣向不同，凌曙治《公羊》，刘文淇治《左传》，但凌曙在学问上的雄厚功力和刻苦精神都为刘文淇所继承和光大。终其一生，刘文淇科名不高，仅为优贡生，而且一直以课徒游幕为业。生活道路虽坎坷且不显达，但他始终对学问孜孜以求，最终以精研《春秋左氏传》而有名于当世和后世，成为公认的经学家。

《春秋左氏传》属十三经之一。十三经早在唐、宋之时便已有人为之作疏，但这些旧疏很为清代经学家所不满，《春秋左氏传》之疏亦如此，正如刘师培伯父刘寿曾所言："十三经者，宋人增补唐人《九经正义》之名也。六朝义疏之学最盛，其师法犹渊源于汉儒。唐人之作正义，多取六朝义疏而没其名。然掩复之过与存古之功，各不相蔽，其优劣当以所取注为断焉。唐人于《易》，弃马、郑、荀、虞诸家，而用王弼、韩康伯注。王、韩注《易》，多参清言，故《易》疏亦多空语。非其考订之疏，乃本原之舛也。于《书》则兼用伪古文，弃马、郑古谊，而用梅赜《传》，亦失裁断。惟疏中于名物训诂尚详备耳。于《左氏传》则弃贾、服、郑、颖诸家，而用杜预《集解》。疏中凡杜氏不用旧注者，每驳旧注而曲傅杜氏，亦其一蔽。此三疏皆出孔氏颖达手，《书》疏为上，《左氏》疏次之，《易》疏则最下也。……"①以是之故，清代经学家发愿对十三经重作新疏。

道光八年（1828 年），刘文淇与刘宝楠、梅植之、包慎言、柳兴恩、陈立共应乡试，"病十三经旧疏多蹂驳，欲仿江氏、孙氏《尚书》，邵氏、郝氏《尔雅》，焦氏《孟子》，别作疏义"②。"始为约各治一经，加以疏证。"③刘文淇分任治《春秋左氏传》。此后直至去世，他断续在这部繁难的"大经"上下了许多功夫，做了大量工作，使《左传》的旧注、旧疏都得以被清理。具体情形，如其子刘毓崧所言："生平湛深经术，于《春秋左氏传》致力尤勤。尝谓左氏之义，为杜注剥蚀已久，其稍可观览者，皆系袭取旧说。爰辑《左传旧注疏证》一书。先取贾、服、郑三君之注，疏通证明。凡杜氏所排击者纠正之，所剿袭者表明之，其沿用韦氏《国语注》者，亦一一疏记。他如《五经异义》所载左氏说，皆本左氏先师；《说文》所引《左传》，亦是古文家说；《汉书·五行志》所载刘子骏说，实左氏一家之学。又如经疏史注及《御览》等书所引《左传》注，不载姓名而与杜注异者，亦是贾、服旧说。凡若此者，皆称旧注而加以疏证。其顾、惠补注，及洪稚存、焦里堂、沈小宛等人专释左氏之书，以及钱、戴、段、王诸通人说有可采，咸与登列。末始下以己意，定其从违。上稽先秦诸子，下考唐以前史书，旁及杂家笔记、文集，皆取为证佐，期于实事求是，俾左氏之大义，炳然著明。草创四十年，长编已具，然后依次排比，成书八十卷。又以余力辑《左传旧疏考正》一书，自序谓世知孔冲

---

① （清）刘寿曾：《十三经注疏优劣考》，见《传雅堂文集》卷一，民国二十五年（1936）铅印本。

② 转引自张舜徽：《清代扬州学记》，173 页。

③ （清）刘恭冕：《论语正义后序》，见（清）刘宝楠：《论语正义》，434 页，北京，中华书局，1957。

远删定旧疏，非出一人之手。至于旧疏原文，概谓无迹可寻。近读《左传》疏，反复根寻，乃知唐人所删定者，仅驳刘炫说百余条，余皆光伯《述议》也。今细加析别，凡得二百余条，厘为八卷。"①《左传旧疏考正》于道光十八年（1838年）即已刊行，《左传旧注疏证》却因博采众说、涉猎较广而不易卒业，刘文淇仅纂成《长编》八十卷，《疏证》则只成一卷，编至隐公四年（公元前719年），刘文淇未完成《疏证》，除因工程浩大外，也与他用较多精力替人校勘书籍而未能全力投入有关，也就是说，他不仅以经学名世，也以校勘学为人推重。他曾替阮元校勘宋元本《镇江府志》，并成《校勘记》四卷，又替岑建功校勘《旧唐书》和《舆地纪胜》，与同事（含其子毓崧）共成《旧唐书校勘记》六十六卷、《舆地纪胜校勘记》五十二卷，还校订过《礼记训纂》。他之精于校雠，"不啻如己之撰述"②。除校勘之外，他也从事过编述之事，担任过重修《仪征县志》的总纂，并曾与人共注《南北史》。

刘毓崧（1818—1867），刘文淇之子、刘师培之祖父，字伯山，自幼便随父客游四方，从父受经，"长益通博……以淹通经史有声江淮间"③。一生科场不顺，仅以荐授八旗官学教习，故亦以课徒游幕为生。长于校书，居曾国藩、曾国荃幕中最久，任事金陵书局。左氏之学方面，著有《春秋左氏传大义》，但并未继承父业，续作《左传旧注疏证》。④ 经学方面，还著有《周易》《尚书》《毛诗》《礼记》之《旧疏考正》各一卷。并有《经传》《史乘》《诸子》诸《通义》若干卷及《王船山年谱》二卷等著作。因精于校雠之事，故"自出游及家居，所主多专司校书。刊讹订谬，搜逸撮残。视己所撰述，尤加矜慎"⑤。最大的成就在于校勘《王船

① （清）刘毓崧：《先考行略》，见《通义堂文集》卷六，南林刘氏求恕斋刊本。
② （清）刘毓崧：《先考行略》，见《通义堂文集》卷六。
③ 支伟成：《清代朴学大师列传》上，210页。
④ 科学出版社于1959年出版的《春秋左氏传旧注疏证》之"整理后记"中言："刘稿相传为文淇、毓崧、寿曾三代所著，管见以为第一卷外实寿曾一人之笔。……据清史儒林传云：'文淇治左氏春秋长编数十巨册，晚年编辑成疏，甫得一卷而殁。毓崧思卒其业未果；寿曾乃发愤以继志述事为任。'检毓崧遗及传记，亦未有言及续纂左传疏事。"
⑤ （清）刘寿曾：《先考行状》，见《传雅堂文集》卷三。

山遗书》。

刘寿曾(1838—1882)，刘毓崧长子、刘师培伯父，字恭甫，也以游幕校书为生，助父校书数种。科名仅为副榜贡生，曾被保举知县，加同知衔。其志向仍在左氏之学，立意完成祖父刘文淇所未竟之《左传旧注疏证》，但虽殚精竭虑为之，还是"至襄公四年后成绝笔"[1]，卒未完璧。之所以如此，亦与校书相关，"顾既悴精《左疏》，仍兼书局雠校文字之役，精力耗损，犹不自已"[2]。其校书之作有《南史校义集评》等。

刘贵曾(1845—1898)，刘毓崧次子、刘师培之父，字良甫，早年佐父兄为文事，并游幕于南昌等地，后返扬州理家，与当地士绅一同助守令治事。曾中副榜举人，敕授文林郎。助兄寿曾作《左传旧注疏证》，遂通两汉古文家法。而且"平生于学靡不通，尤邃于历"[3]。以所长治经，著有《左传历谱》《尚书历草补演》《礼记旧疏考正》。

由此可见，从刘文淇开始，刘师培的三代先人都以经学自任，左氏之学已成为其家学，《左传旧注疏证》赓续不绝(有证据表明刘师培之叔刘富曾也曾与其事)，可谓学界一大奇观，以经学世家称其家族似不为过。

二

作为"扬州学派"的一员，仪征刘氏在学术渊源、学术风格、治学特色诸方面同样有该派成员的特质，即不拘门户，同时承受吴、皖两派的影响，尤其是皖派，从而兼有两派之长。

---

① 刘师培：《读左札记·序》，见《刘申叔遗书》，292 页。另，一般都说刘寿曾作至襄公四年(公元前 569 年)而卒，只有彭作桢《周礼古注集疏序》说"止于襄公五年"(见《刘申叔遗书》，184 页)，《春秋左氏传旧注疏证》(北京，科学出版社，1959)，整理者所依据的原稿确是止于襄公五年(公元前 568 年)。

② 支伟成：《清代朴学大师列传》上，211 页。

③ 刘师培：《先府君行略》，见《刘申叔遗书》，1260 页。

刘寿曾曾为文谈过扬州之学包括自家学术是如何源于徽州学者江永、戴震的。他说："国初东南经学，昆山顾氏开之。吴门惠氏、武进臧氏继之。迨乾隆之初，老师略尽，儒术少衰。婺源江氏崛起穷乡，修述大业，其学传于休宁戴氏。戴氏弟子，以扬州为盛。高邮王氏，传其形声训故之学；兴化任氏，传其典章制度之学。仪征阮文达公，友于王氏、任氏，得其师说。风声所树，专门并兴。扬州以经学鸣者，凡七八家，是为江氏之再传。先大父早受经于江都凌氏，又从文达问故，与宝应刘先生宝楠切磨至深，淮东有二刘之目。并世治经者，又五六家，是为江氏之三传。先徵君承先大父之学，师于刘先生，博综四部，宏通淹雅，宗旨视文达为尤近。其游先大父之门，而与先徵君为执友者，又多辍学方闻之彦，是为江氏之四传。"①从这段文字来看，刘文淇自凌曙受经之余，与阮元多有交往，受其影响较大，再经与刘宝楠切磋，学问遂成，其子则承其学，父子之学可视为江氏学术之三传四传。这里所强调的刘氏家学自江永、戴震传承而来，即衍皖派之余绪确属事实。但另一方面，吴派治学特色亦为刘家所汲取也是不争的事实，这尤其体现在刘文淇对《左传》旧注的疏证上。

刘文淇《左传旧注疏证》（下文简称《疏证》）的一个基本做法是崇汉排杜，在他眼里，凡汉皆好，凡杜皆坏，这虽有矫枉之意，但显然源于吴派门径。《疏证》对贾逵、服虔等汉人旧注进行纤细靡遗的罗列，而对杜预之注不遗余力地加以摒斥，有时甚至盲从贾、服之注而不顾杜注是否合理。《疏证》还"上稽先秦诸子，下考唐以前史书，旁及杂家笔记、文集皆取为证佐"，与吴派"好博""尊闻"的特点相契，而且尽量少用《史记》，也是受惠栋《史记》荒疏不可据之说的影响。吴派学术特色为刘氏汲取，所带来的一个长处便是使《疏证》汇集了极为丰富的材料，对《左传》汉人旧注进行了集大成的总结，贾、服旧说收罗之完备、归纳之清晰都罕有其匹。但同时也有短处，即凡汉皆好、凡杜尽坏的做法，似非公允。当然，刘氏毕竟主要承袭江、戴皖派之学，故在采吴派之长的同

---

① （清）刘寿曾：《传雅堂文集》卷一《沤宧夜集记》。

时并不固守吴派清规，"好博"而不"笃守"，"尊闻"而不迷古，"期于实事求是"。所以，《疏证》能收罗运用其他古文家研究《左传》的成果，突破贾、服的局限，而且尊崇汉人也不薄后人，对清代学者的成果择善而从。值得一提的是，《疏证》充分吸取了皖派注重名物典章制度专题研究之长。刘氏在注例中说"释春秋必以礼明之"，故书中运用三礼，尤其是《周礼》解释古代典章制度的地方颇多，对服饰器物、姓氏地理、古历天算、日食晦朔、鸟兽虫鱼也皆细加训诂，精密考证，皖派学术特色体现得非常鲜明。可以说，刘氏家学结合了吴、皖两派之长。以是之故，章太炎在答支伟成所询刘氏应属何门派时认为，刘文淇"学在吴皖之间，入皖可也"①。

刘氏家学还有不局限于吴、皖之处，即对今文经学不一味排斥并有学术经世的意愿。刘文淇的学问由其舅凌曙发蒙，而凌曙却治《公羊》，服膺刘逢禄之今文经学，这一学术取向对刘氏治学颇有影响，刘氏治《左传》，不像一些所谓严守家法之学者那样抱残守缺，而是兼容异说，不废今文。另外，刘文淇为学颇重经世致用，他曾致书陈立，勉其"通经致用"，并且自身也在"治经之余，颇留心乡邦利害"。② 他还与汉宋学兼治的汪中之子汪喜孙多有交往，讨论过性道问题，汪氏希望他教导后生"通经致用，处为纯儒，出为良吏"③。能被人如此寄望，可见其平日行止与此相近。他在学术上的这种追求，也为其后辈所继承和光大。除经学外，自刘文淇始，刘家几代人都精于校雠之事，这虽非其家学特色，但亦可表明其学术功力，因校勘学是从事经、史、子等古典学问研究的基础所在。

总体来说，刘氏家族的学术特色主要体现在经学上，尤其是左氏之学上。其学术风格与"扬州学派"总的学术倾向是一致的，既兼采吴、皖之长，又不局限于吴、皖，而是做到了兼容并包。

---

① 支伟成：《清代朴学大师列传》上，11 页。
② 刘师培：《跋陈卓人上刘孟瞻先生书》，见《刘申叔遗书》，1981 页。
③ 刘师培：《跋汪孟慈与刘孟瞻书》，见《刘申叔遗书》，1977 页。

三

刘师培生于这一经学世家，自幼濡染家学，8 岁学《易》，12 岁读毕四书五经，15 岁前后治《晏子春秋》和学《毛诗》郑笺、《尔雅》、《说文解字》诸书，并大量阅读周秦典籍，打下非常好的国学基础，加之聪颖过人，勤奋刻苦，随着年龄增长，功力愈益深厚。"未冠即耽思著述，服膺汉学，以绍述先业，昌洋扬州学派自任"①。"笃嗜左氏春秋，研经而外，并及子史。其答客难也，尝证穆王西征之事；其应射策也，历举苗岗种族之数。出语惊其长老，记问冠于朋从。"②可以说，到 1903 年（20岁）大量写作和发表著述前，他已经对家学风格颇有了解，知晓《左传》旧注旧疏的源流和古文经学的传承，于经、子、史皆有浓厚的探索兴趣，并认同扬州学风，欲负起弘扬家学乃至扬州学术的大任。

1903—1919 年，是刘师培从事学术研究的 17 年。钱玄同认为，刘师培之学"因前后见解之不同，可别为二期：癸卯至戊申（1903—1908）凡 6 年为前期，己酉至己未（1909—1919）凡 11 年为后期。婵较言之，前期以实事求是为鹄，近于戴学，后期以笃信古义为鹄，近于惠学；又前期趋于革新，后期趋于循旧"③。综观刘之著述，确有钱说之特征，钱之分期应属不易之论。

刘师培著述涉猎甚广，所及方面甚多，但最能体现其国学研究成就的，当为小学、经学和校勘学，其余政治思想和论古今学术思想则为其有时代特色之作。

小学系语言文字之学，清人将其视为研究经学的基础，故经学家大都精通小学，不过他们多集中精力专治一两部书，如研究训诂者，以

---

① 尹炎武：《刘师培外传》，见刘师培：《刘申叔遗书》，17 页。
② 刘师颖：《刘申叔先生遗书跋》，见《刘申叔遗书》，2407 页。
③ 钱玄同：《刘申叔先生遗书序》，见《刘申叔遗书》，28 页。

《尔雅》为主；研究文字者，以《说文》为主；研究声韵者，以《广韵》为主。刘师培的小学研究则不像前人这样狭窄，他强调："训诂者，研究字义之学也；文字者，研究字形之学也；声韵者，研究字音之学也。必三者俱备，然后可以言小学。"①可见他从事小学研究是主张汇合义、形、声三者来探讨的。他前期的小学成就，钱玄同曾归纳为三个方面："一、就字音推求字义，其说出于黄扶孟、王石臞伯申父子、焦里堂、阮伯元、黄春谷诸先生而益加恢廓"；"二、用中国文字证明社会学者所阐发古代社会之状况"；"三、用古语明今言，亦用今言通古语"。② 这一概括相当准确。其《正名隅论》、《小学发微补》、《中国文学教科书》第一册、《物名溯源》及《续补》、《论前儒误解物类之原因》、《骈词无定字释例》、《尔雅虫名今释》等著述都阐发了音义相关的道理，如在《小学发微补》中他认为："惟有字义，乃有字音；惟有字音，乃有字形。……字音源于字义，既为此声，即为此义。凡彼字右旁之声，同于此字右旁之声者，其义象亦必相同。"③在《正名隅论》里他又提出同韵之字义必相近之说，"上古之字，以右旁之声为纲，右旁之声既同，即可通用。……盖古人以声载义，声近而形殊，则其义不甚相远。"④《论小学与社会学之关系》《论中土文字有益于世界》等文是刘师培用中国文字证明社会学者所阐发古代社会之状况的代表作，他在这些文章里以大量例证考古史、古事。《新方言序》则是他主张取古语以明今言、亦用今言以通古语的代表作，他曾依此主张作札记三十余条，被章太炎收入所纂《新方言》中。他后期的小学主张与前期大多相反，且明显后退，如对于《说文》，主张墨守，毋少违畔，与前期文中时见的驳《说文》之语正相矛盾；对于同音通用之字，主张于《说文》中寻找本字，反对前期的音近义通之说；对于新增事物，主张于《说文》中取义训相当之古字名之，反对添造新字新词。总之是要一切以《说文解字》为本，不得超越《说文》。这在《古本

---

① 刘师培：《正名隅论》，见《刘申叔遗书》，1417 页。
② 钱玄同：《刘申叔先生遗书序》，见《刘申叔遗书》，29 页。
③ 刘师培：《小学发微补》，见《刘申叔遗书》，429～430 页。
④ 刘师培：《正名隅论》，见《刘申叔遗书》，1420 页。

字考》《答四川国学学校诸生问说文书》《答江炎书》等篇中都强调过，尽管他这方面的学术实践并不多。

刘师培的经学研究前后期也差别较大。前期以实事求是之精神解经，阐发经中粹言，故虽偏重古文，偏重汉儒经说，但不专以此自限。刘氏世传《左传》，自然以古文为宗，刘师培也不例外，但他并非那种一味拘泥固守的经师，而是倡为"通儒之学"。他曾说过："仅通一经，确守家法者，小儒之学也；旁通诸经，兼取其长者，通儒之学也。"而且认为："汉初经学，初无今古文之争也，只有齐学、鲁学之别耳。凡数经之同属鲁学者，其师说必同；凡数经之同属齐学者，其大义亦必同。故西汉经师，多数经并治。诚以非通群经，即不能通一经也。盖齐学详于典章，而鲁学则详于故训。故齐学多属于今文，而鲁学多属于古文。观《白虎通义》所采，以齐学为根基；《五经异义》所陈，则奉鲁学为圭臬。曷尝有仅治一经而不复参考他经之说哉？后世儒学式微，学者始拘执一经之言，昧于旁推交通之义，其于古人治经之初法，去之远矣。"①基于此，他在治经时虽偏重古文，实亦左右采获，不抱残守缺，尤其不摒斥今文，在《中国民约精义》第一篇、《攘书·夷裔篇》以及《周末学术史序》的部分篇章中都援引了《公羊》学说以发挥己见，而且还在《读戴子高先生论语注》一诗中对今文家戴望用《公羊》说诠释《论语》之书大加赞扬。②不过需指出的是，他不排斥今文经说，仅只限于经说本身，认为可与古文经说并行不悖，而对今文家视古文经为伪造以及孔子托古改制之说则持反对立场。他曾撰《汉代古文学辨诬》《论孔子无改制之事》等文，批驳廖平之《今古学考》和康有为之《新学伪经考》《孔子改制考》。除了兼采今文说外，他对宋元明人之经说也不一笔抹杀，能看到它们的长处，认为"宋明说经之书，喜言空理，不遵古训，或以史事说经，或以义理说经，虽武断穿凿，亦多自得之言"③。"或义乖经旨，而立说至精。"④可见他

① 刘师培：《群经大义相通论》，见《刘申叔遗书》，348、361 页。
② 参见刘师培：《刘申叔遗书》，1932 页。
③ 刘师培：《经学教科书》第一册，见《刘申叔遗书》，2073 页。
④ 刘师培：《汉宋学术异同论》，见《刘申叔遗书》，542 页。

虽不赞成宋明人说经之书，但重视其中的创造性见解。他自身也力求有所创造，治经有新义，如认为六经本系官书，而孔门将其编订为教科书[①]；汉以前经无今古文之分，今古文经的差异是文字差异，"今文古文为汉儒之恒言，犹今日所谓旧板书新板书也。……汉代之所谓古文经，乃秦代之时未易古文为秦文者也，其故本至汉犹存。……所谓今古文者，以其由古文易今文有先后之殊，非以其义例亦有不同也"[②]。在左氏学方面，他的《读左札记》《司马迁左传义序例》等文超越了今古文经的争论，主张对《左传》进行实事求是的研究，并认为"今观左氏一书，其待后儒之讨论者约有三端：一曰礼，二曰例，三曰事"[③]。实为《左传》研究辟了一条蹊径，与墨守汉师家法者绝异。

刘师培后期的经学研究与前期相较颇有不同，基本特点是转向笃信汉儒经说。在《中庸说》《中庸问答》《春秋原名》等文中此种倾向已很明显，他的专著如《礼经旧说》《西汉周官师说考》《周礼古注集疏》《春秋古经笺》《春秋左氏传时月日古例考》《春秋左氏传例略》等更是充分体现了这一特点。他曾言及惠栋之学是"确宗汉诂，所学以掇拾为主，扶植微学，笃信而不疑"[④]。这句话恰可概括其后期的经学著述。在这些著述中，《左传》和《周礼》之研究是重点。《左传》研究自是秉承家学，但他并未继父祖之业去完成《左传旧注疏证》，而是转而研究自身所曾提倡过的一个课题——《左传》之"例"，撰成《春秋左氏传时月日古例考》《春秋左氏传古例诠微》《春秋左氏传传例解略》《春秋左氏传例略》等一系列专著，把家学向前推进了一步。他之看重《周礼》，除因《周礼》与《左传》相关且在古文经上极其重要外，还因在四川讲学时受到廖平一些影响，如蒙文通所言："礼制者，廖师（廖平）所持以权衡家法，辨析汉师同异者也。左盦（刘师培）于时亦专以《五经异义》《白虎通义》为教学之规，出蜀后成

---

① 刘师培：《国学发微》，见《刘申叔遗书》，477 页。
② 刘师培：《汉代古文学辨诬》，见《刘申叔遗书》，1377～1378 页。
③ 刘师培：《读左札记》，见《刘申叔遗书》，299 页。
④ 刘师培：《近儒学术统系论》，见《刘申叔遗书》，1533 页。

书皆《周官》《礼经》之属。左盦之渐渍于廖师，此其明验。"①另外，由于与廖平往还较多，他对"今文师说多宽假之辞"，认为廖平之学"未易可轻也"。②

刘师培之校勘学前后没什么变化，以后期为主。他校书的范围较广泛，遍及四部，但以校订诸子为最多，这些古书主要有《管子》《晏子春秋》《老子》《庄子》《墨子》《荀子》《韩非子》《贾子新书》《春秋繁露》《法言》《白虎通义》《周书》《穆天子传》《楚辞》等。他所校订各书，或名《补释》，或名《斠补》，大致前期所校名《补释》，后期所校名《斠补》，部分《斠补》是在《补释》的基础上修改而成的。他校书的方法基本同于先贤，即根据古人用字属辞的一般规律，结合自身的小学功力（如运用由字音推求字义原则）来进行。他也试图发展前人总结出的某些规律性的东西，曾写出《古书疑义举例补》，对俞樾的《古书疑义举例》有所补充，以此方便其他校勘学者。

四

上述刘师培的国学研究成就可以看出，刘氏是国学研究的多面手，他的贡献是在古典学术的几个方面，非专攻一经或一学的所谓经学家或小学家可比，称其为国学大师似不为过。但与其先贤比照，其学术范围大体未出"扬州学派"，仅个别方面如用中国文字证明社会学者所阐发古代社会状况，因具时代特色而越扬州先贤；在学术主张上，他也"终不越乎扬州"③。1912 年 7 月，他曾给吴虞开过一个小学经学书目，其中把汪中《述学》、阮元《揅经室初集》、钱大昕《潜研堂集》、戴震《东原集》

---

① 蒙文通：《廖季平先生与清代汉学》，见廖幼平编：《廖季平年谱》，152 页，成都，巴蜀书社，1985。
② 南桂馨：《刘申叔先生遗书序》，见刘师培：《刘申叔遗书》，32 页。
③ 南桂馨：《刘申叔先生遗书序》，见刘师培：《刘申叔遗书》，33 页。

列为"近人文集之最资实用者"①，可见扬州学者在他心目中的地位及他所受到的影响。

就小学言之，刘师培的基本主张"就字音推求字义"，便是继承明末黄生《字诂》《义府》遗说，综合王念孙、王引之、焦循、阮元、黄承吉等扬州学者之成果而提出的。刘氏一向看重黄生《字诂》《义府》，谙熟其说，并曾将两书特意赠予章太炎。② 至于王念孙、引之父子等人的学说，他更是烂熟于胸。在他给吴虞所开书目中，小学方面共七部书，王氏父子所著便占三部，即《广雅疏证》《经义述闻》《读书杂志》③，可见对其学说之推崇。他也必熟知《广雅疏证》中"就古音以求古义，引申触类"④的主张。实则他"用古语明今言，亦用今言通古语"的做法，其关键仍是在乎声音⑤，亦是由扬州先贤的主张中发展而来。

就经学言之，刘师培前期治经能做到突破家法，不拘门户，兼容今文，都与扬州先贤的影响分不开。他曾撰文评说先贤学术，认为戴震治学"会通古说"，"慎思明辨"，"悉以心得为凭"⑥；焦循、阮元治经"于近儒执一之弊，排斥尤严"⑦。他对戴、焦、阮等人持推崇和赞赏的态度，在学术上认同他们，自然会在学术实践中不墨守门户之规，突破古文家法，为"通儒之学"。他的兼容今文，也非己身的发明创造，而与家学渊源密切相关。在治学方法上，他主张恢复古人"旁推交通"⑧之旨，这也正是乾嘉时扬州学者治学的遗规。王念孙、阮元的训诂学，汪中的诸子学，焦循的易学，黄承吉的文字学，都是采用"旁推交通"之法的。刘师培不过是遵循先辈遗规，将此方法运用到董理群经的事业中去。他

---

① 中国革命博物馆整理：《吴虞日记》上册，荣孟源审校，45 页，成都，四川人民出版社，1984。

② 参见章太炎：《说林下》，见《太炎文录初编》，82 页，上海，上海书店，1992。

③ 中国革命博物馆整理：《吴虞日记》上册，荣孟源审校，44 页。

④ 参见阮元：《王石臞先生墓志铭》，见《揅经室续集》卷二之下，阮氏文选楼道光刻本。

⑤ 参见刘师培：《新方言序》，见《刘申叔遗书》，1768 页。

⑥ 刘师培：《南北学派不同论》，见《刘申叔遗书》，556 页；刘师培：《近代汉学变迁论》，见《刘申叔遗书》，1541 页。

⑦ 刘师培：《南北学派不同论》，见《刘申叔遗书》，556 页。

⑧ 刘师培：《群经大义相通论》，见《刘申叔遗书》，348 页。

后期治经转向笃信汉儒经说，近于惠学，也与家学渊源不无关联，其曾祖刘文淇《左传旧注疏证》的一个基本做法便是崇汉排杜、凡汉皆好，显然源于吴派门径。而且兼取吴派之长，也不失扬州学者本色。至于其"兼综今文而假借廖氏，亦非尽由晚节转移，盖扬州学派固如此矣"①。

就校勘学言之，刘师培三代祖先皆以校书知名，他的校勘工作实为承继家学，只不过他校书的范围超过先祖，用力的重点在于诸子，这里有汪中的影响。他校书的基本做法是效仿前贤之著，如仿卢文弨的《群书拾补》、王念孙的《读书杂志》、俞樾的《诸子平议》、孙诒让的《札迻》，体现出扬州学者兼采众长的特点。

由此可见，刘师培的学术规模和治学特色可谓深得"扬州学派"之精髓，即长于会通，兼容并包。在这个意义上，他完全可称得上"扬州学派"之殿军。

再从清代学术发展大势来看，刘师培的国学研究也与之相合，恰是学术潮流的反映。清代学术以汉学为中坚，由小学入手以通经，顾炎武可谓先驱，至乾嘉时蔚为大观。汉学与宋学一向有争论，嘉道时，汉学日过中天，盛极将衰，弊端愈益明显，不仅宋学中人不断诋斥其病痛，而且汉学中人对自家积弊亦多有反省，凌廷堪、焦循、王引之诸人皆有这方面的议论，随之"扬州学派"的其他人物也有此认识，基于其兼容并包的精神，对宋学也开始有一定的包容，即在学术上有不同程度的非宋非汉趋向。这一趋向在阮元身上体现得尤为明显。阮元本为汉学家，但随着主持各省的教育、行政和大区军民政务的阅历日增，就越发倾向于调和汉宋。② 以阮元的地位和影响，汉宋调和或曰汉宋兼采渐成一学术潮流，在扬州学者中更是具有广泛性。也是在嘉道之际，随着时势、学风之变，刘逢禄公开打出恢复董仲舒、何休传统的旗帜，认为发挥《春秋》微言大义来达到"拨乱反正"目的才符合孔子的"道"，由此今文经学

---

① 南桂馨：《刘申叔先生遗书序》，见刘师培：《刘申叔遗书》，32 页。

② 参见朱维铮：《汉学与反汉学——江藩的〈汉学师承记〉、〈宋学渊源记〉和方东树的〈汉学商兑〉》，见《求索真文明——晚清学术史论》，17 页，上海，上海古籍出版社，1996。

不再如往日那般沉寂，而是若异军突起，渐成显学，这亦成为一新的学术潮流。同时在古文经学内部，学者们已不满足于以往各人专治一经的局面，而欲总结前贤成就或在总体上梳理群经，如阮元主持编纂的《十三经注疏校勘记》《皇清经解》，刘宝楠、陈立、刘文淇等人相约为十三经作新疏，都是这种潮流的体现，可称之为群经汇释。此外，部分学者更是另辟蹊径，他们由经学而旁及周秦诸子，始于校勘训诂，进而研究其思想内容，可谓经子贯通。这方面汪中倡于前，嘉道及其后逐渐发展壮大，蔚为风气。可以说，汉宋调和、今文崛起、群经汇释、经子贯通这些基本共时性的学术潮流构成了自嘉道迄清末的学术大势。在刘师培的著述中，这些潮流都有不同程度的反映。如前所述，他对宋明人之经说并不一笔抹杀，而是看到它们的长处，且主张"荟萃汉、宋之说，以类区别，稽析异同，讨论得失，以为研究国学者之一助焉"①，反对"并有宋一代之学术而废之"②；他不摒斥今文经说，曾援引《公羊》学说以申己见，后期又受到廖平影响；他治经主张"通群经"，虽以《左传》《周礼》为重点，但亦旁及《尚书》《诗经》《尔雅》，并为《春秋》经本身做笺注，还撰有《群经大义相通论》，为数经并治之作，以实践自身主张；他亦由经及子，曾主《荀子》与《毛诗》《春秋》三传相通之说，其校勘学著作以校订诸子为主。这些都说明他的国学研究不仅在学术领域上横跨数科，而且也顺应了学术潮流之变化，与学术大势相合。

五

上述嘉道时期形成的学术潮流固然对刘师培之为学产生了某种制约或导向作用，使得刘之国学研究特色鲜明。但刘师培的学术研究非仅于此，他还有现实关怀层面上的新学问，其重要性不亚于甚至高于他的古

---

① 刘师培：《汉宋学术异同论》，见《刘申叔遗书》，541 页。
② 刘师培：《国学发微》，见《刘申叔遗书》，499 页。

典学术研究，而这方面的成就又得益于他进入学坛时已成潮流的新学术趋向。

综观清末学界实况，最具影响力并对学术有根本导向作用的潮流当为中西交融和经史地位的转换。刘师培走上学术舞台，应该从1903年正式发表论著算起，此时也正是上述两大潮流方兴之际。刘氏一进入学界，立即为此潮流所吸引，几乎将其早慧的学术生命都投入与此相关的学术著述中，1903年至1908年数年内陆续写出《小学发微》《中国民约精义》《中国民族志》《攘书》《新史篇》《论小学与社会学之关系》《国学发微》《周末学术史序》《论文杂记》《南北学派不同论》《古政原始论》《汉宋学术异同论》《两汉学术发微论》《中国哲学起原考》《伦理教科书》《经学教科书》《中国历史教科书》《中国地理教科书》《近儒学术统系论》《清儒得失论》《近代汉学变迁论》《论中土文字有益于世界》等论著，尽管这些论著中不少带有政治色彩，是学术与政论的结合，有的以政论为主，但绝大多数仍是学术的，而且是学术"预流"之作。[①] 具体言之，《小学发微》《中国民约精义》《攘书》《论小学与社会学之关系》《论文杂记》《古政原始论》《论中土文字有益于世界》等更多地体现出交融中西的特色，而《新史篇》《国学发微》《周末学术史序》《南北学派不同论》《汉宋学术异同论》《两汉学术发微论》《中国历史教科书》《近儒学术统系论》《清儒得失论》《近代汉学变迁论》等更多地体现出新史学色彩和与之相关的学术史反思意识。实际上二者很难分得十分清楚，因两大潮流是相辅相成、相激相荡的，没有中西交融，便不会出现新史学，没有新史学，中西交融也落不到实处，故而对刘师培著述的这种划分只是相对的，仅就其中哪种特色较明显而言。

在世人心目中，一般皆认刘师培为国学大师、"扬州学派"殿军，实则1903年至1908年，刘氏的学术精力更多用在上述体现时代关怀的学

---

① 陈寅恪先生在《陈垣敦煌劫余录序》中说："一时代之学术，必有其新材料与新问题。取用此材料，以研求问题，则为此时代学术之新潮流。治学之士，得预于此潮流者，谓之预流(借用佛教初果之名)。"(《金明馆丛稿二编》，236页，上海，上海古籍出版社，1980)今借用此义。

问上，而于国学研究用力较少，1908 年后才是他专意于国学研究的时期。今天看来，他具时代关怀的"预流"学问更值得注意，也更重要，因为这才是他超越包括先祖在内的"扬州学派"先贤之所在，尽管他在国学研究方面也对先贤学术有所发展，但那毕竟是在已有"范式"内的前进，非此超越可比。或者说，面对先贤在经学、小学、校勘学等方面的巨大成就，如果没有观念和方法的更新，刘师培即便在他们的基础上前进了一步，也很难说是超越，更何况刘氏在这些领域中仍基本遵循先人治学遗规，没什么突破。进一步说，刘氏的经学、小学、校勘学成就既适于乾嘉，又适于清末，时代性不强，刘氏如果仅有这方面的成就，便与先祖没什么本质上的差别。但他的特色恰恰在于他生逢学术转型时代，可以走与处在经学中心时代的先人不同的路，而且他在这条新路上走得非常好，起到了别人不能起的作用。故而我们今天评价他的学术，应更多地关注他的具有现实关怀意味的那些成果，才算抓住了问题的关键，也更有助于我们全面理解这一复杂、多变的历史人物。

需要指出的是，这里把刘师培的国学研究（或曰古典学术研究）与他的体现现实关怀的学术截然分开，纯是出于叙述上的方便。实则二者往往是纠结在一起的。从根本上说，刘师培的中西交融之学是古典学术与西学的交融，学术史研究是对古典学术的回顾与总结。只不过较纯粹的古典学术如经学、小学、校勘学是纯然的中国学问，且时代性不强，可单列出来。所以，为了研究上的便利，姑且进行这样的划分。

刘师培论清代经学

刘师培出身经学世家，父祖辈皆精于左氏之学，他自身也对左氏之学颇具造诣，同时对诸经皆有探究。他的经学研究，除得益于家学外，还从整个清代的经学研究那里获益丰厚。所以，他极为重视总结清代的学术成就，特别是清代经学的学术成就，留下一批相关论著，对时人和后人研究此类问题启示甚大。关于刘师培对清代学术史的总结，已有一些论著做了初步探索①，但这些论著对刘氏研究清代经学史的具体成果还有忽视之处，一些方面亟待完善。本文拟就刘师培谈清代经学的文字做一粗浅梳理，力求由此呈现刘氏之清代经学史论的基本面貌。②

一

清代学术以经学为骨干，以考据为特色，即所谓考据学实以考经为主，其他辅之。这样的学问和治学取向系接续汉代经学而来，故清代考据学亦被称为"汉学"，或者说"汉学"一词最能集中反映清代经学的学术

---

① 主要论著如李帆：《刘师培与中西学术——以其中西交融之学和学术史研究为核心》，北京，北京师范大学出版社，2003；李帆：《章太炎、刘师培、梁启超清学史著述之研究》，北京，商务印书馆，2006；李孝迁：《刘师培与近代清学史研究》，载《东南学术》，2001（4）；等等。

② 刘师培总结清代经学的论著大体完成于1904年至1907年，所以本文所谈他对清代经学的看法，基本属于这一时期。虽然如此，却能代表他的基本主张，因终其一生，主要观点并未改变。

形态。^①刘师培曾对"汉学"做过自己的界定，说："汉学以治经为主"^②，"古无汉学之名，汉学之名，始于近代。或以笃信好古该汉学之范围，然治汉学者，未必尽用汉儒之说，即用汉儒之说，亦未必用以治汉儒所治之书。是则所谓汉学者，不过用汉儒之训故以说经，及用汉儒注书之条例以治群书耳，故所学即以汉学标名"^③。这样的界定，尤其是"用汉儒之训故以说经"一语，说出了汉学的根本。当然，一般所言的汉学指以考据为特色的古文经学，不包括今文经学。这里笼统言汉学，则似应将东、西汉古、今文学皆包容在内，因这段文字出自刘师培的《近代汉学变迁论》，该文是在广义上谈汉学，不把今文经学排斥在外。

清人热衷考经，崇尚汉学，不少人相信这是厌倦宋明理学之空谈而转向坚实的经史考证的结果。^④刘师培总结清代经学也是从对这类问题的论述入手的，因这关涉清学来源等清代学术史上的根本问题。说清代学术源自"对于宋明理学一大反动"的前提预设是宋明学术空疏，对此刘师培首先难以认同，他不赞成宋明学术全为空疏的看法，更强调清代经学与宋明学术的历史连续性。他曾说过，"宋、元以降，士学空疏，其寻究古义者，宋有王伯厚，明有杨慎修、焦弱侯。伯厚博极群书，掇拾丛残，实为清学之鼻祖。"^⑤可见在他眼里，宋代著名学者王伯厚（应麟）是清学之鼻祖。他还特别强调明儒经学对清代经学的开启作用，说："明人之学，近人多议其空疏……钱大昕曰：'自宋以经义取士，守一先生之说，而空疏不学者皆得名为经师，至明季而极矣。'又曰'儒林之名，

① 正由于"汉学"一词集中反映了清代经学的学术形态，刘师培也常用"汉学"指称"经学"，所以本文并用两概念，不做刻意区分。

② 刘师培：《近儒学术统系论》，见《刘申叔遗书》，1533页。

③ 刘师培：《近代汉学变迁论》，见《刘申叔遗书》，1541页。

④ 这方面最典型的代表是梁启超，他认为，"清学之出发点，在对于宋明理学一大反动"，"晚明王学极盛而敝之后，学者习于'束书不观，游谈无根'，理学家不复能系社会之信仰。炎武等乃起而矫之，大倡'舍经学无理学'之说，教学者脱宋明儒羁勒，直接反求之于古经。而若璩辨伪书，唤起'求真'观念；渭攻'河洛'，扫架空说之根据；于是清学之规模立焉"。引自梁启超：《清代学术概论》，见朱维铮校注：《梁启超论清学史二种》，3、6页。这样的论调，被有的学者界定为"理学反动说"。参见丘为君：《清代思想史"研究典范"的形成、特质与义涵》。

⑤ 刘师培：《南北学派不同论·南北考证学不同论》，见《刘申叔遗书》，554～555页。

徒为空疏藏拙之地。'阮芸台曰：'终明之世，学案百出，而经训家法，寂然无闻。'江郑堂曰：'明人讲学，袭语录之糟粕，不以六经为根柢，束书不观(此语出于黄黎洲)。'此皆近人贬斥明人学术之词。然由今观之，殆未尽然。"实则"明儒经学亦多可观"，其可贵处至少有十条，率皆为清儒经学之滥觞，如"梅鷟作《尚书考异》，又作《尚书谱》，以辨正《古文尚书》，其持论具有根柢，则近儒阎、惠、江、王之说所由出也，而《古文尚书》之伪，自此大明。若陈第《尚书疏衍》则笃信古文，与梅立异，是犹西河、伯诗之互辩耳，此明代学术之可贵者一也；朱谋㙔作《诗故》，以小序首句为主说《诗》，确宗汉诂，而冯应京作《六家诗名物考》，毛晋作《毛诗陆疏广要》，咸引据淹博，乃近儒陈氏《毛诗稽古编》、包氏《毛诗礼征》之滥觞，此明代学术之可贵者二也……杨慎、焦竑皆深斥考亭之学，与近儒江藩、戴震之说略同，此明代学术之可贵者十也"。所以"近儒之学多赖明儒植其基，若转斥明学为空疏，夫亦忘本之甚矣"。① 从这些议论来看，刘师培承认宋、元以降之学术有空疏之风，但不认为全系空疏之学，尤其不能说明儒经学为空疏之学，而且恰是明儒经学开启了清代经学。也就是说，从经学史考察，明、清经学存在一种继承关系。

在谈清代经学自身的起步时，刘师培认为是始于清初的顾炎武、张尔岐。他说："考经学之兴，始于顾炎武、张尔岐。顾、张二公均以壮志未伸，假说经以自遣。毛大可解《易》说《礼》，多述仲兄锡龄之言。阎若璩少从词人游，继治地学，与顾祖禹、黄仪、胡渭相切磋。胡渭治《易》，多本黄宗羲。张弨与炎武友善，吴玉瑨与弨同里，故均通小学。吴江陈启源与朱鹤龄偕隐，并治《毛诗》《三传》，厥后大可《毛诗》之学传于范家相，鹤龄《三传》之学传于张尚瑗，若璩《尚书》之学传于冯景。又吴江王锡阐、潘柽章，杂治史乘，尤工历数。柽章弟耒受数学于锡阐，兼从炎武受经，秀水朱彝尊亦从炎武问故，然所得均浅狭。……武进臧

---

① 刘师培：《国学发微》，见《刘申叔遗书》，501～502 页。

琳闭门穷经，研覃奥义，根究故训，是为汉学之始。"①这样的叙述，把起步于顾炎武、张尔岐的清初经学系统扼要总结了出来，强调了毛大可（毛奇龄）、阎若璩、胡渭等人承上启下的作用，特别是揭示出经学在臧琳那里转向"研覃奥义，根究故训"的汉学之途。

可以说，刘师培看待清代经学的来源和起步，注重的是其与前代学术的继承关系，强调梳理学术发展的内在线索。这也是他论述学术史的一贯思路。

二

作为显学，清代经学有自己的演进脉络和阶段。对此，刘师培也做过系统总结。1907 年，他在《近代汉学变迁论》中，把清代汉学（经学）之演进分为四个时期。一为怀疑时期（"怀疑派"）。顺、康之交，汉学萌芽，"其征实之功，悉由怀疑而入。如阎百诗之于《古文尚书》，始也疑其为伪作，继也遂穷其作伪之源；胡渭、黄宗炎之于《易》《图》，始也斥其曲说，继也遂探其致误之由"。这一期总的特点是："始也疑其不可信，因疑而参互考验，因参互考验而所得之实证日益多。虽穿凿之谈，叫嚣之语，时见于经说之中，然不为俗说所迷，归于自得。"②二为征实时期（"征实派"）。"康、雍之间，为士者虽崇实学，然多逞空辩，与实事求是者不同。及江、戴之学兴于徽歙，所学长于比勘，博征其材，约守其例，悉以心得为凭。且观其治学之次第，莫不先立科条，使纲举目张，同条共贯，可谓无征不信者矣。……即惠氏之治《易》，江氏之治《尚书》，虽信古过深，曲为之原，谓传注之言坚确不易，然融会全经，各申义指，异乎补苴掇拾者之所为，律以江、戴之书，则彼此二派，均

---

① 刘师培：《近儒学术统系论》，见《刘申叔遗书》，1533 页。
② 刘师培：《近代汉学变迁论》，见《刘申叔遗书》，1541 页。

以征实为指归。"①可见征实期即皖、吴二派兴盛之期。三为丛缀时期（"丛缀派"）。"自征实之学既昌，疏证群经，阐发无余。继其后者，虽取精用弘，然精华既竭，好学之士欲树汉学之帜，不得不出于丛缀之一途，寻究古说，摭拾旧闻。此风既开，转相仿效，而拾骨襞积之学兴。"②即以搜集、校雠各种佚书佚文为主。四为虚诬时期（"虚诬派"）。"嘉、道之际，丛缀之学多出于文士，继则大江以南工文之士，以小慧自矜，乃杂治西汉今文学，旁采谶纬，以为名高。故常州之儒莫不理先汉之绝学，复博士之绪论，前有二庄，后有刘、宋，南方学者，闻风兴起。……于学术合于今文者，莫不穿凿其词，曲说附会；于学术异于今文者，莫不巧加诋毁，以诬前儒，甚至颠倒群经，以伸己见……经术支离，以兹为甚。"③可见"虚诬派"指的是今文经学。这样的分期，注重的是各个时期的学术风格与特色，而相对不太注重时间划分，甚至有共时色彩。从这段引文看，怀疑时期为顺、康之交，是汉学萌芽期；征实时期为皖、吴二派兴盛之期，应主要指乾、嘉时；丛缀时期为承乾、嘉余绪，不得不事丛缀之学之期，应指嘉、道及其后；虚诬时期指的是今文学兴起之期，亦应为嘉、道及其后。如果仅就时间段而言，实际是"顺、康"，"乾、嘉"和"嘉、道及其后"三个时期。如此的时段划分，与当时皮锡瑞的看法不谋而合。

在《经学历史》中，皮锡瑞认为："国朝经学凡三变。国初，汉学方萌芽，皆以宋学为根柢，不分门户，各取所长，是为汉、宋兼采之学。乾隆以后，许、郑之学大明，治宋学者已尠。说经皆主实证，不空谈义理。是为专门汉学。嘉、道以后，又由许、郑之学导源而上，《易》宗虞氏以求孟义，《书》宗伏生、欧阳、夏侯，《诗》宗鲁、齐、韩三家，《春秋》宗《公》《穀》二传。汉十四博士今文说，自魏、晋沦亡千余年，至今日而复明。实能述伏、董之遗文，寻武、宣之绝轨。是为西汉今文之

---

① 刘师培：《近代汉学变迁论》，见《刘申叔遗书》，1541页。
② 刘师培：《近代汉学变迁论》，见《刘申叔遗书》，1541页。
③ 刘师培：《近代汉学变迁论》，见《刘申叔遗书》，1541页。

学。学愈进而愈古，义愈推而愈高；屡迁而返其初，一变而至于道。"①
皮氏所划分的这三个时期，显然与刘师培的分期基本一致。表面看来，
两人没什么分歧，但若深究下去，就会发现，学派背景的不同实际上导
致判断上的差异。

大体而言，作为今文经学家的皮锡瑞以及在今文学熏陶下成长的梁
启超对清代经学的看法是比较一致的，他们皆认为清代经学越向前发
展，主题就越古老，所谓"学愈进而愈古"，"取前此二千年之学术，倒
影而缫演之"。并视此为进步的表现，予以较高评价，"义愈推而愈高"，
"一变而至于道"；"此二百余年间，总可命为古学复兴时代。特其兴也，
渐而非顿耳。然固俨然若一有机体之发达，至今日而葱葱郁郁，有方春
之气焉"。② 以今文家视角观察经学进程，自然觉得它是向前行进的，
嘉、道以后今文经学崛起更是学术向上发展的表现，或可说今文经学以
及康有为所倡导的对孔子为代表的先秦诸子之探究③是清学达到的最高
阶段。与之相反，刘师培对清代经学的变迁历程完全持另一种态度，即
认为每况愈下，愈发展愈走向末路，"怀疑学派由思而学，征实学派则
好学继以深思，及其末流，学有余而思不足，故丛缀学派已学而不思，
若虚诬学派则又思而不学。四派虽殊，然穷其得失，大抵前二派属于
进，后二派则流于退，丛缀学派为征实派之变相，而虚诬之学则又矫丛
缀而入于怀疑，然前此之怀疑与征实相辅，此则与征实相违"④。这种
看法，自然与刘氏出自古文经学的学术背景息息相关。对他而言，古文
经学一步步走向衰落，今文经学嘉、道后崛起，并非标志学术的进步，
而是表明清代经学在走下坡路，由"怀疑"走向"虚诬"。

---

① （清）皮锡瑞：《经学历史》，周予同注释，341 页。
② （清）皮锡瑞：《经学历史》，周予同注释，341 页；梁启超：《论中国学术思想变迁之
大势》，见《饮冰室合集》第 1 册文集之七，102～103 页。
③ 梁启超说："南海言孔子改制创新教，且言周秦诸子皆改制创新教，于是于孔教宗门
以内，有游、夏、孟、荀异同优劣之比较……于孔教宗门以外，有孔、老、墨及其他九流异
同优劣之比较。凡所谓辨，悉从其朔。"引自梁启超：《论中国学术思想变迁之大势》，见《饮冰
室合集》第 1 册文集之七，100～102 页。
④ 刘师培：《近代汉学变迁论》，见《刘申叔遗书》，1541～1542 页。

平心而论，如果除去偏袒古文的倾向，刘师培关于清代经学发展阶段的这一见解倒是合乎学术思潮兴衰的内在逻辑，就像他自己所总结的，"譬之治国，怀疑学派在于除旧布新，旧国既亡而新邦普建，故科条未备而锐气方新；若征实学派是犹守成之主，百废俱兴，综核名实，威令严明；而丛缀学派又如郅治既隆，舍大纲而营末节，其经营创设不过繁文缛礼之微；虚诬学派则犹国力既虚，强自支厉，欲假富强之虚声以荧黎庶，然根本既倾，则危亡之祸兆，此道、咸以还汉学所由不振也"①。这里以治国做比喻，说明经学由开拓而昌盛而衰微转型的带有某种必然的逻辑发展，是符合一般学术发展进程的，具有较普遍的意义。刘师培此论发表后的十三年（1920 年），梁启超在《清代学术概论》中又把清学变迁历程概括为三个时期：启蒙期、全盛期、蜕分期（衰落期）。梁氏这一时期划分显然承自其 1904 年《论中国学术思想变迁之大势·近世之学术》中的阶段划分，因此时所划各时期的主题仍是"以复古为解放"②，与当年所划各阶段的学术主题（依次为程朱陆王、汉宋、今古文、孟荀与孔老墨）基本类似，时间段上也相似，即启蒙期大体为顺、康间，全盛期大体为雍、乾、嘉间，蜕分期（衰落期）大体为道、咸、同、光间。当然梁氏此时明确以启蒙、全盛、蜕分（衰落）三期界定清学，较之当年仅是按时间顺序客观描述，是一明显进步，但这里又有刘师培的影子。梁氏所言启蒙期，相当十刘氏所言"怀疑派"，全盛期相当于"征实派"，蜕分期（衰落期）相当于"虚诬派"。而且两人对前二期之见解大体相类，分歧在于最后一期，梁氏眼里的蜕分期是今文经学之兴旺和在学术、政治上发挥重要作用之期，同时也是"正统派"（考据学）的衰落期，刘氏则视此期为今文经学之"虚诬"期。前者持褒扬态度，后者持否定立场，显示出学术背景不同所带来的观念差异。尽管梁氏在论清学史时矢口不提刘氏，但两人之间的学术联系是确实存在的。

---

① 刘师培：《近代汉学变迁论》，见《刘申叔遗书》，1542 页。
② "第一步，复宋之古，对于王学而得解放。第二步，复汉唐之古，对于程朱而得解放。第三步，复西汉之古，对于许郑而得解放。第四步，复先秦之古，对于一切传注而得解放。"引自梁启超：《清代学术概论》，见朱维铮校注：《梁启超论清学史二种》，6 页。

总之，对于清代经学的演进阶段，刘师培、皮锡瑞、梁启超大体有相同的认识，所不同者在于具体评价上，尤其是在评价今文经学崛起后的阶段上，各人所承学术传统之差异由此凸显出来。

三

作为清代学术的主体，经学不仅有自身的演进历程，而且面貌复杂，流派歧出。各流派都有独到之处，构成一时代的学术特色，所以治清代学术史者无不把经学流派视为中心问题之一，刘师培也不例外。[①]

近代学界揭示清儒治经流派者，当始于章太炎。在 1902 年的《清儒》一文中，章太炎先是追溯清代经学考据的源头，把明末清初的顾炎武作为考据学的开山之祖，随后阎若璩、张尔岐、胡渭等人在经学考据方面也做了大量工作，"然草创未精博，时糅杂宋、明谰言"。而"其成学著系统者，自乾隆朝始。一自吴，一自皖南"。即认为乾隆时出现的吴、皖之学才是成"系统"的学术，并就此将考据见长的清代经学家分为吴、皖两派，说"吴始惠栋，其学好博而尊闻。皖南始戴震，综形名，任裁断。此其所异也。……栋弟子有江声、余萧客。……而王鸣盛、钱大昕亦被其风，稍益发舒。教于扬州，则汪中、刘台拱、李惇、贾田祖，以次兴起。萧客弟子甘泉江藩……皆陈义尔雅，渊乎古训是则者也。……震生休宁，受学婺源江永。治小学、礼经、算术、舆地，皆深通。其乡里同学，有金榜、程瑶田，后有凌廷堪、三胡。三胡者，匡衷、承珙、培翚也……震又教于京师。任大椿、卢文弨、孔广森，皆从问业。弟子最知名者，金坛段玉裁，高邮王念孙。……（念孙）授子引

之……近世德清俞樾、瑞安孙诒让，皆承念孙之学"①。有学者认为，章氏"此说实际上是本江藩《汉学师承记》一书而来"，"江藩《汉学师承记》卷1、卷8为清初学者，卷2至卷4为惠栋、钱大昕诸人之学，卷5至卷6为江永、戴震、卢文弨等人之学，卷7为扬州学者，为章氏说之祖"②。实则在江藩之前，王鸣盛已说出惠、戴之别，即"方今学者，断推两先生，惠君之治经求其古，戴君求其是"③。尽管有此议论，但与章氏从学术特色、师承源流出发对吴、皖两派之界定相比，显然粗疏笼统得多，而且章氏之见自清末以来影响极大，几成公论。所以，可说清代经学派别的划分，启自派中当事人，成于章太炎。

章太炎之后，刘师培对清代经学派别也做了划分和阐发，较之章太炎的划分仅及于作为经学主体且考据见长的吴、皖两派，刘师培论述的范围则要更加宽泛，吴、皖自然是题中之义，今文经学也在范围之内。

对于吴、皖之学，刘师培乃至梁启超都认同章太炎吴、皖两分之主张。在章氏所论基础上，刘师培就两派之传承系统地做了进一步的阐发。他指出，惠栋吴学"确宗汉诂，所学以掇拾为主，扶植微学，笃信而不疑。厥后掇拾之学传于余萧客，《尚书》之学则江声得其传，故余、江之书言必称师。江藩受业于萧客，作《周易述补》以续惠栋之书。藩居扬州，由是钟怀、李宗泗、徐复之流均闻风兴起"。戴震皖学"曲证旁通，以小学为基，以典章为辅，而历数、音韵、水地之学，咸实事求是以求其源，于宋学之误民者，亦排击防闲不少懈。徽歙之士，或游其门，或私淑其学，各得其性之所近，以实学自鸣。由是治数学者前有汪莱，后有洪梧；治韵学者前有洪榜，后有汪有诰；治三礼者则有凌廷堪及三胡，程瑶田亦深三礼兼通数学，辨物正名，不愧博物之君子。此皆守戴氏之传者也。及戴氏施教燕京，而其学益远被。声音训诂之学传于金坛段玉裁，而高邮王念孙所得尤精；典章制度之学传于兴化任大椿。

---

① 章太炎：《清儒》，见朱维铮编校：《訄书（初刻本　重订本）》，158～159页。按，章太炎后将《訄书》改订为《检论》时，将"皖南始戴震"一语改为"皖南始江永、戴震"。
② 漆永祥：《乾嘉考据学研究》，111页，北京，中国社会科学出版社，1998。
③ 洪榜：《戴先生行状》，见《戴震文集》，汤志钧校点，255页。

而李惇、刘台拱、汪中均与念孙同里，台拱治宋学，上探朱、王之传，中兼治词章、杂治史籍，及从念孙游，始专意说经。顾九苞与大椿同里，备闻其学，以授其子凤毛。焦循少从凤毛游。时凌廷堪亦居扬州，与循友善，继治数学，与汪莱切磋尤深。阮元之学亦得之焦循、凌廷堪，继从戴门弟子游，故所学均宗戴氏，以知新为主，不惑于陈言，然兼治校勘金石。……又大兴二朱，河间纪昀，均笃信戴震之说，后膺高位，汲引汉学之士，故戴学愈兴"[1]。这样的论述，某些方面与章太炎有所不同，如对惠、戴后学的认定，就存在差异，在章太炎那里，汪中、刘台拱、李惇属于惠学系统，而在刘师培那里，这三人则又被放到了戴学系统中。实际上，汪中、刘台拱、李惇都是扬州学者，惠栋、戴震也都曾在扬州传播学问，对当地的学术风气和学者治学皆产生较大影响，汪中等人不守一家，派别色彩并不浓厚。不过这里又牵涉所谓"扬州学派"问题，因刘师培所论戴氏后学，多为扬州学者。

作为扬州后学，刘师培极为关注乡邦学术。在《南北学派不同论》里，他又专门指出："戴氏弟子舍金坛段氏外，以扬州为最盛。高邮王氏传其形声训故之学，兴化任氏传其典章制度之学。王氏作《广雅疏证》，其子引之申其义，作《经传释辞》《经义述闻》，发明词气之学。于古书文义诘诎者，各从条例，明析辨章，无所凝滞，于汉魏故训，多所窜更。任氏长于《三礼》，知全经浩博难罄，因依类稽求，博征其材，约守其例，以释名物之纠纷，所著《深衣释例》《释缯》诸篇，皆博综群书，衷以己意，咸与戴氏学派相符。仪征阮氏，友于王氏、任氏、复从凌氏（廷堪）、程氏（瑶田）问故，得其师说。阮氏之学，主于表微，偶得一义，初若创获，然持之有故，言之成理，贯纂群言，昭若发蒙，异于饾饤猥琐之学。甘泉焦氏，与阮氏切磋，其论学之旨，谓不可以注为经，不可以疏为注，于近儒执一之弊，排斥尤严，所著《周易通释》，掇刺卦爻之文，以字类相属，通以六书九数之义，复作《易图略》《易诂》，发明大义，条理深密，虽立说间邻穿凿，然时出新说，秩然可观，亦戴学之

---

① 刘师培：《近儒学术统系论》，见《刘申叔遗书》，1533页。

嫡派也。"①从这段话来看，他眼里的扬州学者基本是继承了戴震之学，学术师承方面并非独树一帜。在其他文章中，刘师培亦多论及扬州先贤学术，多方强调扬州学术与戴震的承续关系，如将阮元、焦循、凌廷堪等扬州学者列入拟作之"东原学案"下②，俨然视扬学为戴学之遗绪或分支。即在刘氏心目中，扬州之学并非一派之学，而是戴学之组成部分，所谓"扬州学派"的说法并未得到他的认可。尽管不少学者视其为"扬州学派"殿军，但他本人却不把自己看作学派中人。

惠、戴两学之外，刘师培对今文经学也颇为关注。与谈惠、戴有所不同的是，他使用"学派"一词论今文学。他从"常州学派"谈起，说庄存与"喜言《公羊》，侈言微言大义。兄子绶甲传之，复昌言钟鼎古文。绶甲之甥有武进刘逢禄、长州宋翔凤，均治《公羊》，黜两汉古文之说。翔凤复从（张）惠言游，得其文学，而常州学派以成"③。此后，"有邵阳魏源、仁和龚自珍，皆私淑庄氏之学，从刘逢禄问故。源作《两汉经师今古文家法考》，其大旨与宋氏同，谓西汉微言大义之学隳于东京，且排斥许、郑，并作《董子春秋发微》，复有《诗古微》。……湘潭王闿运亦治《公羊春秋》，复以《公羊》义说五经，长于《诗》《书》，绌于《易》《礼》。其弟子以资州廖平为最著，亦著书数十种。其学输入岭南，而今文学派大昌。此一派也。自珍亦治《公羊》，笃信张三世之例，作《五经大义终始论》，杂引《洪范》《礼运》《周诗》，咸通以三世之义……其子龚澄复重订《诗经》，排黜《书序》，并改订各字书，尤点窜无伦绪。仁和邵懿辰，初治桐城古文，继作《礼经通论》，以《礼经》十七篇为完书，以《佚礼》为伪作，又作《尚书大意》，以马、郑所传逸书为伪撰，转信伪古文为真书，可谓颠倒是非者矣。惟德清戴望，受业宋氏之门，祖述刘、宋二家之意，以《公羊》证《论语》，作《论语注》二十卷，欲以《论语》统群经，精诣深造，与不纯师法者不同。此别一派也（别有仁和曹籀、谭献等，皆笃

---

① 刘师培：《南北学派不同论·南北考证学不同论》，见《刘申叔遗书》，556～557页。
② 刘师培：《近儒学案序》，见《刘申叔遗书》，1755页。
③ 刘师培：《近儒学术统系论》，见《刘申叔遗书》，1534页。

信龚氏学)"①。即常州学派之光大，实有赖于魏源、龚自珍，二人各有传承，又可分为两派。此外，"若江北、淮南之士……有江都凌曙。曙问故张惠言，又游洪榜之门，故精于言《礼》，兼治《公羊》，惟以说《礼》为本。……时句容陈立，丹徒汪芘、柳兴宗，旌德姚佩中，泾县包世荣、包慎言，均寓扬州，山阳丁晏，海州许桂林，亦往来邗水之间，并受学凌氏，专治《公羊》"②。即除常州学派外，今文经学又有凌曙一系学者，以扬州为中心，专治公羊学。值得注意的是，刘师培在这里提到两个概念——"今文学派""常州学派"，从其论述看，两者当是不同层次的概念，有大小之别，"今文学派"是以"常州学派"(后又发展出魏源、龚自珍为首的两派)为主体，以其他地区学者为辅的学派。"学派"一词在刘师培那里用得并不多，即便使用，也基本是用于概括讲义理的宋学诸派别，而非用在讲考据的汉学身上。③ 所以，这里用"学派"谈今文经学，实际是强调今文经学有与宋学相近之处，就像其所言："及常州学派兴，以微言大义之学为天下倡，而学术益归涣散矣。"④显然，微言大义之学近于宋儒义理之学，故可用"学派"来概括这样的学问。不过，在他看来，讲求此种学问，令得"学术"涣散，并非值得提倡。

从"学派"一词的运用以及相关评价来看，刘师培论列清代经学派别有自己的标准，吴、皖之学虽有区别，但非"学派"之别，而今文经学则称得上"学派"，所以属另类，其发展不见得益于"学术"。在这里，古文经学的背景对他的制约显而易见。

---

① 刘师培：《南北学派不同论·南北考证学不同论》，见《刘申叔遗书》，558 页。
② 刘师培：《近儒学术统系论》，见《刘申叔遗书》，1534 页。
③ 如在《近儒学案序》中，刘师培对明末以来的理学流派以"学派"之名条分缕析，同时列出"常州学派"之名，但对惠、戴之学却不以"学派"名之。
④ 刘师培：《近儒学案序》，见《刘申叔遗书》，1754 页。

四

在中国学术发展史上，清代经学可谓特色独具、成就巨大。对此，刘师培深有体会。在其论著中，他对清代经学各家所具有的特色、所取得的成就等做了较为系统的评价与阐发。

作为清代经学的主体，惠、戴两家的学术特色与成就最为刘师培所关注。总结刘氏对于惠、戴的议论，有一个明显的现象值得注意，即在评价两家时，存在一定的褒戴抑惠倾向。在发表于1905年的《南北学派不同论》中，刘师培指出，惠栋之学，"富于引伸，寡于裁断，而扶植微学，亦有补苴罅漏之功。……弟子余萧客辑《古经解钩沉》，网罗放失，掇次古谊，惟笃于信古，语鲜折衷，无一词之赞"。这里虽有肯定之语，但比之他对戴震之学的评价，则高下立见，"戴氏之学，先立科条，以慎思明辨为归。凡治一学立一说，必参互考验，曲证旁通，以辨物正名为基，以同条共贯为纬。论历算则淹贯中西，论音韵则精穷声纽，论地舆则考订山川，咸为前人所未发。而研求古籍，复能提要钩玄，心知其意，凡古学之湮没者，必发挥光大，使绝学复明；凡古义之钩棘者，必反复研寻，使疑文冰释；凡俗学之误民者，必排击防闲，使厄言日绝。且辨彰名物，以类相求，则近于归纳；会通古说，匡违补缺，则异于拘墟；辨名析词，以参为验，则殊于棱模；实事求是，以适用为归，则异于迂阔。而说经之书，简直明显，尤近汉儒"①。溢美之词，不一而足，足见刘氏对戴学的推崇与欣赏。

在发表于1907年的《近代汉学变迁论》中，刘师培对惠、戴二人学术的议论虽不似《南北学派不同论》那样过于偏袒戴氏，但其褒贬之际的分寸还是能清晰把握得到，如说"江、戴之学兴于徽歙，所学长于比勘，博征其材，约守其例，悉以心得为凭，且观其治学之次第，莫不先立科

---

① 刘师培：《南北学派不同论·南北考证学不同论》，见《刘申叔遗书》，555~556页。

条，使纲举目张，同条共贯，可谓无征不信者矣。……征实之学盖至是而达于极端矣。即惠氏之治《易》，江氏（江声）之治《尚书》，虽信古过深，曲为之原，谓传注之言坚确不易，然融会全经，各申义指，异乎补苴掇拾者之所为"①。值得注意的是，刘氏此处对惠学的议论，已有个别评语异于《南北学派不同论》中之所言，即此处说惠学"异乎补苴掇拾者之所为"，彼处则言"亦有补苴罅漏之功"。可见他对惠学的评价前后有所不同，是向肯定的方向发展。不过尽管如此，在他心目中，惠学还是无法与戴学并驾齐驱，这从他拟作之《近儒学案》不单列惠学，而将惠栋以"别出"之名列于"东原学案"下的举动里②，便可看得很清楚。而且他还专门撰有《东原学案序》《戴震传》表彰戴学，自谓："予束发受书，即服膺东原之训。"③还说，戴震之学"先立科条，以慎思明辨为归，凡治一学著一书，必参互考验，曲证旁通，博征其材，约守其例。复能好学深思，实事求是，会通古说，不尚墨守。而说经之书，厚积薄发，纯朴高古，雅近汉儒。……探赜索隐，提要钩玄，郑、朱以还，一人而已"④。如此评价，足见戴震学术在刘师培心目中的至高位置。

实际上，褒戴抑惠或褒皖抑吴并非刘师培的专利，在章太炎乃至于后来的梁启超那里，这种倾向也较为明显。如在《清儒》中，章太炎将吴、皖两派并列而论，说惠栋吴派之学"好博而尊闻"，"好博"即"泛滥百家""该洽百氏"；"尊闻"即"笃于尊信，缀次古义，鲜下己见"，"陈义尔雅，渊乎古训是则者也"。说戴震皖派之学"综形名，任裁断"，"分析条理，皆多密严瑮，上溯古义，而断以己之律令"，"求学深邃，言直核而无温藉"，其成就"自魏以来，未尝有也"。⑤从这些议论可以看出，章氏对吴派是颇有微词的，"好博"是对各家各派的调和，趋于撷拾之学；"尊闻"则信古过甚，缺少独到见解。实际上是重博闻而不重新知，

---

① 刘师培：《近代汉学变迁论》，见《刘申叔遗书》，1541 页。
② 刘师培：《近儒学案序》，见《刘申叔遗书》，1755 页。
③ 刘师培：《东原学案序》，见《刘申叔遗书》，1763 页。
④ 刘师培：《戴震传》，见《刘申叔遗书》，1822～1823 页。
⑤ 章太炎：《清儒》，见《訄书（初刻本　重订本）》，158～159 页。

乏商讨、批判精神。相反对皖派颇多赞誉之词，尤强调其多识善断的一面，与吴派之博而不精、广采众说却毫无裁断形成鲜明对照。从章太炎和刘师培的学术关系来看，章氏此论想必会对刘氏有较大影响。

就个人立场而言，任何研究者在论及与己相关的学派与学者时，皆难免情感因素的作用，所谓纯粹的、百分之百的理性与客观的态度，可以说基本不存在。章太炎和刘师培对惠、戴学术所做的评价，即存在此种情形。

从学术传承的角度看，章太炎、刘师培都可以算是皖派的传人。章太炎是俞樾的弟子，又受到孙诒让的较大影响，而俞、孙二人被他视为"皆承念孙之学"①，王念孙则又是戴震最知名的弟子之一。对于己之所出、维系着个人学术生命的学派，予以褒扬和溢美，是很自然的事情。同样，刘师培亦自认是戴派传人。前已言及，他不认同"扬州学派"之说，主张扬州学者之学是继承戴震之学而来，其伯父刘寿曾还专门为文谈过扬州之学包括自家学术是如何源于江永、戴震的，说："国初东南经学，昆山顾氏开之。吴门惠氏、武进臧氏继之。迨乾隆之初，老师略尽，儒术少衰。婺源江氏崛起穷乡，修述大业，其学传于休宁戴氏。戴氏弟子，以扬州为盛。高邮王氏，传其形声训故之学；兴化任氏，传其典章制度之学。仪征阮文达公，友于王氏、任氏，得其师说。风声所树，专门并兴。扬州以经学鸣者，凡七八家，是为江氏之再传。先大父早受经于江都凌氏，又从文达问故，与宝应刘先生宝楠切磨至深，淮东有二刘之目。并世治经者，又五六家，是为江氏之三传。先徵君承先大父之学，师于刘先生，博综四部，宏通淹雅，宗旨视文达为尤近。其游先大父之门，而与先徵君为执友者，又多辍学方闻之彦，是为江氏之四传。"②从这段文字来看，刘文淇自凌曙受经之余，与阮元多有交往，受其影响较大，再经常同刘宝楠切磋，学问遂成，其子则承其学，父子之学可视为江氏学术之三传四传。刘师培承其父祖之学，又系扬州学术之

---

① 章太炎：《清儒》，见《訄书(初刻本　重订本)》，159页。
② (清)刘寿曾：《沤宦夜集记》，见《传雅堂文集》卷一。

殿军，戴震等于是他学问之祖，他对戴学在情感上亲近并极力推崇，显然顺理成章。

此外，从章太炎、刘师培的学术理想和他们对清学的整体评价来看，惠、戴相较，也是戴学更接近他们的理想。章氏虽为承继清学的学术大师，但对清儒治学的路径与方法并不完全认同，在东京讲学时，他曾说："到底清朝的学说，也算十分发达了。只为没有讲得哲理，所以还算一方偏胜。"[①]可见他对只讲训诂考据的清学是不满的。他之所以推崇魏晋学者，即因他们能发挥哲理。[②] 同样，刘氏也对清儒饾饤之学有微词，他曾对蒙文通说："前世为类书者（《御览》《类聚》之类），散群书于各类书之中；清世为义疏者（正义之类），又散各类书于经句之下。"[③]讥讪之意毕现。他所崇尚的学术，是义理与训诂相合，最终能阐明义理的学术。而在戴震那里，考据之学固然十分重要，义理之学则为最终目的，所谓"经之至者，道也。所以明道者，其词也；所以成词者，字也。由字以通其词，由词以通其道，必有渐"[④]。所以，章、刘二氏在清代诸学中最为推崇戴学，显然是合乎其学术逻辑的。

众所周知，乾嘉考据学为清代学术之表征，惠、戴之学为考据学之圭臬。他们所承袭的，皆是训诂治经的传统，即清初顾炎武所言"读九经自考文始，考文自知音始"的传统，惠栋始确立门墙，戴震继之发扬光大，"遂成乾嘉学派为学的不二法门。离开文字训诂，乾嘉学派将失去依托"。所以，惠、戴之学实有许多共同之处，根基是一致的。当然，戴震不仅"融惠学为己有"，而且"进一步把惠学与典章制度的考究及义理之学的讲求相结合，发展了惠学"。[⑤] 即惠、戴之间确存差异，戴学后来居上。但若仅就文字训诂为主的考据学而言，学术训练基本趋同的

---

① 章太炎：《论教育的根本要从自国自心发出来》，见汤志钧编：《章太炎政论选集》上册，505 页。

② 陈平原：《中国现代学术之建立——以章太炎、胡适之为中心》，250 页。

③ 蒙文通：《廖季平先生与清代汉学》，见廖幼平编：《廖季平年谱》，148 页。

④ （清）戴震：《与是仲明论学书》，见《戴震集》，汤志钧校点，183 页。

⑤ 陈祖武：《关于乾嘉学派的几点思考》，见《清代经学国际研讨会论文集》，254～255 页，台北，"中研院"中国文哲研究所，1994。

惠、戴两派所取得的成就，并非有天壤之别，惠派学者深厚的学术功力与扎实的研究成果并不稍逊，这已得到许多研究者承认。① 可以说，章太炎、刘师培看到了惠、戴之别，却对其根本共性关注有限，过于强调两者的距离。

不过无论如何，刘师培尽管存有褒戴抑惠的倾向，但在总体上仍是肯定惠学的，并将其与戴派并列，视之为"征实派"。② 而在谈及今文经学时，则名之曰"虚诬派"，说该派"大抵以空言相演，继以博辩。其说颇返于怀疑，然运之于虚而不能证之以实，或言之成理而不能持之有故。于学术合于今文者，莫不穿凿其词，曲说附会；于学术异于今文者，莫不巧加诋毁，以诬前儒，甚至颠倒群经，以伸己见……经术支离，以兹为甚"③。"征实"与"虚诬"，两相较之，高下立见。

作为古文经学的传承人，刘师培尊崇惠、戴之学，反感今文经学，理所当然。不过在贬低今文经学的大前提下，他并非对清代今文学者的建树一概抹杀，还是能本着倡"通儒之学"的一贯精神①，破除门户之见予以评价，如在论列庄存与的学术建树时，就认为他"大抵依经立谊，旁推交通，间引史事说经，一洗章句训诂之习，深美闳约，雅近《淮南》，则工于立言；重言申明，引古匡今，则近于致用"⑤；谈及刘逢禄、宋翔凤时，说"刘氏作《公羊何氏释例》，角思理完密，又推原《左氏》《穀梁》之得失，难郑申何，复作《论语述何》《夏时经传笺》《中庸崇礼

---

① 参见漆永祥的《乾嘉考据学研究》、李开的《惠栋评传》（南京，南京大学出版社，1997）、王法周的《惠栋与清代学术》（中国社会科学院近代史研究所主编：《中国社会科学院近代史研究所青年学术论坛 1999 年卷》）等论著。

② 刘师培：《近代汉学变迁论》，见《刘申叔遗书》，1541 页。

③ 刘师培：《近代汉学变迁论》，见《刘申叔遗书》，1541 页。

④ 刘师培认为，"仅通一经，确守家法者，小儒之学也；旁通诸经，兼取其长者，通儒之学也"，"汉初经学，初无今古文之争也，只有齐学、鲁学之别耳。凡数经之同属鲁学者，其师说必同；凡数经之同属齐学者，其大义亦必同。故西汉经师，多数经并治。诚以非通群经，即不能通一经也。……后世儒学式微，学者始拘执一经之言，昧于旁推交通之义，其于古人治经之初法，去之远矣"。引自刘师培：《群经大义相通论》，见《刘申叔遗书》，348、361 页。基于此，他在治经时虽偏重古文经说，实亦左右采获，不抱残守缺，不一概排斥今文经说。

⑤ 刘师培：《南北学派不同论·南北考证学不同论》，见《刘申叔遗书》，558 页。

论》《议礼决狱》，皆比傅《公羊》之义，由《董生春秋》以窥六经家法。……宋氏之学与何氏略同，作《拟汉博士答刘歆书》，又作《汉学今文古文考》，谓《毛诗》《周官》《左氏传》咸非西汉博士所传，而杜、贾、马、郑、许、服诸儒，皆治古文，与博士师承迥别，而今文、古文之派别，至此大明。又以《公羊》义说群经，以古籀证群籍，以为微言之存非一事可该，大义所著非一端足竟，会通众家，自辟蹊径，且崇信谶纬，兼治子书，发为绵渺之文，以虚声相煽，东南文士多便之"①。这样的评价，以事实立论，褒贬相宜，大体公允。对于宋翔凤之后的今文经学，刘师培的态度趋于严厉，认为"宋氏以下，其说凌杂无绪，学失统纪，遂成支离"②，说龚自珍"从刘申受游，亦喜言《公羊》，而校雠古籍又出于章学诚，矜言钟鼎古文，又略与常州学派近，特所得均浅狭，惟以奇文耸众听"③。说魏源治学"择术至淆，以穿穴擅长，凌杂无序，易蹈截趾适履之讥"④。虽然如此，对他们的具体学术成就也不是彻底否定，如认为龚自珍的《太誓答问》"以今文《太誓》为伪书，虽解说乖违，然博辩不穷，济以才藻，殊足名家"⑤；魏源的《书古微》"虽武断穿凿，亦间有善言"⑥。不过，刘师培也并非对晚清的今文学者一概评价不高，如戴望就得到他的较高评价，他认为戴望"虽以《公羊》说《论语》，然所学不流于披狙"⑦，并作诗赞扬戴望的《论语注》。⑧

众所周知，相较乾、嘉之时，晚清今文经学的致用性更强，政治色彩更为浓厚，这为当时崇古文经的学者所不满⑨，刘师培即曾指出：

① 刘师培：《南北学派不同论·南北考证学不同论》，见《刘申叔遗书》，558 页。
② 刘师培：《清儒得失论》，见《刘申叔遗书》，1538 页。
③ 刘师培：《近儒学术统系论》，见《刘申叔遗书》，1534 页。
④ 刘师培：《南北学派不同论·南北考证学不同论》，见《刘申叔遗书》，558 页。
⑤ 刘师培：《南北学派不同论·南北考证学不同论》，见《刘申叔遗书》，558 页。
⑥ 刘师培：《经学教科书》，见《刘申叔遗书》，2085 页。
⑦ 刘师培：《近儒学术统系论》，见《刘申叔遗书》，1534 页。
⑧ 刘师培：《读戴子高先生论语注》，见《刘申叔遗书》，1932 页。
⑨ 有学者指出，当时"偏于古文一边的，则通常对乾嘉时的今文家尚承认其有所得，对道咸以后的今文家便多斥责其把学术搞乱"。引自罗志田：《导读：道咸"新学"与清代学术史研究》，见章太炎、刘师培等撰：《中国近三百年学术史论》，徐亮工编校，10 页，上海，上海古籍出版社，2006。

"近世以来，诸学之风顿息，惟常州学派尚延一线之存，然亦渐失本旨矣。不亦重可叹哉！"①实际上，经学自诞生之日起，就与政治脱不开干系，这一点刘师培等人很清楚，今文经学的政治色彩本身并不是被攻击的缘由。关键还在于晚清今文家的政治立场和主张为刘氏等人所不满，加上今、古文的家派冲突，古文家又自命讲求学术，种种因素掺杂，政治、学术交织，造成这一局面。具体而言，以章太炎、刘师培为代表的革命派中的学者大体以受古文经学训练者为主，而维新派则基本为今文学健将。如此一来，政治纷争即不可避免地与学术立场纠结在一起。而且章太炎、刘师培等人都是极端的民族主义者，反清革命的政治目标使得他们颇为注意士人对异族统治者的态度，这甚至成为他们评判经学家的主要标准之一。章太炎之所以对魏源、龚自珍基本持否定态度②，刘师培之所以也有类似看法，盖缘于魏、龚二人曾出任清廷官吏，虽多批评时政，却回避满汉民族矛盾，又都治今文经学，所以难入章、刘二氏法眼。至于以今文经为变法依据的康有为，坚持维新保皇立场，是章、刘二氏政治上的论争对手，则基本不被他们视作学者，刘师培回顾清代今文经学演进历程的论著讲到王闿运、廖平等人，却根本不提康有为，显示他并不认为康有为是今文经学在学术上的传承人。而同为今文家的戴望能得到章、刘二氏的较高评价，如章太炎说他"中更丧乱，寄食于大盗曾氏之门，然未尝仕。观其缀述《颜氏学记》，又喜集晚明故事，言中伦，行中虑。柳下、少连之俦也"③。刘师培说他"明华夏之防……不欲以曲学进身，亮节高风，上跻颜李"④。此种评价，盖因戴望不仕清朝，耿介自守，又能"明华夏之防"，坚守民族立场。可以说，晚清今文经学的形象在章太炎、刘师培那里基本政治化了，革命立场和民族主义

---

① 刘师培：《近儒学案序》，见《刘申叔遗书》，1754 页。

② 章太炎说魏源"与常州汉学同流。妖以诬民，夸以媚虏，大者为汉奸、剧盗，小者以食客容于私门"。引自章太炎：《检论·学隐》，见《章太炎全集》（三），481 页；说龚自珍之学"大抵剽窃成说，无自得者。其以六经为史，本之《文史通义》，而加华辞。观其华，诚不如观其质者"。引自章太炎：《说林下》，《章太炎全集》（四），121 页。

③ 章太炎：《说林上》，见《章太炎全集》（四），118 页。

④ 刘师培：《戴望传》，见《刘申叔遗书》，1829 页。

的述学视角，不可避免地带来一些情绪化的看法，甚至某些时候背离了学术准则。

刘师培后来对于今文经学的看法有所改变，尤其是民国初年在四川与廖平共事后，对"今文师说多宽假之辞"，认为廖平之学"未易可轻也"。① 如此主张，乃是随着时局的变迁、政治立场的改变以及与廖平接触后学术观点的部分调整而出现的，说明刘师培论说今文经学仍难以摆脱现实因素的干扰。这种论学取向，在他那里是一以贯之的。

---

① 南桂馨：《刘申叔先生遗书序》，见《刘申叔遗书》，32页。

刘师培对康有为变法理论的经学驳难

《新学伪经考》《孔子改制考》是康有为维新变法的基本依据，戊戌变法时期发挥过积极作用。戊戌变法后，康有为仍然坚持"两考"的基本主张，坚持维新保皇路线，比之当时激进的革命派，其主张已趋落伍，但仍有相当大的影响。为了破除康有为的影响，推进"排满"革命事业，章太炎、刘师培等革命派阵营的学者担负起了以学术破解康说的重任，力图从经学辩难的角度摧毁康说。关于章太炎对康说的驳难，学界成果较多。而刘师培对康说的驳难，却相对不太引人关注①，且现有成果仍存拓展空间。本文就以刘师培对康有为《新学伪经考》《孔子改制考》的驳难为例，从经学、政治相结合的角度展开论说。

一

1903 年至 1908 年，刘师培陆续写作和发表《读左札记》《六经残于秦火考》《汉初典制多采古文家考》《古今文考》《书魏默深〈古微堂集〉后》《汉代古文学辨诬》《王鲁新周辨》《读某君孔子生日演说稿书后》《论孔教

---

① 关于刘师培驳难康有为的学术成果，主要有陈奇：《刘师培的今古文观》，载《近代史研究》，1990(2)；陈奇：《刘师培思想研究》，贵阳，贵州人民出版社，1999；方光华：《刘师培与晚清经学研究》，见彭林主编：《清代学术讲论》，268～299 页，桂林，广西师范大学出版社，2005；路新生：《刘师培的古文经学研究及其现代史学意义》，见《经学的蜕变与史学的"转轨"》，上海，上海古籍出版社，2006；等等。

与中国政治无涉》《论孔学不能无弊》《论孔子无改制之事》《王制篇集证》《西汉今文学多采邹衍说考》等文章，批驳康有为以《新学伪经考》《孔子改制考》为代表的一系列政治、学术主张。

在《新学伪经考》中，康有为全面阐发了他的"古文伪经说"，认为东汉以来占据经学主要地位的古文经，其典籍全是假的，全系刘歆出于媚莽篡汉目的而伪造的，可称之为"新（莽）学""伪经"，与孔子儒学无关，故应予废弃；而今文经才是真正的经典，《春秋公羊》学、"公羊三世说"为儒学正宗，具有至高无上的权威，是唯一应该奉行的学说。"古文伪经说"并非康有为独创，而是康有为自刘逢禄、宋翔凤、龚自珍、魏源、廖平等人处吸纳学术资源后形成的，是此说的集大成者。

刘师培对"古文伪经说"的驳难主要在两个层面上进行，一是从梳理今、古文经的关系入手，阐发自己的看法；二是以《左传》研究为核心，批驳今文家的说法。

在今古文经的关系方面，刘师培认为，汉代以前经无今古文之分，今古文经的差异主要是文字差异。在他眼里，六经在孔子之时被作为教本以传授，"弟子各记所闻，故所记互有详略，或详故事，或举微言，详于此者略于彼。所记既有详略，因之而即有异同，然溯厥源流，咸为仲尼所口述"[1]。尽管所记有异，但当时并无门户之见，亦无今古文之分，"今文古文为汉儒之恒言，犹今日所谓旧板书新板书也。《说文·序》言：孔子书六经，皆以古文。则秦代以前，六经只有古文，无今文。汉代之所谓古文经，乃秦代之时，未易古文为秦文者也，其故本至汉犹存。……所谓今古文者，以其由古文易今文有先后之殊，非以其义例亦有不同也"[2]。不仅如此，他还认为古文经基本可信，西汉初年学者多治古文学。针对古文经为伪的看法，他以大量例证辩驳，逐个证明《周礼》《古文尚书》等古文经传的真实可靠性，并指出："秦汉之间，古文之学虽残佚失传，然未尝一日绝也。……西汉初年，古文之学未尝不与今

---

[1] 刘师培：《汉代古文学辨诬》，见《刘申叔遗书》，1374 页。
[2] 刘师培：《汉代古文学辨诬》，见《刘申叔遗书》，1377～1378 页。

文并行，特武帝以后立于学官者，均属于今文，由是古文之学不显。"①而且强调今古文立说多同，西汉今文家也不废古文，"西汉儒生之说经，以古文之经参以今文之说，以今文之经参以古文之说……汉儒曷尝划分古今二学若冰炭之不相容哉?"例如，"《五经异义》一书，于今文古文辨之最严，于先儒之说，必著明某说为今文家言，某说为古文家言。今就其书所引者观之，则今文之说同于古文，而古文之说同于今文者，计有九条"。之所以如此，是因为"西汉之初，无今文古文之争。盖博士未立，不以经学为禄利之途，故说经者杂引今古文。及今文立于学官，然后所学定于一尊。然舍古文而专说今文者，惟末师俗儒则然耳。若今文大师则不然，于古文之说，旁收博采，所引之说，不必定出于今文，是犹治古文者兼用今文之说也。足证西汉治今文者，并不以古文家言为伪，亦不以古文家言为可废"。②

在《左传》研究方面，刘师培所下功夫颇深，他虽未继父祖之业完成《左传旧注疏证》，但对《左传》研究仍有多方面贡献。他的核心主张是，《左传》并非刘歆伪造，它是解《春秋》经之作，所谓《左传》不传《春秋》的观点是站不住脚的。他对《左传》的学术传承系统进行了梳理，认为《左传》成书以来，相传不绝，战国时有荀子、韩非子对它进行研究，西汉时也有贾谊、刘安、司马迁、翟方进等人对它进行研究。③ 而且他还专门探讨了司马迁《史记》的书写体例，证明《左传》对司马迁创作《史记》产生过重要影响。④ 由于这些学术工作都做在刘歆之前，所谓刘歆伪造《左传》说就不攻自破了。不仅如此，他还通过引证先秦诸子如《韩非子》《荀子》《吕氏春秋》以及西汉《淮南子》《春秋繁露》等书籍中对于《左传》的直接、间接引用，证明《左传》在刘歆之前早已存在。⑤ 在《左传》与《春

---

① 刘师培：《汉代古文学辨诬》，见《刘申叔遗书》，1382～1383页。
② 刘师培：《汉代古文学辨诬》，见《刘申叔遗书》，1380～1383页。
③ 参见刘师培：《读左札记》，见《刘申叔遗书》，292～301页。
④ 参见刘师培：《司马迁左传义序例》，见《刘申叔遗书》，1357～1367页。
⑤ 参见刘师培：《周季诸子述左传考》，见《刘申叔遗书》，1215～1216页；刘师培：《左氏学行于西汉考》，见《刘申叔遗书》，1216～1218页。

秋》的关系上，刘师培认为《左传》不仅传《春秋》，而且它对《春秋》的解释要比《公羊传》和《穀梁传》详尽得多。他指出，《韩诗外传》《战国策》《韩非子》《吕氏春秋》都有"《春秋》之记""《春秋》戒之"的记录，将以上诸典籍涉及《春秋》云云的史实与《左传》比勘，不仅史事相同，而且遣词用语的先后相袭也明白无误。由此可知以上诸典籍的《春秋》即指《左传》。① 他还认为，"《春秋》者，乃本国历史教科书也，其必托始于鲁隐者，则以察时势之变迁，当先今后古，故略古昔而详晚近，则《春秋》又即本国近世史也。……时门人七十，弟子三千，各记所闻，以供参考。而所记之语，复各不同，或详故事，或举微言，故有左氏、穀梁、公羊之学。然溯厥源流，咸为仲尼所口述，惟所记各有所偏，亦所记互有详略耳"②。即《春秋》三传的差别，源于孔门弟子记录的差别，源于孔门弟子学术兴趣的差异，三传都是解释《春秋》的作品，并无例外，所以《左传》当然为刘歆之前的解经之作。

二

在《孔子改制考》中，康有为全面阐发了他的"孔子改制说"，认为孔子是一位改革家，是素王、圣人、教主，六经皆为其所作，是其改革主张的寄托；六经所提及的尧、舜、禹、汤、文、武、周公的遗文圣训，实际上是孔子自己的主张，只是假托这些权威以便于推行而已，所谓"托古改制"。康有为的用意在于说明，既然千百年来备受尊崇的孔子尚且是一位改革家，则今天的维新变法是合于圣人之制的。他宣扬孔子以"布衣"改革周制，旨在号召士子以孔子为楷模，投身于现实的"改制"运动。他奉孔子为教主，隐然以"现代孔子"自居，实则是希望当今天下人

---

① 参见刘师培：《左氏不传春秋辨》，见《刘申叔遗书》，1215 页；刘师培：《读左札记》，见《刘申叔遗书》，296～297 页。

② 刘师培：《读左札记》，见《刘申叔遗书》，295 页。

皈依他这位"现代孔子"。

针对康有为的"孔子改制说",刘师培予以系统驳难,从以下几个方面展开自己的论说。

第一,孔子不是改革家,不是素王,并未作六经。在刘师培看来,孔子实际上是一个守旧派,因为他"从周制","谓之改古制不可,谓之改周制犹不可"[①],而且其学说"与政治无涉"。因为从古迄今,中国的"改制"之权均由帝王操纵,平民布衣无权干预,康有为说孔子"以庶民而改制",将其学说看作政治改革学说,那是康氏"利用孔学""缘饰古经,附会政治"而造出来的。为了证明孔子是改革家,康有为袭用今文家的说法,声称孔子是"素王",虽无王者之位,却有王者之德;孔子为改制而作六经。刘师培则认为,称孔子为"素王",盖缘于今文家以讹传讹,即今文家对孔子"据鲁、亲周、故宋"一语的讹传。"据鲁、亲周、故宋"意为孔子记事以鲁为主,以鲁、周为至亲,以宋为殷商古国之后。古代"据"字音义近于"主",西汉初年误"据"为"主",又进而误"主"为"王",遂有"王鲁"之说,何休注《春秋繁露》时就沿用了这一错误。《公羊传》宣公十六年传文误"亲"为"新",汉儒于是有"新周"之说。这样,"据鲁、亲周、故宋"就讹为"王鲁、新周、故宋"。而且"汉儒既创新周、王鲁之讹言,犹以为未足,更谓孔子以《春秋》当新王",但孔子毕竟不在王位,于是又援引纬书中"素王"二字,说孔子就是"素王"。实际上,先秦以前"无有称孔子为素王者"[②]。孔子不仅不是素王,而且也并未为改制而作六经。因为《管子》《晏子春秋》《庄子》《墨子》的作者,或早于孔子,或与孔子同时,书中所引多与今本六经相同,足证"孔子以前,久有六经。孔子之于六经也,述而不作"[③]。所以,孔子只是传道授业的先师,而非创法改制的先圣。

第二,谶纬和五德终始说是改制论的根源。康有为的理论体系,远

---

① 刘师培:《论孔子无改制之事》,见《刘申叔遗书》,1394 页。
② 刘师培:《论孔子无改制之事》,见《刘申叔遗书》,1397～1398 页。
③ 刘师培:《论孔子无改制之事》,见《刘申叔遗书》,1402～1405 页;刘师培:《汉代古文学辨诬》,见《刘申叔遗书》,1374 页。

绍今文《公羊》义法，该义法的创始人是董仲舒，故而康氏主张"因董子以通《公羊》，因《公羊》以通《春秋》，因《春秋》以通六经，而窥孔子之道本"①。董仲舒学说与谶纬之学和五德终始说息息相关。厘清董氏学与康有为改制论的关联，揭穿谶纬和五德终始说是改制论的根源，便易于击破康有为。所以，刘师培在这方面做了不少工作，他指出："盖改制之说，本于谶纬，董子纂其说于《公羊》，以《公羊》有'改周之文、从殷之质'一语，遂疑孔子不从周。又见《公羊》所言礼制与他经不同，遂疑为孔子所定新王之制。复因张三世、存三统之说以推之，而新周、故宋、黜杞之说生。夫张三世者，所以明人群之进化；存三统者，所以存历代之典章。若如董子之说，则《春秋》既从殷之质，何以又有故宋之词？既以王鲁为宗，何以又以新王即孔子？其说本扞格鲜通。"②以此"扞格鲜通"之说作为改制的根源，显然荒诞。刘师培进而指出，五德终始说虽起源其早，但和原始儒学没有关系，西汉时谶纬和五德终始说流行，为的是"媚时君"，满足汉武帝的"求仙"欲望，所以这样的学说具有维护专制统治和"反民主"的特性。③ 而康有为的改制论源于此"反民主""便君王"的学说，必须予以批驳。

第三，孔子非宗教家。刘师培认为，孔子之前中国就有宗教，孔子并未创教，"孔子未立宗教之名，孔子所著书，偶有言及'教'字者，皆指教化、教育言"。不仅如此，"唐宋以前，孔教之名未立"，人们以"儒学"或"儒术"称孔学，"至韩愈信儒，辟老、佛，明人李贽又谓'三教同源'，而孔子俨然居教主之一矣。不知孔子受学士崇信者，不过以著述浩富，弟子众多，而又获帝王之表章耳，于传教无涉。……奉孔子者，本无迷信之心，而使人立誓不背矣，与西教强人必从之旨大相背驰，岂得以宗教家称之哉？若后世崇奉孔学，不过由国家之功令、社会之习惯

---

① 康有为：《春秋董氏学自序》，见姜义华、张荣华编校：《康有为全集》第2集，307页，北京，中国人民大学出版社，2007。
② 刘师培：《论孔子无改制之事》，见《刘申叔遗书》，1411页。
③ 参见刘师培：《论孔子无改制之事》，见《刘申叔遗书》，1396～1397页；刘师培：《西汉今文学多采邹衍说考》，见《刘申叔遗书》，1228页。

使然，非真视孔子为圣神也。则孔子之非教主，确然可征"①。所以，孔子绝非宗教家、绝非教主。

三

刘师培对康有为变法理论的经学驳难，发生于戊戌变法之后"排满"革命风潮兴起之时。时代的风云剧变，政治立场的对立，学术流派和见解的迥异以及思想主张的不同，使得这一驳难呈现出多重因素交汇的历史面貌。

系统梳理刘师培评论《新学伪经考》《孔子改制考》的文字，可以发现，刘氏对两书的驳难在出发点和侧重点上有所不同，即文化与政治因素在其中各有所重。这当然是基于康氏著作的意旨之别，有针对性地予以驳难。众所周知，《新学伪经考》的核心是"古文伪经说"，即古文经典籍全是假的，都是刘歆出于媚莽篡汉目的而伪造的。《孔子改制考》的核心是"改制"，宣扬孔子以"布衣"改革周制，目的在于号召士子以孔子为楷模，投身于现实的"改制"中。对康有为而言，《新学伪经考》是"破"，《孔子改制考》是"立"；"破"的是千百年来士人奉为圭臬的经典，"立"的是一种打着圣人、教主旗号得以施行的新制。前者文化意义相对浓厚，后者政治意味更为突出。

《新学伪经考》之"破"，当然有助于破除人们对经典的迷信，解除改制的思想障碍。但同时又有负面效应，即易导致人们对历史的轻忽和蔑视。就像有学者评价章太炎批驳康有为时所论，章氏对此负面效应深有所感，故他批康氏"并不是站在古文经的门户之见之上，而是要维护历史"，因"六经都是历史，但康有为那批今文经师认为古文经都是刘歆伪造的，即以古史为伪，而今文家又重微言而轻事实"。② 章太炎如此，

① 刘师培：《论孔子无改制之事》，见《刘申叔遗书》，1399～1400 页。
② 汪荣祖：《章氏原经》，见《章太炎研究》，191～192 页，台北，李敖出版社，1991。

刘师培也是如此。他具有古文经学家所普遍持有的理念，即重史，而且认同"六经皆史"之说，尽管比之章太炎，他受经学束缚更深。所以，他对康有为的驳难，同样是站在文化立场上，视历史为本体和文化之根，有着对民族历史、文化传统"存亡续绝"的深层关怀和长远计虑，文化民族主义意味颇浓。他从史实出发对今古文经关系的梳理，对《周礼》《古文尚书》《左传》等古文经传真实可靠性的考证，都体现出这方面的良苦用心，正如其所言："至近人创伪经之说，扶今文而抑古文，于汉代古文之经均视为刘歆之伪作，而后人人有疑经之心，于典章人物之确然可据者，亦视为郢书燕说。吾恐此说一昌，则古文之经将废，且非惟古文之经将废已也，凡三代典章人物载于古文经者，亦将因此而失传，非惟经学之厄，亦且中国史学之一大阨矣。故即今人之疑古文经者，陈其说而条辨之，以证古文经之非伪。"① 所以，他以古文经学家所擅长的以经证史、以史证经的手法，经史结合，以充分的证据来论证康说之谬。整体考察后，他这方面的论述，其系统性、完整性超过了章太炎，而且给予后人如钱穆的相关论述以颇大启示。②

《孔子改制考》之"立"旨在改制，在戊戌变法之时发挥了积极作用。但戊戌变法之后，康有为仍紧抱着维新保皇之旨，所"立"者没有变化，自然为主张"排满"革命的刘师培等人所不满。虽然说戊戌变法之前康有为与章太炎双方在观点上有所分歧，但仍属进步政治阵营内部的分歧，不过到了戊戌变法失败和义和团运动后，形势剧变，"排满"革命风潮兴起，而康有为却止步不前，双方的分歧就不再是一个阵营内部的分歧了，而是不同政见之争了，性质发生了根本的变化。所以，刘师培对改制说的批驳，更多是着眼于政治上的考虑，欲为"排满"革命扫清理论障碍。而保皇与"排满"或拥清与反清的政治立场差异，不可避免地与民族主义纷争联系到一起。康有为强调的是"进夷狄于华"的《春秋》之义，主

---

① 刘师培：《汉代古文学辨诬》，见《刘申叔遗书》，1374 页。
② 参见路新生：《刘师培的古文经学研究及其现代史学意义》，见《经学的蜕变与史学的"转轨"》，211～212 页。

张拥戴清朝统治；刘师培、章太炎等人则强调夷夏之防。刘师培说："《公》《穀》二传之旨，皆辨别内外，区析华戎。吾思丘明亲炙宣尼，备闻孔门之绪论，故《左传》一书，亦首严华夷之界。"①章太炎说："今日固为民族主义之时代，而可混淆满、汉以同薰莸于一器哉！"②这样的主张，自是为"排满"革命服务的，而与康有为修修补补的改制有天壤之别。由此可见，政治目标的差异导致双方民族主义认同的歧异。进而言之，民族主义视角可谓理解刘师培驳难康有为的关键，无论在学术上，还是在政治上。

值得注意的是，刘师培对康有为的驳难还关联到学术与思想、学术与政治的关系问题。就学术背景和治学取向而言，刘、康二人显然差异较大。从小学入手的古文经学背景和训练，刘师培之学根基深厚、坚实可信；而讲求微言大义的今文经学的熏陶，则令得康有为的学说恣肆泛滥，给人以巨大的心灵冲击。前者更近于今日所谓"学术"，强调论题是否合于学理，论据是否充分，论证是否严密；后者更近于今日所谓"思想"，强调论题作用于人的精神，引发人的思考。刘师培正是用这样的"学术"标准看待康有为的论说，加之对今古文经的价值又有自己的高下之断③，有时难免忽略康说的思想特质，如对康氏改制论的全盘否定，不少是基于古文经学不相信谶纬和五德终始说的学术判断，而对康氏借古人之说启今人之蒙的思想意义视而不见。由于不是在同一层面上谈问题，故而这样的交锋并不能完全达到目的。

刘师培对康有为的驳难也凸显出学术与政治的关系。在治学上，刘师培一向主张"学术持平"，"不主门户"，治通儒之学，所以治经时提倡"举汉儒所谓今义、古文者兼收并采"。但"刘君不反对今文经说，而反

---

① 刘师培：《读左札记》，见《刘申叔遗书》，293 页。
② 章太炎：《驳康有为论革命书》，见《章太炎全集》（四），174 页。
③ 刘师培说："记事之最详者，莫若古文之经，如《周官经》《左氏传》是也；书之稍完善者，亦莫若古文之经，如《毛诗》是也……惟见于古文之经者，则大抵近于征实"，"夫近儒之辟古文，必援引今文以为重。以今文为是，故以古文为非。惟就汉代之经术观之，觉经学之中，古文为优，而今文逊于古文"。引自刘师培：《汉代古文学辨诬》，见《刘申叔遗书》，1374、1392 页。

对今文家目古文经为伪造及孔子改制托古之说也"。① 即刘师培学术上是能包容部分今文说的，而经说一旦与政治相关，他的立场就颇为鲜明，对康有为的驳难即体现出他作为革命派学者的基本立场。时人曾评述康有为之学是"以经术作政论"，刘师培甚至不将康氏视作学者，他回顾清代今文经学演进历程的论著讲到同时代的王闿运、廖平等人，却根本不提康有为，显示他并不认为康有为是今文经学在学术上的传承人。但从刘师培对康有为的驳难看，某些理路二人恰恰一致，即刘氏也是"以经术作政论"，以经术宣扬他的"排满"革命主张，强化他的"排满"革命立场。

整体而言，刘师培对康有为的驳难确实在某些方面击中了要害，在当时的政治语境中发挥了应有作用。但这一驳难毕竟仍属于传统领域中的辩难，以经攻经，缺乏经学以外的现代学术资源的介入，加之受制于双方固有的学术门户，所以存在较为明显的局限性，留下了诸多有待后人进一步挖掘的学术问题。

---

① 钱玄同：《刘申叔先生遗书序》，见刘师培：《刘申叔遗书》，30 页。

刘师培、严复吸纳西学之比较

晚清之时，中国的学术文化出现了前所未有的新气象，王国维曾以"道咸以降之学新"一语来概括这一局面。① 的确，道咸之后，世事剧变，学术文化不能不随之发生一系列变化。随着时间的推移，这种变化愈益剧烈，并渐次成为影响巨大的学术潮流，学界面貌为之一新。综观当时学界实况，最具影响力并对学术有根本导向作用的潮流当为中西交融和经史地位的转换。中西交融得益于西学东渐，在这一过程里，严复自是厥功甚伟，他所译介的西学名著深深影响了一代学者，给后人也留下了深刻启示。不仅如此，在中学方面他也非凡夫所比，而是有相当高的造诣，故他在译介西学的同时多从事中西融会贯通的工作，同样取得了很大成就，以至于梁启超称赞他"于西学中学，皆为我国第一流人物"②。严复的工作在当时曾惠及一代学人，国学大师刘师培就是其中之一。关于刘师培在学术思想方面受到严复影响的情形，已有学者做过一些论述③，解决了若干问题。但目前看来还颇为不足，还需在两人学术关系方面、学术思想的一致性与差异性方面深入研讨，尤其通过对两人吸纳西学的比较，推进这一领域的研究，并进而完善晚清以降学术思

---

① 参见王国维：《沈乙庵先生七十寿序》，见姚淦铭、王燕编：《王国维文集》第 1 卷，97 页。王氏所谓"道咸以降之学新"本意是指道咸以来之经、史、地理之学不同于乾嘉专门之学，"务为前人所不为"，但如将其意扩展开来，却也可用其指代道咸以来一切学术新变化。

② 梁启超：《绍介新著：原富》，载《新民丛报》，第 1 号，1902。

③ 最有代表性的论述当为都重万的《严复对刘师培学术思想及〈国粹学报〉学术宗旨之影响》，见习近平主编：《科学与爱国——严复思想新探》，258～268 页，北京，清华大学出版社，2001。该文所论颇为精辟，足资参证。

想史的研究。

一

据现有资料，刘师培正式晤见严复是在 1909 年①，但其在学术思想、学术主张上受到严复及其译作的影响则远早于此。刘氏走上学术舞台，应该从 1903 年正式发表论著算起，他第一篇涉及西学的文章《小学发微》即为这一年的作品。《小学发微》"以文字之繁简，见进化之第次"②，显然是进化论影响下的产物，因此时正是进化论风行之际。进化论之风行，肇始于严复所译赫胥黎《天演论》的出版。《天演论》正式出版于 1898 年，出版后马上轰动士林，一时洛阳纸贵。一心想从西学中取经的刘师培不可能不读这部士人皆知、影响至广的著作，这从他此时的诗《读〈天演论〉》（二首）中即可看出。③ 1903 年夏，刘师培与林獬共撰《中国民约精义》。从该书所论看，天演进化学说也被采纳，如曾有"盖世界进化之公理，必经贵族政治之阶"之类的议论。④ 严复所译亚当·斯密《原富》亦被提及。1903 年 11 月，刘师培所撰之《中国民族志》由中国青年会出版。通观全书，种族民族主义思想贯穿始终，天演进化之说亦被融汇于内，"今太西哲学大家创为天择物竞之说。物竞者，物争自存也；天择者，存其宜种也。种族既殊，竞争自起，其争而独存者，必种之最宜者也"⑤。这里"物竞者，物争自存也；天择者，存其宜种也"一语，直接采自严复的《原强修订稿》。⑥ 总之，刘师培一踏上学术之路，严复及其译作便成为他取经的对象。

---

① 《严复日记》，见王栻主编：《严复集》第 5 册，1495 页。
② 《章太炎再与刘申叔书》，载《国粹学报》，第 1 期，1905。
③ 参见刘师培：《读〈天演论〉》（二首），见《刘申叔遗书》，1907 页。
④ 刘师培、林獬：《中国民约精义》，见《刘申叔遗书》，566 页。
⑤ 刘师培：《中国民族志》，见《刘申叔遗书》，629 页。
⑥ 严复：《原强修订稿》，见王栻主编：《严复集》第 1 册，16 页。按，"物竞者，物争自存也；天择者，存其宜种也"一语在当时的知识界广为流传。

从 1903 年到 1919 年去世，是刘师培从事学术研究的 17 年。钱玄同认为，刘师培之学："因前后见解之不同，可别为二期：癸卯至戊申（1903—1908）凡六年为前期，己酉至己未（1909—1919）凡十一年为后期。……前期趋于革新，后期趋于循旧。"①综观刘氏之著述，确有钱说之特征，钱氏之分期应属不易之论。值得注意的是，在"趋于革新"的前六年中，刘师培的学术研究具有交融中西的特色，主要是在体现时代关怀的"预流"学问上下功夫。交融中西，需要媒介，那便是通过读西书了解西学。严复所译西书最具学术价值，自是刘氏最愿取法者，所以从 1903 年至 1908 年，除前述《天演论》《原富》等严译名著外，刘氏先后阅读、引用过的严复所译名著至少有《群学肄言》《社会通诠》《穆勒名学》《法意》，即严复所译名著的主体皆为他所知，自然也都对他产生了相当大的影响。具体来说，他的中西交融之学，尤其是他将西方社会学与中国小学、西方名学与中国义理交融互释所取得的成就，大都得益于严复所译名著和严复的学术建树。

西方社会学本属专门学问，与中国之小学并无关联，但严复在译介《群学肄言》《社会通诠》等著作时，常通过序文、凡例、按语、夹注等形式不断援引中国古典文化内容，与所述西方文化比较、对照、印证，尤其在透过语言文字的含义来观察中西文化内涵的异同方面有很敏锐的洞察力，如他曾言及："尝考六书文义，而知古人之说与西学合。何以言之？西学社会之界说曰：'民聚而有所部勒，祈向者，曰社会。'而字书曰：'邑，人聚会之称也，从口有区域也，从卩有法度也。'西学国之界说曰：'有土地之区域，而其民任战守者曰国。'而字书曰：'国古文或，从一，地也，从口以戈守之。'观此可知中西字义之冥合矣。"②这样一来，社会学便与中国传统学问小学联系了起来。从本质上来说，1908 年前的刘师培首先是个学问家，其次才是革命者，他热心吸纳社会学，除了受其进化理论的吸引外，最根本的还在于他自身的国学修养与社会

---

① 钱玄同：《刘申叔先生遗书序》，见刘师培：《刘申叔遗书》，28 页。
② 严复：《群学肄言·译余赘语》，见[英]斯宾塞：《群学肄言》，严复译，xi 页。

学相契合，特别是其小学修养。清代学术以经学为中坚，"小学本经学附庸，音韵学又小学附庸，但清儒向这方面用力最勤，久已'蔚为大国'了"①。之所以如此，是因小学被视为治经之初阶，不通小学无以通经。作为经学世家的传人，刘师培所受学术训练亦循此途径，他"幼治小学"②，对小学极为重视。有此背景，他在见到严复这类议论后，当然会受到很大启示，于是很快写出《论小学与社会学之关系》以回应和发展严氏之说。③ 这篇文章征引《社会通诠》《群学肄言》的有关内容和严复译两书时所作之"译余赘语"、按语、夹注等，并旁及斯宾塞《社会学原理》（马君武译本）、岸本能武太《社会学》（章太炎译本）诸书，以充分的社会学依据"考中国造字之原"，从而成为小学与社会学互释的研究范例。

社会学著作外，严复所译《穆勒名学》也给刘师培诸多启示。严氏非常重视名实之分，强调概念的严密性。④ 受此影响，刘师培把《穆勒名学》视为"循名责实之学"⑤，他当然也很清楚名学（逻辑学）讲归纳和演绎，曾数次提及此点，但似乎更看重的还是"循名责实"，并将其运用于自己的研究中。在《东原学案序》里，他说："自宋儒高谈义理，以为人同此心，心同此理，以心为至灵至神之物，凡性命道德仁义礼智，咸为同物而异名。故条分缕析，区域未明（由于知义理而不知训诂），不识正名之用。"⑥这里指责宋学因不知训诂而"不识正名之用"，强调"正名"的重要。就道学之"理"而言，因其基本上属于一种道德范畴，自身内容的界定相当模糊，要使得其含义能够清晰起来，必须以具体的方式加以分

---

① 梁启超：《中国近三百年学术史》，见朱维铮校注：《梁启超论清学史二种》，329 页。
② 刘师培：《尔雅虫名今释·序》，见《刘申叔遗书》，446 页。
③ 《群学肄言》出版于 1903 年 4 月，《社会通诠》出版于 1904 年 1 月，《论小学与社会学之关系》发表在 1904 年 11 月 21 日至 12 月 3 日的《警钟日报》上。
④ 严复为《穆勒名学·部甲》所作之按语。参见［英］约翰·穆勒：《穆勒名学》，严复译，17～138 页。
⑤ 刘师培：《国学发微》，见《刘申叔遗书》，480 页。
⑥ 刘师培：《东原学案序》，见《刘申叔遗书》，1759 页。

疏界定。在界定"理"之含义时，刘师培引入《穆勒名学》中所谓"伦"的概念①，认为古人所言之"理"即"伦"，"皆由对待而生，故理亦必由比较分析而后见"。他还进一步引用郑玄"训理为分"之注，从汉学考据角度对"理"做了精确界分，"理可以分，故曰分理，且肌之可分者曰肌理，膝之可分者曰膝理，文之可分者曰文理。且事事物物莫不有理，故天曰天理，地曰地理，性命曰性命之理，犹之科学家之言心理学、物理学、地理学也。"②显然，这是将名学与汉学训诂结合起来以"循名责实"。在《理学字义通释》中他进一步发挥了此义。

总之，刘师培对西学的吸纳以及在中西交融之学方面所做的工作，与严复及其译作带给他的影响关联甚大。从某种意义上讲，严复可谓刘师培在学术上走中西交融之路的引路人。

二

众所周知，在晚清，严复的西学成就是巨大而无人能望其项背的。相对而言，刘师培的西学要浅薄得多，因他基本不通外文③，只能通过中文译本了解西学，难免有误解之时，如在《补古学出于史官论》一文中，他征引马君武所译穆勒《自由原理》之见解，认为"无识陋儒皆以学术定于一尊为治世，岂知此实阻学术进步之第一原因哉！"④此论采自马

① "两物遇而伦生焉，对待之名因之以起。故欲观伦之果为何物，莫若历举对待之名，而察其所同有者为何义。盖即诸异而取其同，此求公名之义之定法也。"引自〔英〕约翰·穆勒：《穆勒名学》，严复译，63~64 页。

② 刘师培：《东原学案序》，见《刘申叔遗书》，1759 页。

③ 刘师培在《甲辰年自述诗》中曾言："西籍东来迹已陈，年来穷理倍翻新。只缘未识佉卢字，绝学何由作解人。"载《警钟日报》，1904-09-11。在后来的学术生涯中，他也未在外文著作方面下功夫。

④ 刘师培：《补古学出于史官论》，见《刘申叔遗书》，1480 页。

君武译本中议论中国传统学术、思想的言论[①]，非穆勒原文所有[②]，而是马君武出于思想启蒙有意添加的文字。刘师培不知就里，误为穆勒见解而引证。不过，刘氏亦有他的优势，即他的中学造诣极为深厚，以此为出发点吸纳西学，也还是有其独到见解和过人之处的。

刘师培既然不懂外文，接触西学时自是颇受译者影响，其中以严复的影响最大，这已如前述。由于生活环境、教育背景、知识结构等方面的差异，两人在体认西学乃至于交通中西等问题上不可能绝对一致。具体而言，吸纳西学、评判中西学术的角度不同，程度有差。

严复尽管有中西学比附之时，但他往往是站在西学立场上来把握中学，以西学为坐标来评判中学，故多强调中西学相异之处。他认为，如果用西学的眼光观察中学，那么中国的学问不能称其为"学"："'学'者所以务民义，明民以所可知者也。明民以所可知，故求之吾心而有是非，考之外物而有离合，无所苟焉而已矣。……是故取西学之规矩法戒，以绳吾'学'，则凡中国之所有，举不得以'学'名；吾所有者，以彼法观之，特阅历知解积而存焉，如散钱，如委积。此非仅形名象数已也，即所谓道德、政治、礼乐，吾人所举为大道，而诮西人为无所知者，质而言乎，亦仅如是而已矣。"[③]中国学问不成其为"学"的核心在于它不是建立在科学的基础之上，因中国学问的目的是修身养性、治国平天下，而修身养性、治国平天下之道又被认为是先圣已在经书中为后人准备好了的，那么学问内容便自然是经书中的东西，"盖吾国所谓学，自晚周秦汉以来，大经不离言词文字而已"[④]。既然道理、知识都在经书之中，那么学术研究必然是围绕经书而进行，久而久之，一定会走向穷途末路。反观西学则不然，"一理之明，一法之立，必验之物物事事

---

① 马君武译：《自由原理》，见莫世祥编：《马君武集》，46～51 页，武汉，华中师范大学出版社，1991。

② J. S. Mill, *On Liberty and Considerations on Representative Government*, Oxford, Basil Blackwell, 1946, pp. 30, 41.

③ 严复：《救亡决论》，见王栻主编：《严复集》第 1 册，52～53 页。

④ 严复：《阳明先生集要三种序》，见王栻主编：《严复集》第 2 册，237 页。

而皆然，而后定之为不易。其所验也贵多，故博大；其收效也必恒，故悠久；其究极也，必道通为一，左右逢原，故高明"①。严复如此比照中西学术，贬斥中学，其目的在于学习西方，改造中学，使中学现代化，故他提出一系列在中国建立类似西学之学科的设想，认为中国虽无政治学、计学（经济学）、名学（逻辑学）、群学（社会学）等学科，但古代典籍中不乏与这些学科相关的内容，可在此基础上发展各学科。②

在接受西学的出发点上，刘师培是基于中学的。作为经学世家的传人，他的学术根基在于中国古典学术，他之交融中西，起点亦必由此。故而他的所谓"新学"（与其古典学术研究相对之称）虽时以中学比附西学，但最终目的仍在佐证中学。这方面例子颇多，这里仅举一例，如《论小学与社会学之关系》一文，开宗明义便说"西人社会之学，可以考中国造字之原"。③ 既然要用西学佐证中学，所以刘师培强调中西学相通之处，即同的一面，甚至有"西学古微"的倾向。所谓"西学古微"，是指清末对中西文化关系的一种流行说法，即认为西方科学、哲学、伦理等学术思想在中国古代都已存在。该说并不新鲜，与清初即已形成的"西学中源"说有类似之处。王仁俊辑编的《格致古微》集该说之大成。他用经史子集列目分卷，辑出在他看来与西学相近的古训语录，并在解释中将古训类同于西方科学、哲学、政治、风俗、礼仪等各科知识，如他解释"河出图、洛出书"，便说"此上古地图及地理书也"；解释"震为雷、离为电"，便说"此郑君言电学也"。④ 目前尚无证据可证刘师培受过这类著述的影响，但他的某些看法确有与此相近之处，如在《周末学术史序》中进行中西学比附时，便说："近世泰西巨儒倡明名学，析为二派，一曰归纳，一曰演绎。荀子著书，殆明斯意。归纳者，即荀子所谓大共

<hr>

① 严复：《救亡决论》，见王栻主编：《严复集》第 1 册，45 页。
② 参见严复《政治讲义》《译斯氏〈计学〉例言》《名学浅说》夹注、《原强》等的有关论述。
③ 刘师培：《论小学与社会学之关系》，见《刘申叔遗书》，1427 页。
④ 王仁俊述：《格致古微》卷一，光绪二十二年刻本。亦可参见李天纲：《基督教传教与晚清"西学东渐"——从〈万国公报〉看基督教在近代中国的传播》，见高瑞泉主编：《中国近代社会思潮》，448～515 页，上海，华东师范大学出版社，1996。

也……演绎者，即荀子所谓大别也"；"中国社会学见于大《易》《春秋》"；"古代学术以物理为始基，而数学发明始于黄帝"。① 在《伦理教科书》中，他先把西方伦理学观念分为五种，即对于己身、家族、社会、国家、万有之伦理，然后便指出，这些"与中国《大学》所言相合，《大学》言正心、诚意、修身即对于己身之伦理也，《大学》言齐家即对于家族之伦理也，《大学》言治国、平天下即对于社会、国家、万有之伦理也"②。这段话意在说明伦理学观念中国古已有之。类似例子，不胜枚举，限于篇幅，不再赘引。诚然，刘师培在对中西学术进行比附的过程中，所采用的方法是多样的，有学者将其析为平行类比与同构类比，平行类比即将中外相近的史实平行罗列，同构类比是以思想史为主要内容的类比，即从中西思想观念出发进行类比，以显现思想观念的共同性与普遍性。③ 但不管类比形式如何，其根本目的仍在于以西证中。多了西学这一新手段，对中学的理解与阐释便可较前人更加完备。

严复、刘师培之所以在吸纳西学、评判中西学术的角度上有所不同，与两人学术观上的差异密切相关。1895 年 2 月起，严复相继发表了《论世变之亟》《原强》《辟韩》《救亡决论》等文，并陆续翻译了《天演论》《群学肄言》《社会通诠》《穆勒名学》等西书，他的中西学术观大多体现在这些论文和译书里。在《救亡决论》中，他指出："驱夷之论，既为天之所废而不可行，则不容不通知外国事。欲通知外国事，自不容不以西学为要图。此理不明，丧心而已。救亡之道在此，自强之谋亦在此。早一日变计，早一日转机，若尚因循，行将无及。"④他是欲借西学以救国。他之所以力主通西学以救国，很大程度上是因看到中国政教"少是而多非"，中国学问也需待西学评判，"君等从事西学之后，平心察理，然后知中国从来政教之少是而多非。即吾圣人之精意微言，亦必既通西学之

① 刘师培：《周末学术史序》，见《刘申叔遗书》，506、514 页。
② 刘师培：《伦理教科书》，见《刘申叔遗书》，2026 页。
③ 李洪岩、仲伟民：《刘师培史学思想综论》，载《近代史研究》，1994(3)。
④ 严复：《救亡决论》，见王栻主编：《严复集》第 1 册，49～50 页。

后，以归求反观，而后有以窥其精微，而服其为不可易也"①。这段话表明，在政治层面上，中国之政教颇有不足，但在学术层面上，中国固有的学术文化却不能一概否定，其内部确有"不可易"的"精意微言"，只是这样的"精意微言"，需"通西学之后，以归求反观"，方能得之。可见在严复眼里，中学之价值，无法自我体现②，要靠通晓西学后"归求反观"，加深理解，才可"窥其精微"。③ 如此一来，西学自然成了评判中学的坐标。那么，他往往站在西学立场上把握中学，强调中西学相异之处，便也顺理成章了。

比之严复，刘师培的中西学术观有所不同。众所周知，刘师培是国粹派的中坚。国粹派的宗旨为"研究国学，保存国粹"④，且主张"古学复兴"，但对西学并不排斥，而是力主"会通"和"借西学证明中学"，这在《〈国粹学报〉发刊辞》和《〈国粹学报〉略例》中都有阐发，即"学术所以观会通也……海通以来，泰西学术输入中邦，震旦文明不绝一线，无识陋儒，或扬西抑中，视旧籍如苴土。夫天下之理，穷则必通，士生今日，不能借西学证明中学，而徒炫皙种之长，是犹有良田而不知辟，徒咎年凶；有甘泉而不知疏，徒虞山竭，有是理哉？……本报于泰西学术，其有新理精识足以证明中学者，皆从阐发。阅者因此，可通西国各种科学"⑤。有人推断《发刊辞》是刘师培所撰。⑥ 不管是否为刘师培所撰，作为刊物的《发刊辞》和《略例》，其所提出的观点至少代表了包括刘氏在内的主办人的主张。表面看来，在处理中西学关系的问题上，"借西学证明中学"的路径与严复的"归求反观"相近，都有以此加深对中国学术文化的理解、把握其精义的用意。但细细考究，便会发现，两者在

① 严复：《救亡决论》，见王栻主编：《严复集》第1册，49页。
② 这一点严复在《译〈天演论〉自序》中也曾指出过，他说："大抵古书难读，中国为尤。二千年来，士徇利禄，守阙残，无独辟之虑。是以生今日者，乃转于西学，得识古之用焉。"引自[英]赫胥黎：《天演论》，严复译，ix～x页，北京，商务印书馆，1981。
③ 刘桂生：《严复中西文化观前后期的一致性》，见《刘桂生学术文化随笔》，60～61页。
④ 《国学保存会简章》，载《国粹学报》，第13期，1906。
⑤ 《国粹学报发刊辞》《国粹学报略例》，载《国粹学报》，第1期，1905。
⑥ 参见方光华：《刘师培评传》，59页，南昌，百花洲文艺出版社，1996。

立足点上存在差异。在严复那里，中学之价值，要靠通晓西学后"归求反观"，才可"窥其精微"，于是西学成了评判中学的坐标。而在包括刘师培在内的国粹派学人心目中，"国学"（按：指先秦诸子学）与西学是相合的，刘师培即认为诸子之书与西书相类，"有学有术"①，不若后世之有学无术。但秦汉以降，"国学"变成"君学"，渐渐失去生命力，不复当年"有学有术"之光辉，所以才要倡导"古学复兴"②，像欧洲文艺复兴借复兴古希腊、古罗马文化开近代文明之先河一样，通过复兴先秦诸子学而重新振兴中国文化。正因强调的是中西学相合，所以刘师培更愿于中西学相通之处做文章，尽力把握双方"同"的一面，最终目的在"借西学证明中学"，西学不过是手段而已。

三

　　除吸纳西学、评判中西学术的角度不同外，在对西学的了解程度上，严复与刘师培也有差异。

　　读严复译书和论著，可知他已对西学有了系统地理解和体认。他曾把西学分为三个层次，第一层次为"数名力质"四学，治数学和名学，"以察不遁之理，必然之数也"，治力学和质学（化学），以审"因果功效之相生也"；第二层次为"天地人"三学，治此三学，"以尽事理之悠久博大与蕃变也"，并强调"三者之中，则人学为尤急切……人学者，群学入德之门也。人学又析而为二焉：曰生学，曰心学。生学者，论人类长养孳乳之大法也，心学者，言斯民知行感应之秘机也"；第三层次即最高层次为群学，"群学治，而后能修齐治平，用以持世保民以日进于郅治馨香之极盛也"。③ 以现代观念言之，这可谓严复心目中的西学谱系，

---

① 刘师培：《国学发微》，见《刘申叔遗书》，480 页。
② 中国人最早介绍欧洲文艺复兴的著作，即冠之以"古学复兴"的标题。
③ 严复：《原强》，见王栻主编：《严复集》第 1 册，6～7 页。

由自然科学而至于研究人自身的科学再进至群学。群学至高无上，是命脉之学，"唯群学明而后知治乱盛衰之故，而能有修齐治平之功"①。所以学习西学，最重要的是学好群学。严复对西学的这种认识框架，很明显是受了19世纪下半叶伟大科学运动的影响，主要是摄取了达尔文、穆勒、赫胥黎、斯宾塞等英国科学家、思想家著作中的养料而形成。②

比较而言，刘师培虽亦对西学有自己的体认，并也有自己吸纳西学的重点，即社会学、历史学、哲学为主，政治学、经济学、文学等其他学科次之，但这一学科组合相当粗疏，谈不上成体系地了解与接受西学。

读刘氏之书，可知他在论著中曾大量征引过西书，约略统计一下，至少有50部，其中学术著作不下30部。③在这些著作中，社会学方面斯宾塞的《社会学原理》《群学肄言》、岸本能武太的《社会学》、甄克思的《社会通诠》，哲学方面约翰·穆勒的《穆勒名学》，皆被他多次征引，反复用以说明中国学术上的若干问题。相对而言，政治学、经济学、文学著作虽也被引用过，但较少用以阐释与该学科相关的学理问题。之所以如此，只因刘师培吸纳西学的目的在于"借西学证明中学"，西学只是手段，故在论著里引用西书不能没有自己的侧重点。也就是说，既然吸纳西学最终是为了阐释中学，那么刘师培必然要从其固有知识结构和学术所长出发来做这一点。刘氏是经学世家传人，其学术基础首在经学，而通经必先通小学，故其"幼治小学"，又有良好的小学功底。前已言及，基于其小学修养，刘师培在小学与社会学互释方面做了不少工作。实际上，这些工作也可从历史学角度来看待，即所谓以字诠史，如通过对《说文》"禾部"诸字的研究，来分析古代财产和所有观念的产生；通过对"銕"（"'铁'字，古文作'銕'"）字的研究，"知铁器时代为文明渐进之时

---

① 严复：《原强修订稿》，见王栻主编：《严复集》第1册，18页。

② 参见刘桂生主编：《时代的错位与理论的选择——西方近代思潮与中国"五四"启蒙思想》，75～76页。

③ 参见李帆：《刘师培与中西学术——以其中西交融之学和学术史研究为核心》，83～88页。

代矣";通过对"姓"字的研究,揭示"上古之民知有母不知有父,故所生之子即以母族为姓",以此论证母系社会的存在。[①] 类似例证很多,皆与其以小学证社会学之理的成果重合。至于哲学,其基本原理和其分支"名学"为刘师培所关注,盖因刘所受之经学熏陶和学术训练使他看重义理和"正名"。扬州学者如汪中、焦循、阮元等人除重经学考证外,又能兼顾义理,这对刘师培有较大影响,他之"正名"之学亦是探"理"之学。在具体做法上,往往是将名学与汉学训诂结合起来以"循名责实",即通过逻辑学与小学的结合来探究学理。相对来说,西方政治学、经济学、文学与他作为国学大师所擅之学距离远些,这些学科便不为他看重。很明显,对刘师培而言,吸纳西学是为我所用,至于所了解的西学是否全面系统,并非他所在意,这是他与作为翻译大师的严复的最大差异。

刘师培与严复在理解西学上的差异还可举出一例。刘氏虽对社会学(群学)十分看重并有一定认识,但并非像严复那样将其视为有"修齐治平"功效的科学,而只是将其进化理论作为指导思想并使其与中国传统小学互释以改造小学。从称呼的不同也许能看出这种差异之端倪。严复将 Sociology 译为群学,给人以统摄众学之感[②];刘师培以及章太炎等人在多数场合下称其为社会学,未赋予其特殊意义,而且刘师培还曾说过:"Sociology 迻以汉字,则为社会学,与 Humanism 之为群学者,所述略符。"[③] Humanism 汉译应为人文学,人文学包含广阔,将其理解为群学,似也不差,但说其与社会学"所述略符"则系误解。刘氏本不通英文,有此误解不足为怪,但至少从中可看出他对 Sociology 一词的用法与严复有些差异。

由此可见,在吸纳西学乃至在交融中西之学方面,严、刘二人相较,自然是严复占上风,是他启示了刘师培对西学的接纳以及运用西学

---

① 刘师培:《论小学与社会学之关系》,见《刘申叔遗书》,1430～1431、1438 页。
② 严复确有以群学统领众学之意,曾说:"以群学为之纲,而所以为之目者,有教化学,有法学,有国计学,有政治学,有宗教学,有言语学。"引自严复:《国计学甲部(残稿)》,见王栻主编:《严复集》第 4 册,847 页。
③ 刘师培:《论中土文字有益于世界》,见《刘申叔遗书》,1439 页。

"证明中学"。不过也要看到刘师培尚未做到融会贯通的中西学交融之意义所在。刘氏毕竟是国学大师，他之交融中西固受严复影响，但也是因对严文持论感"犹有未尽"而欲弥补之，相应来说是发挥了自己的长处，即以己之中学补严复中学之不足，使中西交融更坚实地立足于中国古典学术的基石之上。另外，还值得一提的是，严复是当时寥寥无几的翻译大师之一，他的教育背景和对西学的理解程度几乎无人能及，所以很难具有普遍意义。而刘师培对西学较严复为浅的理解，却恰好代表了当时多数士子接受西学的程度，因他们与刘氏一样，既不通外文，又受过多年中国旧式教育，有共通的知识基础，尽管在具体知识领域内每个人各有短长，但明显具有共性。在中国古典学术逐步与西学融合从而迈向现代形态的过程中，刘师培等人看似简单、肤浅的中西学比附因而更具中国色彩和较易为人接受，可能恰恰发挥了更重要的作用。当然，严复会通中西学术以及建立现代新学科的设想也极有意义，两者的结合无疑促进了中国古典学术向现代学术分科体系的转化。

刘师培对拉克伯里等学说的
接受与阐发

　　近年来，从民族、国家认同角度对中国近代民族主义的研究，受到学术界较为普遍的关注，出现一系列相关论著。① 这些论著或宏观、或微观，从各自视角考察、分析了这一重要的历史课题。但时至今日，很难说研究状况令人十分满意，至少在个案研究方面还存在不少缺失，致使研究的深度受到一些影响。有鉴于此，本文拟通过探讨刘师培对"中国人种、文明西来说"的接受与阐发，从个案入手完善这一课题的研究。②

---

　　① 较近（2003 年）的研究主要有 Frank Dikötter，*The Discourse of Race in Modern China*，First Published in the United Kingdom by C. Hurst & Co. Ltd. London，1992；Prasenjit Duara，*Rescuing History from the Nation*：*Questioning Narratives of Modern China*，Chicago，University of Chicago Press，1995.（中译本为［美］杜赞奇：《从民族国家拯救历史：民族主义话语与中国现代史研究》，王宪明译，北京，社会科学文献出版社，2003）；复旦大学历史学系、复旦大学中外现代化进程研究中心编：《近代中国的国家形象与国家认同》(上海，上海古籍出版社，2003)；孙隆基：《清季民族主义与皇帝崇拜之发明》(《历史研究》，2000 年第 3 期)；黄兴涛：《"中华民族"观念萌生与形成的历史考察——兼论辛亥革命与中华民族认同之关系》、［法］巴斯蒂：《辛亥革命与 20 世纪中国的民族国家》、许小青：《1903 年前后新式知识分子的主权意识与民族国家认同》、［日］石川祯浩：《辛亥革命时期的种族主义与中国人类学的兴起》(此四文均载于中国史学会编：《辛亥革命与二十世纪的中国》中，中央文献出版社，2002)；等等。

　　② 对刘师培的中国人种、文明自西而来的主张，美国学者马丁・伯纳尔曾做过一些初步探讨，但并不完善，尚需解决的问题颇多。参见 Martin Bernal，"Liu Shih-p'ei and National Essence，" in Charlotte Furth ed.，*The Limits of Change*：*Essays on Conservative Alternatives in Republican China*，Cambridge，Harvard University Press，1976。

一

清末，尤其是 19 世纪与 20 世纪交替之际，对于中国人种和文明的起源问题，东西方学者曾做出种种考释，提出种种说法。有主张来自巴比伦的（拉克伯里），有主张来自亚洲南方的（海概〔盖〕尔），有主张来自亚洲北方的（觯督禄弗儿），有主张来自亚洲东方的（冈本监辅），有主张由美洲迁入的（赫胥黎），有主张来自埃及的（岱乌士、户水宽人、币原坦、霓川），也有主张来自帕米尔—昆仑山的（有贺长雄、儿岛昌定），还有主张独自发生的（特孟亚、爱米阿、部来墨尔）。众说纷纭中，最能博得中国知识界赞赏和信从的，则是巴比伦和帕米尔—昆仑山两种西来说。①

巴比伦说的发明者是法国汉学家拉克伯里（Terrien de Lacouperie）。他力主两河流域的古巴比伦是世界文明发源地，中国人种和文明都由此而来。该说经日本传入中国，得到部分知识分子的赞同。章太炎是信奉并积极为之推波助澜者。在《訄书·序种姓》中，他指出：“方夏之族，自科派利（按：指拉克伯里）考见石刻，订其出于加尔特亚（按：指巴比伦之地）；东逾葱岭，与九黎、三苗战，始自大皞；至禹然后得其志。征之六艺传记，盖近密合矣。其后人文盛，自为一族，与加尔特亚渐别。”②他且运用自身擅长的文字音韵之学和古史修养，寻求一系列佐证进一步论证此说。与章太炎同调而相互支持者为蒋智由、宋教仁③等人。

帕米尔—昆仑山说的倡导者是有贺长雄、儿岛昌定等日本学者，得到梁启超等人的呼应。1901 年，梁氏在《中国史叙论》中指出：“黄帝起

---

① 唐文权、罗福惠：《章太炎思想研究》，53 页。
② 章炳麟：《序种姓》，见《訄书（初刻本　重订本）》，朱维铮编校，173 页。
③ 有学者认为，宋教仁并不完全认同拉克伯里之说，但也不拒绝这种观点。〔美〕普莱斯：《宋教仁与民族认同意识》，见中国史学会编：《辛亥革命与 20 世纪的中国》中，1037 页。

于昆仑之墟，即自帕米尔高原，东行而入于中国，栖于黄河沿岸，次第蕃殖于四方。"①此说盛行不衰，1915 年袁世凯政权制定国歌时，还取此说，歌词曰"华胄从来昆仑巅"。

这些在今天看来似乎并不科学的说法之所以能在当时风行，固然是由于中外学者出自不同目的大力宣扬的结果，但最根本的因素还在于当时的时代特性。一方面，学术上，正值中国古典学术开始向现代化转型之际，融入国际学术潮流是不少学者努力的目标，而这些打着人类学、人种学、民族学、考古学旗号对中国历史文明所做出的独特解释，是西方和日本学者的所谓"前沿"学术成果，它以不同于中国固有学术的"科学"面目出现，恰与中国知识界寻求国际认同的期望相符，从而令得人们趋之若鹜；另一方面，政治上，此时正是甲午中日战争后失败主义情绪笼罩国人之际，同时也是急需走出满族贵族专制统治、建立现代民族国家以与列强抗衡之时，所以对知识界而言，最关键的是要树起民族主义旗帜，既以此激发民众，又以此助益现代民族国家的建立，而中国人种、文明西来说恰能满足这方面的需求，故易被广泛接受。总之，这一说法能在当时行世，其来有自，绝非偶然。

二

在清末倡导中国人种、文明西来的学者中，刘师培的议论较为引人注目，他与章太炎相呼应，其主张某种程度上代表了国粹派知识分子在这一问题上的看法。

从 1903 年到 1906 年，刘师培在《中国民族志》《攘书》《论中国对外思想之变迁》《思祖国篇》《古政原始论》《论孔子无改制之事》《中国历史教

---

① 梁启超：《中国史叙论》，见《饮冰室合集》第 1 册文集之六，6 页。值得注意的是，梁启超后来对巴比伦说也不反对。1904 年，他在论及新发现的甲骨文时，便说："如最近发见龟甲文字，可为我族民与巴比伦同祖之一证，孰谓其玩物丧志也耶？"引自梁启超《论中国学术思想变迁之大势》，见《饮冰室合集》第 1 册文集之七，103 页。

科书》等论著中皆征引和阐发了"中国人种、文明西来说"。他的主张有
一扩展过程，从认同帕米尔—昆仑山说到信从巴比伦说。在 1903 年发
表的《中国民族志》《攘书》中，他认为"世界人种之开化，皆始于帕米尔
高原，故汉族初兴，亦大抵由西方迁入"[①]。"汉族初兴，肇基西土。而
昆仑峨峨（昆仑即帕米尔高原……），实为巴科民族所发迹（西书称中国
民族为巴科族，即盘古一音之转，古盘字读若般，如公输般或作盘之
类，巴般之音尤近）。"[②]在 1905 年至 1906 年发表的《古政原始论》《论孔
子无改制之事》《中国历史教科书》等著作中，他又进而提倡巴比伦说，
认为："神州民族，兴于迦克底亚。《史记·封禅书》曰'泰帝兴，神鼎
一'，《淮南子》曰'泰古二皇，得道之柄'。泰帝泰古者，即迦克底之转
音也。厥后逾越昆仑，经过大夏，自西徂东，以卜宅神州之沃壤，晳种
人民称为巴枯逊族。巴枯逊者，盘古之转音，亦即百姓之转音也。"[③]
"西人之称汉族也，称为巴枯民族，而中国古籍亦以盘古为创世之君。
盘古为巴枯一音之转。盖盘古为中国首出之君，即以种名为君名
耳。……谓：巴克即百姓，黄帝即巴克民族之酋长，神农即巴庇伦之莎
公，仓颉即但克，巴克本该地首府之名。又谓：学术、技术、文字、文
学，中国当上古时，无不与巴庇伦迦克底亚相同。所引者共数十事，今
不具引，其确否亦不得而定。然拉氏为法国考古大家，则所言必非无
据，按以中国古籍，亦多相合，而人种西来之说，确证尤多。"[④]从这些
论述来看，刘师培在认同国外学者关于中国人种、文明自西而来的说法
的同时，运用自己所擅长的文字音韵学和中国典籍中的某些记载对之加
以印证，从而使得该主张更具说服力。当然，刘师培对这一问题的认识
有一深入过程，他虽以"盘古"之转音"巴科""巴枯逊""巴枯"作为西来说

---

① 刘师培：《中国民族志》，见《刘申叔遗书》，603 页。按，刘师培在论述中国人种西来
问题时，往往以"汉族""神州民族""华夏族"等词汇指称中国人种。

② 刘师培：《攘书·华夏篇》，见《刘申叔遗书》，631 页。

③ 刘师培：《古政原始论》，见《刘申叔遗书》，664 页。

④ 刘师培：《中国历史教科书》，见《刘申叔遗书》，2178 页。按，刘师培这段议论，基
本源自蒋智由《中国人种考》里"中国人种西来之说"一节的有关论述，参见观云（蒋智由）：《中
国人种考》。

的基本论据，但显然这西来之处有帕米尔—昆仑山与巴比伦之别，而其最终认可巴比伦说，则是因服膺拉克伯里学说所致。

拉克伯里认为，公元前 23 世纪左右，原居西亚巴比伦及爱雷姆（Elam）一带已有高度文明之迦克底亚-巴克民族（Bak tribes），在其酋长奈亨台（Kudur Nakhunti）率领下大举东迁，自土耳其斯坦，循喀什噶尔，沿塔里木河以达昆仑山脉，辗转入今甘肃、陕西一带，又经长期征战，征服附近原有的野蛮土著部落，势力深入黄河流域，遂于此建国。酋长奈亨台即中国古史传说中的黄帝；巴克本为首府及都邑之名，西亚东迁民族用之以为自身之称号，即中国古籍所言之"百姓"；昆仑即"花国"，因其地丰饶，西亚东迁民族到达后便以"花国"命名之，所以中国称"中华"。为了证明自己的论点，他还举出大量中国早期文明相似于巴比伦文明的实例，涉及科学、艺术、文字、文学、政治制度、宗教、历史传统和传说等领域，认为这表示中国文明是巴比伦文明的派生物。[①]

拉克伯里的论著大多在 19 世纪 80 年代发表，不久传至日本，1900年，白河次郎、国府种德合作出版的著作曾引用他大部分的理论（该著作于 1903 年被上海竞化书局译为中文出版），尤其详细征引了他关于中国早期文明相似于巴比伦文明的大量实例，以为确证。中国学者也注意到了他的这一学说，1903 年至 1905 年，蒋智由在《新民丛报》上连载《中国人种考》，用了相当的篇幅，介绍他的理论。实际上，前引刘师培关于中国人种、文明西来的各种议论，基本取材于白河次郎、国府种德和蒋智由的著作，而他们的主张又都源自拉克伯里。尤其值得注意的是，刘师培还将拉克伯里此说写入《中国历史教科书》。由于教科书的特殊性质，此说得以在社会流传，影响较大。尽管刘师培以及章太炎等人自 1907 年后放弃此说，但直到 20 世纪 30 年代，有的学校教科书仍将此说奉为定论。

---

① Terrien De Lacouperie, *Western Origin of the Early Chinese Civilization from* 2300 *B. C. to* 200 *A. D.*, Reprint of the edition 1894, Osnabrück, Otto Zeller 1966. pp. 4-25；*The Languages of China before the Chinese*, London 1887，Reprinted by Ch'eng-wen Publishing Company，Taipei 1966，pp. 9-13.

三

众所周知，所谓中国人种、文明西来之说，并非拉克伯里所创，而是来自欧洲 19 世纪人类文明源于一的观念。尽管这种观念非所有学者所赞同，但却得到部分考古、人类学家的支持，以科学面目出现。① 在中国，出于传教需要，一些传教士很早便利用此观念宣扬中国人种西来说，如在 1875 年 6 月 5 日出版的《万国公报》上，刊登了署名"济南牧师"的《盘古氏论》，该文用牵强附会的考证方法，在中国远古神话中寻找耶稣基督的神迹，指认《尚书》所记"盘古开天地说"与《圣经》"创世说"同源，上帝的后人"生育众多，分散到四方大洲大岛，各居各地，成为邦国。……向来不知中华之盛民当列在何名之下，今案考对证东西书籍便得实凭据，能把此枝接在老根上"②。在刘师培曾引用过的韦廉臣所著《古教汇参》一书中，也有这样的话："该隐子孙渐离故土，一支东迁，为蚩尤及三苗之祖。……挪亚之后由北而东，居于中国，则汉族与苗族为二族明矣。"③ 如此一来，中国文化就成了基督教文化的衍流。很明显，就对中国民众传播基督福音而言，这种观点是颇为有利的。

当然，拉克伯里揭倡中国人种、文明西来说，与先于他的这些传教士的出发点有很大差异。拉氏从小生活在香港，接受过中国经籍的教育，推崇中国文化，但同时又轻视中国人民，这种心态正代表当时西方人中间普遍存在着的矛盾心理。为了解决这种矛盾，他建立了一个假说：中国文化本为外来，后为"极端保守又不进步"的中国人保存至

---

① 参见王会昌：《古典文明的摇篮与墓地》，11 页，武汉，华中师范大学出版社，1997。

② 转引自李天纲：《基督教传教与晚清"西学东渐"——从〈万国公报〉看基督教在近代中国的传播》，见高瑞泉主编：《中国近代社会思潮》，502～503 页。

③ 刘师培：《攘书·苗黎篇》，见《刘申叔遗书》，633 页。

今。[①] 在 19 世纪那种特定的时代、学术氛围下，拉克伯里创此假说并不奇怪，但此说来到东方后，却能被一批谙熟中国经籍与传统的学者所接受，倒是值得深入思考的问题。这些学者能接受这种学说，固然存在吸纳西学步入误区的因素，即在当时"史学革命"的大潮中，对西学饥不择食，尽量运用西方观念附上中国史料以推倒中国旧史学。不过对刘师培、章太炎这样被誉为"国学大师"的国粹派知名学者而言，问题恐不这样简单，他们接受此说的主要因素应在于现实政治的需要和学理上的依据。

从现实政治的角度看，甲午中日战争后，整个中国都笼罩在失败主义的阴影之下，"天朝上国"纸冕落地，"东亚病夫"嘲讽弥天。对于学者来说，此时拿出一些史实论证华夏民族与西方民族同属优等，以驳斥白优黄劣的论调，实属用心良苦的自安自慰。人类文明源于一并起源于巴比伦的观念，以及中国人种、文明自巴比伦而来的说法，恰给他们提供了理论上的支持。他们所要阐述的是：巴比伦文明东下亚细亚，西入欧罗巴，东向者形成东方人种和东方文明，西向者形成西方人种和西方文明，纵有黄白之异，绝无贵贱之分，即"如欧、美者，则越海而皆为中国。其与吾华夏，黄白之异，而皆为有德慧术知之氓"[②]。

具体到刘师培、章太炎这样的国粹派学者，其政治诉求则非仅限于黄白种族平等。因他们都是激进的民族主义者，力主在中国推翻清朝统治、建立汉族统治的国家。在他们那里，"排满兴汉"是第一位的政治理想，故多强调中国（汉族）文明的独特性与优越性。但他们却能接受汉族和中国文明西来的观点，从表面看，有点不可思议，实则这正与他们的政治目标相符。因为在他们眼里，所谓中国人种实即为汉族，汉族是世界上的优秀民族，与欧洲民族没什么本质差别。汉族西来说恰好证明他们的想法，说明汉族同样富有欧洲民族的"种姓"，完全有能力在种族生

① Martin Bernal，"Liu Shih-p'ei and National Essence，"，in Charlotte Furth ed，*The Limits of Change：Essays on Conservative Alternatives in Republican China*.

② 章炳麟：《原人》，见《訄书（初刻本　重印本）》，朱维铮编校，22 页。

存竞争中取得胜利。不仅如此，拉克伯里的一些具体观点也为他们提供了这方面的论据。拉克伯里认为，黄帝率巴克民族进入中国后，击败了蚩尤，蚩尤部落的部分人逃往南方，成为后来的苗族，其余的就成了征服者的奴隶。中国古籍中的"百姓"即指的是巴克族的征服者，"黎民"则指黑发或黑肤的原始居民。[①] 巴克族的征服者演变为华夏族、汉族，成为中国的主体民族。当然，拉克伯里主汉族西来说，本意上并不想论证汉族拥有与欧洲民族同样的"种姓"，但客观上却被近代中国的民族主义者用之为此方面的论据，这恐怕是他始料不及的。此外，为了论证汉族"种姓"的高贵，刘师培不仅吸纳拉克伯里之论，还曾借鉴古希腊和古印度的种姓等级制度，他说："昔希腊区国人为三级，印度别国人为四类，而震旦上古之初，亦各以种类区贵贱。试观《尧典》一书，有所谓亲九族者，有所谓平章百姓者，有所谓黎民于变时雍者，百姓、黎民何以区之为二级？刘光汉曰：百姓者，汉族之民，乃贵族及公民也（九族即皇族）；黎民者，异族之民，乃贱民及奴隶也。"[②]并把历史上的强盛归功于"百姓"，衰弱归咎于"黎民"。这种观点具有强烈的种族民族主义色彩，显然是服务于当时申言"夷夏大防"、视满族为异种这一"排满"斗争的需要的。可见，对于立志"排满兴汉"的国粹派民族主义者而言，吸取拉克伯里之说以及相关学说，是有着他们特殊的政治关怀的。

四

在清末，国粹派不光是个政治上的革命派别，更主要的是个学术、思想流派，该派知识分子既有自己的民族主义政治目标，更有自己的学术理念。所以，他们思考问题的出发点，不同于那些纯粹的政治人士，在虑及政治理想的同时，离不开自身的学术理念。作为国粹派的代表，

---

① *Babylonian and Oriental Record* 5，1891，pp. 257-264.

② 刘师培：《攘书·苗黎篇》，见《刘申叔遗书》，633页。

刘师培自然也是如此，他接受拉克伯里之说，不仅出于政治上的民族主义立场，而且基于学理上的依据。

就学术立场而言，国粹派的宗旨为"研究国学，保存国粹"①，且主张"古学复兴"，但对西学并不排斥，而是力主"会通"和"借西学证明中学"。这在《〈国粹学报〉发刊辞》和《〈国粹学报〉略例》中都有阐发，即："学术所以观会通也……海通以来，泰西学术输入中邦，震旦文明不绝一线，无识陋儒，或扬西抑中，视旧籍如苴土。夫天下之理，穷则必通，士生今日，不能借西学证明中学，而徒炫皙种之长，是犹有良田而不知辟，徒咎年凶；有甘泉而不知疏，徒虞山竭，有是理哉？""本报于泰西学术，其有新理精识足以证明中学者，皆从阐发。阅者因此，可通西国各种科学。"②有人推断《发刊辞》是刘师培所撰。③ 不管是否为刘师培所撰，作为刊物的《发刊辞》和《略例》，其所提出的观点至少代表了包括刘氏在内的主办人的主张。

这种既要"研究国学，保存国粹"，又要"借西学证明中学"的主张，表明国粹派知识分子既想守护中国国粹，维护民族文化特性；又深知在当时西风东渐的世界潮流之下，原封不动地固守下去无济于事，只有"借西学证明中学"，才会使国粹获得一种相对普遍的价值而延续下去。刘师培等人能接受拉克伯里之说的逻辑依据和学理依据正在此。一方面，拉克伯里之说是通过尊重和信任中国古典经籍的途径来实现的，合于国粹派学者"研究国学，保存国粹"的初衷。拉克伯里在著作中大量征引《尚书》《诗经》《山海经》等中国古典经籍，依赖这些经籍证明己说，而非仅是考察巴比伦文化的遗存。这种做法，相符于国粹派"保存国粹"的目标，对刘师培等人颇具吸引力。所以，刘师培、章太炎不仅接受拉氏之说，而且以自己深厚的国学素养，为该说补充古史资料和文字音韵学方面的旁证材料；另一方面，拉克伯里对这些古典经籍所给予的具有西

---

① 《国学保存会简章》。

② 《国粹学报发刊辞》《国粹学报略例》。

③ 参见方光华：《刘师培评传》，59 页。

方科学性的肯定意义以及他对中国制度、思想自古与西方相合的认可，为中国国粹的国际认同铺平了道路。拉克伯里所引用的古典经籍，不少被今文经学家斥之为"无稽"，而他相信这些文献，在号称是"科学"的研究中大胆使用。在中国学者眼里，这无疑是给了这些古典经籍来自西方的科学性肯定，而且站到了康有为"上古茫昧无稽考"之说的对立面。[①]不仅如此，他还反对今文经学家强调孔子地位的态度，同意古文经学家对孔子的基本估计。[②] 这些自然对属古文经学家阵营、从中学出发吸纳西学的刘师培、章太炎颇具鼓舞作用，使他们将拉氏视为同道，并通过征引其说进一步强化自己的学术立场。另外，承认拉克伯里中国人种和文明自西方迁入，中国制度、思想自古与西方相合的说法，也为他们所倡导的东西方历史类比提供了可行性基础，为学术上的中西互释奠定了基石，同时亦为中国国粹的国际认同铺平了道路。

由此可见，承认中国人种、文明自西而来，实际上反映出以刘师培为代表的国粹派知识分子的一种两全心态——保持民族特性的同时获得国际认同。

众所周知，刘师培等人信奉中国人种、文明西来说的时间并不长，数年后便纷纷放弃了。之所以如此，固然有政治方面的考量，如把黄帝描写成自西而来中华战胜当地居民的哥伦布式的人物，会不自觉地为当时西方列强行为提供现成的借口，因为按照推理，既然汉族在远古取代苗族等世居民族为"天演"公理，那么汉族以往被满族入主及在后被更文明的白种所取代，岂不合理？一旦察觉到这一点，西来说自是不能再多提了。

从主观意图看，国粹派知识分子力图通过主张中国人种、文明西来说，求得既保持民族特性又获得国际认同的两全境界，而在现实中，这种两全的愿望恰恰带来了两难困境。因在民族主义与国际认同之间，存

---

① 康有为在其倡今文经学的代表性著作《孔子改制考》中，认为"上古茫昧无稽考"，引发广泛争论。参见《孔子改制考》卷一，见姜义华、张荣华编校：《康有为全集》第3集，2～9页。

② Martin Bernal，*Liu Shih-p'ei and National Essence*.

在着显而易见的紧张关系，不易两全。把保存国粹放在首位，势必强调民族特性；而追根溯源之后，又说"国粹"来自西方，自古便与西方相合，普遍性的诉求则又占了上风，民族本位丧失掉了。这实际上形成一个悖论，进入两难困境。所以自 1907 年后，刘师培等人放弃中国人种、文明西来之说，不仅因为他们逐渐认识到此说在学理上欠通，更主要的就在于他们无力从这种困境中解脱出来。甚至可以说，这象征着一批知识分子在当时的国际语境中寻求中国形象新定位的努力未获成功。

总之，对刘师培等人倡导中国人种、文明西来说不能简单界定，或仅从历史学、社会学、人类学、民族学、考古学等学术研究的角度寻求答案。① 因为这不是个纯粹的学术问题，而是关涉清末之时国家、民族认同，政治、学术牵缠的大问题，体现着一代知识分子的现实关怀。故而应从多重视角加以分析，以求有所突破。

---

① 已有学者从不同学科角度对中国人种、文明西来说做了评论，如缪凤林：《中国民族西来辨》(《学衡》，第 37 期，1925)、刘盼遂：《中华人种西来新证》(《刘盼遂文集》，699～700页)等论著。

再论刘师培对拉克伯里等
学说的接受与阐发

　　清季，中国人种和文明的起源问题，受到政、学两界的共同关注。其中，著名学者、思想家刘师培对这一问题的关注尤为引人注目。由于这种关注涉及当时民族认同和民族主义勃兴的大问题，对政治、学术乃至中华民族心理的塑造都产生一定影响，所以在当今学术界受到关注，出现了一些相关成果，笔者也曾有文予以探讨。不过就研究现状而言，不少问题仍有深入研讨的余地，如"中国人种、文明西来说"与刘师培所执民族（种族）①观念的关系，与刘氏中西知识素养的关联等问题，即有进一步申说的必要。由此出发，在以往研究基础上，在这里再度进行探讨。

一

　　从大的背景来看，"中国人种、文明西来说"是在清末特殊的历史环境下进入中国学者视野的，一方面，是《马关条约》《辛丑条约》等为标志的达于顶点的民族危机；另一方面，是戊戌维新失败后人们对清政权的极度失望。在内外民族矛盾交集的这一危亡之际，竖起民族主义旗帜，

---

　　①　人种问题当然牵涉到种族问题，但清末学者的论著多以"民族"一词立论，所以本文所用词汇也基本为"民族"。还需指出的是，英文"nation"一词通常译作"民族"，但"民族"一词，在汉语中颇多歧义，往往包含种族、族群等不同层面的含义，故而目前有学者以"国族"译"nation"。

张扬民族主义，显然成为走出满族贵族专制统治、建立现代民族国家以与列强抗衡的时代需求，而"中国人种、文明西来说"无论在政治上还是在学术上，都能于此有所助益，这是刘师培之所以接受该说的基本前提。

众所周知，当时的刘师培既为国粹派学者，也是激进的民族主义者、革命派知识分子，在他的政治主张里，"排满兴汉"，即在中国推翻清朝统治，建立汉族统治的国家，始终处在首位，其次才是追求黄白种族平等，反对帝国主义的侵略。这一政治主张，有相应的民族国家观念在支撑。清末，中国知识分子的民族国家理论建构，其思想资源大体皆来自西方，革命派知识分子也不例外。近代民族主义发生于欧洲，单一民族国家也集中于欧洲，故国家与民族应融为一体的观念亦产生于欧洲。德意志民族主义的先驱赫尔德说："最自然的国家，莫过于具有一种民族特点的一个民族。……把一百个民族硬捏在一起并由一百五十个省份组成的帝国，决不是个政体，而是个怪物。"[1]这样的主张，在欧洲影响其大，而且在实践中一再成功。由此可见，西方近代民族国家思想的核心是国家由民族组成，一民族一国家。这一思想，在 20 世纪初的中国开始流传，对革命派知识分子产生较大影响。1903 年，《浙江潮》发表的《民族主义论》说得很直接："合同种异异种，以建一民族的国家，是曰民族主义"，并主张"非民族的国家不得谓之国"。[2] 换言之，民族国家只能由单一民族组成。革命派知识分子此时正在痛斥清朝民族压迫，为"排满"革命寻求各种资源，西方"一民族一国家"的民族理论的传播，恰好为他们的革命行动提供了理论依据。两相结合，一个重要问题就被提了出来并引起各方关注，这就是"满族是否属中国人"或"满族是否属中国民族"的问题，因为这关系到民族国家的建构是否包括满族人在内，是"合满建国"还是"排满建国"，该问题直接决定了民族国家建构的不同道路。对于力主"排满建国"的革命派知识分子来说，所认同并欲

---

① 转引自王缉思：《民族与民族主义》，载《欧洲》，1993(5)。
② 余一：《民族主义论》，载《浙江潮》，1903(1)。

建立的自然是单一的汉民族国家。为此，他们从种族、历史等各方面论证出"满族异族论"来，认为："今所谓朝廷者，乃鞑靼之种，其部属于满洲长白山之下，在万里长城之外，本与我中国黄帝子孙不同种族者也。"①这样，他们心目中的满族人不是中国人。这种论调，在刘师培那里同样存在。

刘师培曾在一系列论著中阐发他的民族观念，极力为汉族张目。他认为："民族者，国民特立之性质也。凡一民族，不得不溯其起原。为吾四百兆汉种之鼻祖者谁乎？是为黄帝轩辕氏。是则黄帝者，乃制造文明之第一人，而开四千年之化者也。"②并提倡改用黄帝纪年，以唤起同胞的民族自觉。为了证明汉族始终优于少数民族，他列举大量例证，阐发汉族在历史上一直处在文明发展的较高阶段，而"夷狄殊俗，进化尤迟"，居不毛之乡，毛衣肉食，射猎为生，经济文化远较汉族落后。历史上少数民族入主中原，总对汉文明造成破坏，特别是满族入关，给汉族文明带来巨大损失，使得中国在与世界各国竞争中一再落败，甚至说"西人之内侵，皆满族有以启之也"。③ 这样的说法，无非是要贬低满族，从而给"排满兴汉"提供更多的佐证。为了论证"排满建国"的合理性，刘师培经过多方考索，力证满族不属中国，为此专门发表《辨满人非中国之臣民》一文，来驳斥梁启超"合满建国"的主张，文中言："满、汉二民族，当满族宅夏以前，不独非同种之人，亦且非同国之人，遗书具在，固可按也。"当然，他也深知满族统治者与普通满人的区别，所以强调"排满"是为夺取政权，即"今日之排满，在于排满人统治权。民族主义即与抵抗强权主义互相表里，固与前儒中外华夷之辨不同也。使统治之权不操于满族之手，则满人虽杂处中国，亦无所用其驱除"④。也就是说，他所努力奋争的是推翻清朝统治，建立汉族统治的国家。所

---

① 太平洋客（欧榘甲）：《新广东》，见张枬、王忍之编：《辛亥革命前十年间时论选集第一卷》上册，273 页，北京，生活·读书·新知三联书店，1977。

② 无畏（刘师培）：《黄帝纪年说》，见《刘申叔遗书》，1662 页。

③ 刘师培：《中国民族志》，见《刘申叔遗书》，625 页。

④ 韦裔（刘师培）：《辨满人非中国之臣民》，载《民报》，第 14、15、18 号，1907。

以，他将民族主义解释为"排外"思想，强调实行民族主义的目的就是"以汉族为主，而以他族为客"①，维护汉族的主体地位和统治地位。由此可见，在民族国家认同上，他所认同的是汉民族国家。这样的认识，与他的民族建国理念密不可分，他曾专门论述道："凡一族之人民，必有特立之性质。……合数国而同一种族，则数国可并为一国（如德意志联邦是）；合数种族而为一国，则一国必分为数国（如土耳其各小国）。"②从此即可看出，西方的"一民族一国家"观念对他是颇有影响的。

对于刘师培这样的学者革命家，政治行动的学理依据相当关键，西方"一民族一国家"的近代民族观念为其"排满建国"理想提供了理论支撑，而拉克伯里"中国人种、文明西来说"则恰逢其时，为其提供了史实上的支持。拉克伯里认为，黄帝率巴克民族进入中国后，击败了蚩尤，蚩尤部落的居民部分逃往南方，成为后来的苗族，其余的就成了征服者的奴隶。中国古籍中的"百姓"即指的是巴克族的征服者，"黎民"则指黑发或黑肤的当地居民。③巴克族的征服者演变为华夏族、汉族，成为中国的主体民族，而且拥有源于巴比伦的高于四夷的文明。所以，拉氏所谓"中国人种"西来，实际上就是指的汉族西来。如此说法，当然凸显了汉族自古以来作为征服者的主体地位，而在刘师培这样的接受者眼里，不啻是说汉族向来高贵，应该成为统治者，从而为革命派实现"排满建国"理想、建立汉民族国家提供了史实佐证。以是之故，刘师培不仅全盘认同拉克伯里之说，还曾专门借鉴古希腊和古印度的种姓等级制度，来论证汉族"种姓"的高贵，他说："昔希腊区国人为三级，印度别国人为四类，而震旦上古之初，亦各以种类区贵贱。试观《尧典》一书，有所谓亲九族者，有所谓平章百姓者，有所谓黎民于变时雍者，百姓、黎民何以区之为二级？刘光汉曰：百姓者，汉族之民，乃贵族及公民也（九族即皇族）；黎民者，异族之民，乃贱民及奴隶也。"④并把历史上的强

---

① 刘师培：《中国民族志》，见《刘申叔遗书》，601 页。
② 刘师培：《中国民族志》，见《刘申叔遗书》，623 页。
③ *Babylonian and Oriental Record* 5，1891，pp. 257-264.
④ 刘师培：《攘书·苗黎篇》，见《刘申叔遗书》，633 页。

盛归功于"百姓"，衰弱归咎于"黎民"。很显然，这种论调具有强烈的种族民族主义色彩，是服务于当时视满族为异种族这一"排满"斗争的需要的。

还需一提的是，强调汉族"种姓"高贵，也与刘师培对社会进化论的服膺相关联。在民族危机达到顶点的清末，社会进化论风靡思想界，成为进步知识分子信奉的对象，刘师培也不例外，甚至将之引为从事民族革命的理论基础之一。他说："今太西哲学大家创为天择物竞之说。物竞者，物争自存也；天择者，存其宜种也。种族既殊，竞争自起，其争而独存者，必种之最宜者也。中国当蛮族入主之时，夷族劣而汉族优，故有亡国而无亡种。当西人东渐之后，亚种劣而欧种优，故忧亡国更忧亡种。"[①]所以，强调汉族西来、"种姓"高贵，具有对内、对外双重意义。对内以"夷族劣而汉族优"为借口，以"物竞天择，适者生存"为依据，强化的是"排满建国"的合理性；对外谈人种、文明西来，是要说明汉族同样富有欧洲民族的"种姓"，完全有能力在优胜劣败的种族生存竞争中取得胜利。[②]

实际上，对华夏族、汉族所拥有的主体地位，中国典籍向来记载甚详，并非清末时人的新发现，甚至所谓西来说也不是毫无记载。但在清末民族自信缺失、唯洋是尚的风气下，西方学者的类似见解反而成了最佳佐证。另外还值得注意的是，刘师培从拉克伯里学说中引申出来的东西并非都符合拉氏本意，如拉氏并不认为汉族高贵[③]，而刘师培乃至蒋

---

① 刘师培：《中国民族志》，见《刘申叔遗书》，629 页。

② 按人类文明源于一的观念在 19 世纪的欧洲颇有市场，巴比伦为发源地。这一观念对刘师培等人颇具吸引力，他们实际所要阐发的是：巴比伦文明东下亚细亚，西入欧罗巴，东向者形成东方人种和东方文明，西向者形成西方人种和西方文明，纵有黄白之异，绝无贵贱之分，就像章太炎所言"如欧、美者，则越海而皆为中国。其与吾华夏，黄白之异，而皆为有德慧术知之氓"。引自章太炎：《原人》，见《訄书（初刻本　重印本）》，朱维铮编校，22 页。

③ 拉克伯里在著作中对中国人种（汉族）评价并不高，认为中国人种属于极为保守、毫无进步的蒙古人种，缺乏创新能力。见 Terrien De Lacouperie, *Western Origin of the Early Chinese Civilization from* 2300 *B. C. to* 200 *A. D.*，Reprint of the edition 1894，Osnabrück, Otto Zeller 1966，p. 3。

智由、章太炎等人均未谈及这一点，也许是有意忽略之。[①] 在将异质文化因素为己所用的过程中，这种现象较为常见，不过具体到清末中国，则特殊的时代环境造就了它的特殊意义。

二

以上论述可以看出，刘师培对拉克伯里学说的接受，是以某些具有西方近代特质的民族观念为支撑点的。不过这仅是问题的一方面，作为深具中国古典学术素养的"国学大师"，中国固有的民族意识，也深深浸染着他，从而使他的民族观念呈现中西交汇的特色。

众所周知，民族与民族认同是历史的产物。就中国而言，上古诸部落在不同环境下发展，逐渐形成了许多族群，其中华夏族处在中原优越的地理位置上，拥有农耕经济下先进的农业文明，从而具有在各族群中的领导地位，形成了华夏文化中心观念。战国时期，华夏族已成为稳定的民族共同体，但还不是统一的民族，经过秦汉四个多世纪大一统的陶铸，才发展为统一的民族，并且成为统一多民族中国的主体民族，在中华民族形成与发展的过程中，起着凝聚核心的作用。西汉时，仍按先秦传统自称为华夏或中国，而边疆其他民族则称中原华夏人为"秦人"和"汉人"。两晋之际，北方游牧民族内迁，明确地与汉人共享"中国"的称谓，汉人则比较稳定地成了族称。到南北朝时期，汉人已由他称成为南北汉人的自称。由于"中国"成为各民族共有的称谓，"汉人"成为汉民族专有的族称，中国各民族的总体称谓也演化为"蕃汉"对举。[②] 在华夏族形成、发展的这一过程中，自我认同至关重要。

对于刘师培这样的"国学大师""反满"革命家来说，中国固有的民族

---

① 拉克伯里对中国人种的评价在白河次郎和国府种德的著作（日文本和中文本）中都有翻译，未见删减。刘师培等人应该会读到这一论述。

② 参见陈连开：《中华民族解》，见《中华民族研究初探》，17～18页，北京，知识出版社，1994。

意识是最好的传统资源，自然起到了革命理论基础的作用。刘师培的一系列政论，都是以此作为论说依据的。如在《攘书》一开篇，他就解释说，《攘书》即攘夷之书；在《攘书》的《华夏》《夷裔》《夷种》《苗黎》《胡史》等篇中，他考察了中国各民族起源和演变的历史，宣称其目的就在于发扬《春秋》"立中外之防"的微言大义，并主张把华夏族的历史作为中国历史的正统，以此指斥清王朝近三百年的统治非中华正统，否定其统治的合法性，"吾独惜夫宋丙子之后无正统者几百年，明甲申之后无正统者又三百年。其所谓史者，乃胡史而非华史。长夜漫漫，待旦无期，史臣不察，谬以正统归之"①。在《攘书》的《溯姓》《渎姓》《辨姓》等篇中，他考察了各民族姓氏的起源和演变，并解释说辨清姓氏源流的目的同样是为了承继《春秋》大义。② 这些言论清楚表明，中国固有的民族意识是"排满"革命的最佳利器，故刘师培不遗余力地阐发。

既然中国固有的民族意识有此效用，因而与之相关的各类学说也就颇为当时的革命者青睐，而拉克伯里学说恰好于此有所助益，所以刘师培热衷于它。在拉克伯里看来，黄帝率巴克民族进入中国后，击败了蚩尤，蚩尤部落的居民部分逃往南方，成为苗族，其余的就成了征服者的奴隶；巴克族的征服者演变为华夏族、汉族，成为中国的主体民族，拥有高于周边民族的文明。这样的说法，无疑是为中国固有的民族意识在源头上提供了佐证。而且拉克伯里的著作不仅考察巴比伦文化的遗存，还大量征引《尚书》《诗经》《山海经》等中国古典经籍，依赖这些经籍证明己说，这更令得刘师培等人信从。刘师培也是运用大量中国典籍，阐发上古之初的民族关系。其时，黄帝族居于西北边荒之地，是客族，苗族和猃狁则是主族。其后，黄帝族由黄河上游东进，先后打败了苗族和猃狁，进入中原腹地，黄帝子孙"奋发砥砺，日进文明"，成为华夏主族，而苗族、猃狁则被迫移居荒僻山林之地，落后下去，变为客族。③ 这样

---

① 刘师培：《攘书·胡史篇》，见《刘申叔遗书》，635页。按，"丙子"指1276年元军攻陷临安，"甲申"指1644年清军攻占北京。
② 刘师培：《攘书·渎姓篇》，见《刘申叔遗书》，636页。
③ 刘师培：《中国民族志》，见《刘申叔遗书》，603～604页。

的论述，同样是在源头上进行辨析，为当时革命派大肆宣扬的具有"排满"目的的理论提供历史依据。

由此可见，刘师培的民族意识既有西方近代民族主义的因素，又有中国固有的民族意识观念，呈现出中西交汇的特色。不过此一交汇某种程度上具有内在矛盾，这是需辨析清楚的。

如前所述，西方近代民族思想的核心是国家由民族组成，一民族一国家。这样的思想，显然是基于种族理论，以"人种说"为依托，即把种族或人种作为界定民族的基本标准，拉克伯里对中国人种的界定和主张其西来的理论基础也在此。种族理论对刘师培等人曾产生过较大影响，他用此来强化中国固有的民族意识，说："三代之人，无人不明种族之义。盖邦国既立，必有立国之本。中国之国本何在乎？则华夷二字而已。上迄三代，下迄近今，华夷二字，深中民心，如'裔不谋夏，夷不乱华'言于孔子，'非我族类，其心必异'言于季文子，'戎狄豺狼，不可厌也'言于管夷吾。故内夏外夷遂为中国立国之基。汉儒之言，亦即此意。日本倡攘夷之说，始知排外。中国倡攘夷之说，始知开边。"①这段话表明，该观念为立国之本，讲求的是种族之分。实际上，这样的论述已与这种观念的本义有了距离。这种观念虽也谈种族之别，但核心不是种族问题，而是文化问题。早在春秋战国之时，以文化上的差异来区分华夷已经成为华夏内外各民族的共识，即区分华夏和夷狄的标准是文化而非种族，所以这种观念更多的是一个文化观念。正由于此，"用夏变夷"的观念才长期存在，如孟子所言"吾闻用夏变夷者，未闻变于夷者也"②，即这是文化上的根本原则，也是华夏民族主义的本源所在，它并非建立在对血统、体质等种族因素的认同基础上，而是建立在对文化身份认同的基础上。这样的观念，显然与基于种族理论的西方近代民族思想有差异，甚至有矛盾。这种中国固有的民族意识的关键不在种族而在文化，刘师培并非没有认识，他说"用夏变夷"的提出，是因孔子认识

---

① 刘师培：《两汉学术发微论·两汉种族学发微论》，见《刘申叔遗书》，532页。
② 陈戌国点校：《四书五经》上册，88页，长沙，岳麓书社，2002。

到世界总有文明普及之日，"使无礼义者化为有礼义"，"特以声名文物非一国所得私，文明愈进则野蛮种族愈不能常保其生存"。但是目前"据此以荡华夷之界则殊不然"。① 也就是说，谈这种观念时强调种族之别是时势所需，"排满"斗争的需要，而文化上的"用夏变夷"是人类文明发展的长远目标，两相比照，刘师培更重视眼前的政治目标，所以更强调种族之别。在这方面，不仅刘师培，章太炎等革命派人士亦是如此。②

由此可以看出，清末革命派所认识的中国固有的民族意识与中国古代的已有很大不同，西方近代民族观念的进入，使原本强调文化差异的华夷之分具有了种族色彩，进言之，从中国固有的文化民族主义转换成近代的政治民族主义。在这一转换过程中，文化与种族的内在矛盾并未得到消弭，只不过是以现实需要为由将一方暂时搁置。从后来的历史进程看，革命派强调种族之别的现实策略确有成效，但若放宽视界，则应该说梁启超等人倡导的"大民族主义"以及超越狭隘种族界限的"中华民族"理念，更有助于中华民族整体的长远发展。

---

① 刘师培：《攘书·夷裔篇》，见《刘申叔遗书》，631～632 页。
② 章太炎虽也大谈"华夷之辨"，但却认为"没有什么学理"，他觉得有学理的是西方近代的"人种说"，种族之别更为重要，所以他大力吸纳西方的种族论。参见陶绪：《章太炎民族主义的思想渊源》，载《中州学刊》，1996(3)。

辛亥前夕刘师培的转向

清末民初，刘师培是个风云人物，在学术舞台上连创佳绩的同时，在政治舞台上也不断有令人瞩目的表演，从革命党人、无政府主义者到清廷幕僚、筹安会"六君子"之一，由"激烈派第一人"急剧转变为大倡"君政复古"者，从一个极端跳到了另一个极端。其间的关键是辛亥前夕放弃革命追求，突然投向清廷的举动，这是一个转折点，也是一个至今仍令学界困扰的问题。

关于刘师培投向清廷的缘由，目前已有了一些研究。论者或从刘师培思想认识的局限性入手，或从刘师培等人与孙中山等人的矛盾纠纷入手，或从章太炎当时的消极态度对刘氏所产生之不良影响入手，或从何震、汪公权的诱引以及刘氏的个性弱点入手，探索刘氏何以急遽投向清廷。① 这些论述视角各异，各有所长，确实说出了导致刘氏转变的一些具体因素，尤其是外在因素，但综合起来看，就事论事者多，从刘氏内在思想逻辑角度进行探讨者少。实则刘氏之所为表象上是个政治行为，内里却与他素来所秉持的思想理念乃至所承袭的学术、文化传统息息相关，这类深层次的因素不可不察。在辛亥人物中，类似于刘师培早期

---

① 可参见陈奇：《刘师培思想研究》，332～342页；方光华：《刘师培评传》，96～97页；李洪岩：《刘师培何以要背叛革命》，见中国社会科学院近代史研究所编：《中国社会科学院近代史研究所青年学术论坛 2000年卷》，409～432页；王汎森：《刘师培与清末的无政府主义运动》，载（台湾）《大陆杂志》，第90卷，第6期；经盛鸿：《论刘师培的三次思想变化》，载《东南文化》，1988（2）；［日］嵯峨隆：《近代中国の革命幻影——刘师培の思想と生涯》，167～176页，东京，研文出版，1996。

"激进"、晚期"保守"的例子并不鲜见，剖析刘氏此举或许会为解释这种历史现象提供某些参考。

一

1907 年 2 月，刘师培东渡日本。刚到东京，就遇上了日本政府驱逐孙中山事件和随后发生在同盟会内部的"倒孙风潮"。在这场风潮中，他是站在章太炎一边反对孙中山的，甚至提出改组同盟会总部的主张。"倒孙风潮"平息后，同盟会内部又发生了新的冲突，章太炎、刘师培等人与孙中山等人的分歧越来越大，不仅体现在革命方略与革命行动上，而且在思想上双方也愈益难以一致。不久，刘师培以办《天义报》和社会主义讲习会的方式信奉和宣扬无政府主义。

从 1903 年投身革命起，刘师培便以激进著称，既更名"光汉"，又自称"激烈派第一人"，大量为文宣传"反满兴汉"，并介绍以卢梭《民约论》为代表的西方民主学说，是革命派中少有的学问既佳、笔锋又健的宣传家。应该说，他此时的主张与孙中山等革命党人在根本上并无差别，只不过因其国学功力深厚，政论往往带有学理色彩，故说理深刻、透彻，加之才思敏捷，下笔如泉涌，发表文章数量众多，一时引起各方瞩目。不过这时的刘师培尚未进入革命领导层的中枢，也未跨出国门亲身体验西方民主社会，仅是凭着一腔热情和理想在反清斗争中冲锋陷阵。但是，1907 年到达日本后，所看到的同盟会领导层的状况和日本社会的状况是令他失望的。一则同盟会内部各派的纷争和作为书生与孙中山等"行动派"人士相处的不融洽，就像章太炎所形容的，"草泽诸豪，素昧问学，夸大自高，陵懱达士"[①]。使得他在心理上产生了挫折感；

---

① 章炳麟：《与刘光汉书七》，见《刘申叔遗书》，23 页。

二则日本社会俯拾皆是的弊端和不如人意处①，令他对"排满兴汉"，建立新政权（效仿西方和日本）的目标产生怀疑，信念开始动摇。这种情形之下，正逢不满现状的日本社会党"硬派"在大力宣扬无政府主义，自然也就有了接受它的思想基础。因无政府主义所欲达到的目标既避免了现存社会包括西方（日本）民主社会的弊端，又超越了中国革命党人"排满兴汉"所要达到的目的——建立类似西方的政权，这两方面都恰恰适合他此时的心境与要求。加之同样不满孙中山的章太炎、张继也倾向无政府主义，并为他引见结识幸德秋水等日本无政府主义者，更促使他倒向无政府主义。另外，就像一些人所指出的，他个性上的弱点，如"务名""厥性无恒，好异矜奇"等②，亦使他善变和易于趋向更激烈的事物，而无政府主义思想恰是比革命党人之排满兴汉主张更激进的学说，在对革命目标失望的情形下采纳此学说，在他那里是又"激烈"了一次，符合其性格逻辑。

自从开始接受无政府主义以来，刘师培便把主要精力放在了对它的宣传与鼓动上，而于"排满兴汉"之革命大义则越讲越少。当然这也有一个过程，起初尚是两者并行，刘氏并未完全放弃"排满兴汉"之革命宣传，他在《民报》及临时增刊《天讨》上发表《普告汉人》《辨满人非中国之臣民》等文章，揭露清廷种种暴政，号召人们起来"讨满"，并驳斥了保皇派的一些论调。这些文章颇受好评，尤其是《辨满人非中国之臣民》一文得到章太炎等人的激赏③，在当时发挥了相当积极的作用。刘师培之

---

① 刘师培曾观察到，"欧美日本，世人徒震其外观之文明，然按其实际，则平民之苦，有远甚中国者"，"欲穷文明国之实际，则曷向日本东京本所区，一观日本贫民之况乎！"引自申叔（刘师培）：《论新政为病民之根》，载《天义》第8、9、10卷合册，1907。

② 陶成章说："光汉之性务名"；刘师培之叔刘富曾也曾感叹："侄得名太早，厥性无恒，好异矜奇，惝急近利。"引自陶成章：《浙案纪略》，中国史学会主编：《辛亥革命》第3册，48页，上海，上海人民出版社，1957；刘富曾：《亡侄师培墓志铭》，见刘师培：《刘申叔遗书》，16页。

③ 章太炎说："申叔此作，虽康圣人亦不敢著一词，况梁卓如、徐佛苏辈乎！"引自万易：《刘师培》，载《仪征文史资料》，1984(1)；胡汉民回忆道："刘素长掌故考据之学，文亦雅，余与精卫甚倾赏，杨度更不能反驳。……光汉文出，遂无复言汉满同源以惑众者。"引自《胡汉民自传》，载《近代史资料》，1981(2)。

所以能在信奉无政府主义的同时继续以往的革命宣传，是因起初与无政府主义学说接触时日不长，尚处在理解消化阶段，出于思想惯性，还不能一下子舍弃原有理念，加之身为革命党人，在同盟会机关报《民报》上发表文章，自然要宣传革命派的主张，与之相对应，他有关无政府主义的文章则皆在《天义报》发表，恰好表明他心目中两报的分工。他曾说："实行无政府，则种族政治经济诸革命均该于其中，若徒言种族革命，决不足以该革命之全，此无政府革命优于种族革命者也。"①可见在他眼里，无政府革命是超越性的革命，种族革命远远不能及。

刘师培的激进若仅限于以无政府主义越过民族主义，从而在思想上独树一帜倒也罢了，问题在于他并没有就此止步，而是在思想认识上一步步走入泥潭，直至投向清廷。刘师培出自经学世家，国学功力深厚，谙熟中国历史，所以他思考问题往往会从这一基点出发，对无政府主义的认识也是如此。通过研读无政府主义的文献，他对幻想中的无政府社会的特征有了一定认识，相较之下，觉得中国社会和欧洲、日本不同，国情特殊，与无政府社会最为接近，即"中国自三代以后，名曰专制政体，实则与无政府略同"，之所以如此，是因为"中国一切之政治，均生于学术，而中国数千载之学术，悉探源于儒道二家。儒家虽崇礼教，然仅以德礼化民，不欲以政刑齐民，醉心于无讼去杀之风，一任人民之自化，此固主张非干涉者也。道家若老庄诸子，则又欲废灭一切之人治，一任天行之自然，制度典则，弃若弁髦，则亦主张非干涉者也。夫中国之学术既以非干涉为宗旨，故中国数千年之政治亦偏于放任，视人治为甚轻。……自东汉末年，以迄于今，悉为放任之时代。……举国之中，无一有权之人，亦无一奉法之人，政治之放任，至此而达于极端。……故中国现今之政俗，最与无政府相近"②。从这段话来看，阐发最激进

---

① 震（何震）、申叔（刘师培）：《论种族革命与无政府革命之得失》，载《天义》第6、7卷，1907年9月1日、15日。

② 震（何震）、申叔（刘师培）：《论种族革命与无政府革命之得失》，载《天义》第6、7卷，1907年9月1日、15日。

学说的言辞已含有最保守的意蕴，刘师培日后的投向清廷，于此可见端倪。即按照他的逻辑，无政府革命是比民族革命更激进的革命，要实行无政府主义，自然没必要搞民族革命；而中国社会却又最接近无政府社会，固然它亦存弊端，欲矫之，"惟有实行无政府"，但此非一朝一夕之事，"若于政府尚存之日，则维新不如守旧，立宪不如专制"。[①] 与这样的政府合作，促使其从接近无政府的状态走向完全的无政府，方为上策。所以，在他那里，投向清廷并非从"激进"剧变为"保守"，而是为实现无政府"理想"又激烈了一次。或者可以说，他心目中的"激进"已与众人心目中的"保守"画了等号。这里可再举刘师培于1907年年底向端方所上的自首书为例，进一步说明这一问题。这封信大谈"往日革命之非"和"民族主义所由当斥"，但却无一句语及自身宣传无政府主义之非，反而仍强调中国国情与西欧、日本不同，"西欧、日本均由封建之制度易为宪政之制度。……中国自战国以后，封建之制久更，政治悉偏于放任"[②]。实则仍在暗示中国社会接近于无政府社会。而且刘师培自首后，并未立即放弃无政府主义，而是继续从事这方面的宣传，势头不减，直到1908年冬再次归国后，才完全放弃了无政府学说。之所以如此，众说纷纭，但至少说明他最初投向清廷时，还是抱着无政府主义理想的。

当然，以上所言完全是依照刘师培的思想轨迹与思想逻辑而来。实际上刘氏投向清廷是一个相当复杂的问题，绝不能仅做此简单化的分析。以往的研究从不同角度做过一些具体因素上的探索，这些因素也确实都很重要，这里只不过又强调了其心路历程在其间所起的关键作用，也许这是促使其转向的最重要因素。

---

① 申叔（刘师培）：《论新政为病民之根》。

② 洪业：《清末革命史料之新发现——刘师培与端方书》，见《洪业论学集》，130～132页，北京，中华书局，1981。

二

在清末信奉无政府主义的两大派别中，以刘师培为首的"天义"派与在法国的"新世纪"派有较大的差异，尤其在文化观念上，前者往往以中国国粹为本，脱不开与国粹派的干系，后者则恰恰相反。所以，刘师培思考问题的出发点，离不开他所承袭的学术、文化传统以及一贯遵循的"保存国粹"理念。他对无政府社会与中国社会之关系的阐述，乃至于最终投向清廷的举动，皆与此息息相关。

众所周知，无政府主义（Anarchism）是源于欧洲的一种政治学说。Anarchism一词出于希腊文，日本人将其输入后，根据语义译为"无政府主义"，并为中国学者所接受，但并非所有中国学者都认可，高一涵就将其译为"无治主义"①，郭颖颐在其谈刘师培无政府主义思想的英文论文所附之中文摘要里，亦译为"无治主义"，并说"无治主义于繁殊之近代政治学说中乃最富有'传统'倾向之思想"。② 就刘师培而论，说无政府主义是"无治主义"也许更为合适，因他确实在很大程度上是从"无治"或曰"无人治"的角度来阐发西方舶来的无政府主义的，这就出现了理解上的差异。无政府主义在西方面对的是较完备的近代宪政体系与政府体制，日本人将其引入时，亦是在建立起类似西方的体制之后，所以较易于与西方人站在同一立场上理解它。而在中国，两千年来并无这样的体制，有的只是大小朝廷的分级治理，即所谓"人治"。故而对清末中国人来说，原原本本地接受这样的学说是不易的，尤其对那些深谙中国文化与历史，学养深厚且欲将此学说实际运用于中国社会者而言。

刘师培出自经学世家，自身又是国学大师，饱受中国古典学术的熏

---

① 葛懋春、蒋俊、李兴芝编：《无政府主义思想资料选》（下），972 页，北京，北京大学出版社，1984。

② D. W. Y. Kwok, *Anarchism and Traditionalism*：*Liu Shih-p'ei*（郭颖颐：《无治主义与传统思想——刘师培》），载《香港中文大学中国文化研究所学报》，第 4 卷，第 2 期，1971。

陶。所以，他在日本时虽也读了一些西方、日本无政府主义者的论著，但出于一向的学术训练，往往习惯于采用中国传统视角诠释它们，或者说，习惯于从传统中寻找可资利用的思想资源。如把中国历史上出现过的"无君论"看作"与无政府之说同"，说"中国舍老、庄而外，学者鲜言废人治。至于魏晋之际，学士大夫多治老、庄家言，而废灭人治之昌言，实以鲍生为嚆矢。……鲍生名敬言，为西晋人，所著之论，盖即以'无君论'标题"，"中国政由君出，既言无君，即系废灭人治，与无政府之说同。至于废道德而弃法制，非军备而贱财货，尤属清源之论。盖彼义欲使众民平等，共享完全之自由，故其立说，较老、庄为尤显"。①显然，这里是将道家学说与无政府思想画了等号，将"无君""废人治"视作无政府主义之表征，这自然是一种"无治主义"。并且在刘师培眼里，"中国数千年之政治亦偏于放任，视人治为甚轻"，即最接近"无治"社会。所以，"无政府主义在欧美各国为理想之谈，然中国数千年来，即行无政府之实，今也并其名而去之，亦夫复何难之有"②。在欧美为理想的社会，在中国则已是现实，那么，回归这样的社会，自是顺理成章。因此，刘师培最终走上了投靠清廷的不归路。

在刘师培短暂的一生中，绝大多数时间是以学者身份从事学术研究，信奉和传播无政府主义的时间不足两年，可以说他人生的总定位是学者，而非政治家。相对而言，政治虽有其基本准则，却是随局势变动不居的；而学术、文化观念乃长期训练、熏陶所形成之价值取向，轻易难以改观。作为国粹派学者，刘师培一生都以研究国学、保存国粹为己任，这从他一直未间断国学研究，以及早年参与办《国粹学报》、去世前夕出任《国故》月刊总编辑的举动中可看得很清楚。可以说，在他那里，中国古学已不仅仅是外在的客观之学，而且是溶化在他血液里的一种精神，是他思考问题、采取行动的基点所在。所以，他才说出"中国一切

---

① 申叔（刘师培）：《鲍生学术发微》，载《天义》第8、9、10卷合册，1907；刘师培：《刘申叔遗书》，1524～1525页。

② 震（何震）、申叔（刘师培）：《论种族革命与无政府革命之得失》。

之政治，均生于学术"之言，且以学理之说来评价政治，就像他在《与端方书》中所表明的，"凡遇撰述及讲演之事，均设词反对民族主义，援引故实，以折其非。盖事实均由学理而生；若人人知民族主义不合于学理，则排满革命之事实自消弭于无形。此即古人所谓正本清源之说也"①。对民族主义如此，对无政府主义也是如此。他以中国古人所倡"无君""废人治"的无治主义"格义"外来的无政府主义，即源于他这种学理上的追求。而且严格说来，对中国士人而言，无治主义不仅是一种政治理想，也是一种文化理想。实现文化理想，对刘师培这类人物的吸引力显然更大，故而他既要宣扬无政府主义（无治主义），又要与接近这种状态的政府合作。他曾说过："中国国粹之存亡，亦视共产无政府主义之实行与否而已。"②这句话是反映其文化理想与实行无政府主义相一致的最好例证。

此外，还有一个具体问题值得关注，即端方幕府对刘师培的吸引力问题。刘师培之投靠清廷，选择了向端方自首的方式，固然是出于章太炎为赴印度出家而委托他与何震向端方谋款，何震、汪公权与端方暗中有勾结，以及端方向他伸出招抚之手等多重因素，但有一点至关重要，即端方幕府能为他提供良好的问学环境，有助于他实现学术理想。在当时的封疆大吏中，端方是较为重视发展学术文化事业的，对文士颇礼敬，幕府中网罗了不少学者，且喜好金石，多藏善本。端方总督两江，正是刘师培的桑梓之地，其幕中学者有些是刘氏的好友或对刘氏之学识钦赏之辈，时逢两江师范学堂要聘请历史教员，他们便动员端方礼聘刘前来任教。对刘氏而言，既欲与清廷合作，那么能实现学术抱负之地自然为首选，双方正是一拍即合。从后来的情形来看，刘师培在端方幕中除为幕主考释金石外，的确利用幕中良好的图书条件做了不少学术研究，而且与幕中同僚不时有学术上的往返商酌，恐怕在他的感受中，这种交往要比与孙中山等"草泽诸豪"（按，章太炎形容孙中山一系人的用

---

① 洪业：《清末革命史料之新发现——刘师培与端方书》，见《洪业论学集》，132 页。
② 刘师培：《衡书三篇》，载《衡报》，第 10 号，1908。

语)的交往舒服得多。可以这样说，他选择端方，再次证明其所为并非仅出于单纯的政治因素，其中不无为学术理想设计的考虑。

总之，辛亥革命前夕刘师培的转向，是一颇为复杂的问题，不能就事论事，更不能仅以政治眼光看待，必须考虑刘氏的学者身份，尤其是他所承袭的中国学术、文化传统，从文化与政治的互动中探寻其所为之由。只有这样，刘氏思想观念中一以贯之的东西才能被揭示出来，进而研讨其在此一观念支配下的行动，便不会觉其突兀，而是有章可循。另外，刘氏虽属辛亥人物中从"激进"急剧转至"保守"的极端例子，但并非没有代表性，他可谓是学者参政却又无法摆脱传统重负且不愿放弃学术理想的典型，时时为内在的矛盾冲突所困扰。将他的转向作为学术个案来研讨，对于思考此类人物的命运，深入理解近代中国史特别是辛亥时期的"激进"与"保守"，是不无意义的。

陈独秀与刘师培

辛亥革命前后，陈独秀与刘师培有过一段不浅的交谊，尽管因为刘师培政治立场的变化颇有波折，却从未中断过。作为横跨政、学两界的知名人物，他们的交谊从一个侧面生动地反映了时局的变迁和知识分子的命运，也提供了一个思考政治与学术关系的典型案例。

一

从陈独秀与刘师培的交往史实来看，1903 年至 1907 年是他们友谊的第一阶段，彼此为志趣相投的革命同道和论学挚友。

1903 年夏，陈独秀因在安庆举行爱国演说会而遭清政府通缉，遂逃至上海，与章士钊同住。① 随之刘师培亦由家乡扬州来上海投奔章士钊，结识了陈独秀。② 此时，章士钊等人正在筹办《国民日日报》。8 月 7 日，《国民日日报》创刊，陈独秀与章士钊、张继等人共同主编。该报既为继承被查封的《苏报》而创立，论调不得不稍"舒缓"，不像《苏报》那

---

① 据章士钊所记，"是年(1903 年)夏间，陈独秀已在上海"。引自章士钊：《孤桐杂记》，载《甲寅周刊》，第 1 卷，第 37 号，1926。

② 章士钊曾回忆："申叔(刘师培)于光绪癸卯夏间，由扬州以政嫌遁沪，愚与陈独秀、谢无量在梅福里寓斋闲谈，见一少年短襟不掩，仓皇叩门趋入，嗫嚅为道所苦，则申叔望门投止之日也。"引自章士钊：《孤桐杂记》，可参见章士钊：《刘申叔论古文》，见《柳文指要》(下)，1851 页，北京，中华书局，1971。

样"峻急",但"宗旨在于"排满"革命和《苏报》相同,而规模尤大",且"篇幅及取材较《苏报》新颖"。[①] 因此,发行未久,即风行一时,人称《苏报》第二。刘师培曾在该报上发表《黄帝纪年论》《王船山史说申义》等文[②]和《读王船山先生遗书》《杂咏》等诗。这些诗文力倡"排满兴汉",在当时的革命派中影响甚大。作为报纸主编和革命志士,陈独秀以编发这些诗文的方式表明对刘氏主张的认同与赞赏,两人的友谊也由此深厚起来。1903年12月初,《国民日日报》停刊。年底,陈独秀返抵安庆。1904年1月,他与留日学生房秩五、吴守一共同创办《安徽俗话报》,内容以"开风气,倡革命"为主。[③] 同年暑假后,他和房秩五皆去芜湖安徽公学任教,遂将编辑部迁至芜湖。[④] 此时,刘师培仍留在上海宣传革命,除为报刊撰稿和与蔡元培等人共同发起"对俄同志会"外,还与林獬接替蔡元培、汪允宗编辑《警钟日报》。[⑤] 他和陈独秀虽不在一处,但始终关注陈的动向,还曾对蔡元培称赏陈独秀,说"有一种在芜湖发行之白话报,发起若干人,都因困苦及危险而散去了,陈仲甫(陈独秀字仲甫)一个人又支持了好几个月"[⑥]。他与陈独秀再度见面大约是在1904

---

① 章行严(士钊):《苏报案始末记叙》,见中国史学会主编:《辛亥革命》第1册,387页。

② 章士钊说《王船山史说申义》是他的作品,参见章士钊:《疏〈黄帝魂〉》,见中国人民政治协商会议全国委员会文史资料研究委员会编:《辛亥革命回忆录》第1集,232页,北京,中华书局,1961。因该文发表时无署名,难以稽考。现从钱玄同说(钱氏将该文收入《刘申叔遗书》),仍认作刘师培作品。

③ 安徽省政协文史工作组:《辛亥前安徽文教界的革命活动》,见中国人民政治协商会议全国委员会文史资料研究委员会编:《辛亥革命回忆录》第4集,380页,北京,中华书局,1963;沈寂:《芜湖地区的辛亥革命》,载《安徽史学通讯》,总第14号,1959(6)。

④ 参见陈万雄:《新文化运动前的陈独秀(一八七九至一九一五)》,46页,香港,中文大学出版社,1979。另有一说认为陈独秀于1904年暑期独自来芜湖办《安徽俗话报》,寄宿在汪孟邹的科学图书社楼上,直到1905年才到安徽公学任教。参见任建树:《陈独秀传——从秀才到总书记》(上),57、69页,上海,上海人民出版社,1989。

⑤ 参见蔡元培:《自写年谱》,见中国蔡元培研究会编:《蔡元培全集》第17卷,294页,北京,中华书局,1998。

⑥ 《蔡元培自述》,转引自王世儒编撰:《蔡元培先生年谱》(上),178页,北京,北京大学出版社,1998。

年 11 月，当时陈独秀应章士钊之召来上海，参加革命组织暗杀团。①
此前，刘师培已加入了这个组织。这次两人再度携手，试制炸药以图暗
杀清廷顽固派，虽然很快便因行动失败而分手(陈独秀在上海仅住月余
即回芜湖)，但友谊无疑更深了。

1905 年 3 月，《警钟日报》被查封，作为主笔的刘师培亦被通缉，
刘氏只好逃至浙江嘉兴，匿居半年之久。这年秋天，他应陈独秀之邀赴
芜湖，在安徽公学、皖江中学任教，化名"金少甫"。② 直至 1907 年年
初，两人共事一年有余。

安徽公学由名士李光炯、卢仲农等人创办，以传播革命种子为教育
宗旨。在该校任教的，皆为当时具有革命思想的人物，除陈独秀、刘师
培外，还有陶成章、柏文蔚、苏曼殊、谢无量等人。陈独秀出任国文教
员，除在课堂上讲说革命道理外，还与柏文蔚及安徽公学师范班的学生
常恒芳于 1905 年夏发起建立了反清秘密军事团体"岳王会"。陈独秀任
总会会长，对推进该会的成长和在新军中扩大影响起了较大作用。刘师
培在安徽公学讲授历史、伦理课，在课堂上公开宣传反清革命，并以当
地光复会负责人的身份在学生中发展新会员，还组织名为"黄氏学校"的
秘密团体，介绍李光炯、柏文蔚等人加入，专门从事暗杀活动。③ 此
外，陈独秀与刘师培还共同发行白话报④，以开启民智，鼓动革命。

1906 年暑假，陈独秀偕苏曼殊东游日本，8 月下旬(处暑后)回到芜
湖，到张通典主持的皖江中学任教。⑤ 该校也是革命党人宣传革命的重
要阵地，陈独秀、刘师培在这里仍继续他们的事业。1907 年 2 月，刘
师培被两江总督端方声言捉拿⑥，在国内很难立足，加之章太炎又发出

---

① 陈独秀：《蔡孑民先生逝世后感言》，载《中央日报》，1940-03-24；任建树：《陈独秀
传——从秀才到总书记》(上)，66 页。

② 参见唐宝林、林茂生：《陈独秀年谱》，40 页，上海，上海人民出版社，1988。

③ 参见柏文蔚：《五十年经历》，载《近代史资料》，1979(3)。

④ 参见蔡元培：《刘君申叔事略》，见刘师培：《刘申叔遗书》，18 页；唐宝林、林茂生：
《陈独秀年谱》，41 页。

⑤ 参见《苏曼殊致刘三信》(1906 年 9 月 13 日)，见柳亚子编：《苏曼殊全集》第 1 册，331
页，上海，北新书局，1928。

⑥ 参见马君武：《孙总理》，见莫世祥编：《马君武集》，474 页。

东渡邀请，遂偕妻何震、姻亲汪公权及苏曼殊东渡日本。抵东京后，与
章太炎同住在《民报》社，得以朝夕晤谈。[1] 随之陈独秀亦因被人告发，
巡抚恩铭"欲穷治之，羽书连下"，不得不离国东去，到日本东京入正则
英语学校学习英语。[2]

　　在日本，刘师培加入了同盟会、亚洲和亲会等团体，并在 1907 年
6 月通过何震创办《天义报》、发起组织无政府主义团体"社会主义讲习
会"，始终活跃于政治舞台。而陈独秀此时却与政治有所疏离，他不肯
参加同盟会，只加入了刘师培参与发起的以反帝为宗旨的亚洲和亲会。
他虽较少参与政治活动，但和刘师培过从甚密，一同切磋中西学问。他
常去《民报》社找刘师培，与刘及章太炎、钱玄同、苏曼殊等人探讨传统
汉学、西方文学和古体诗的写作，并参与议建梵文书藏。[3] 苏曼殊著
《梵文典》，陈独秀在上面题诗，刘师培则为之作序。刘氏以"国学大师"
著称，此时与章太炎并称"二叔"（章太炎字枚叔，刘师培字申叔），可见
其学术地位。他幼承家学，于小学（语言文字学）、经学无所不通，陈独
秀与他及章太炎时相过从，自然于学问上受益匪浅。陈氏后来在小学上
多有建树，发表《说文引申义考》《字义类例》等著作，虽自有师承，但与
刘师培对他的影响不无关系，可以说，两人不仅是革命同志，亦是论学
挚友。

二

　　1907 年年底，刘师培回国，除与老朋友相会外，还帮助章太炎向

---

　　① 参见柳亚子：《苏玄瑛正传》，见《柳亚子文集·苏曼殊研究》，44 页，上海，上海人
民出版社，1987。
　　② 参见任建树：《陈独秀传——从秀才到总书记》（上），74 页。
　　③ "（苏曼殊）为梵学会讲师，交游波罗门忧国之士，揭其所有旧藏梵本，与桂伯华、陈
独秀、章炳麟议建梵文书藏，人无应者，卒未成。"引自柳亚子：《苏玄瑛新传》，见《苏曼殊全
集》第 1 册，4 页。

清两江总督端方谋款。此时，章太炎因和孙中山矛盾日深，对同盟会也日益不满，准备去印度出家为僧，但缺乏路费，遂通过刘师培夫妇与端方联系谋款，为此先后五次致书二人。端方要章太炎去福州鼓山或普陀等地出家，欲把章氏控制在国内，章氏坚拒之，事遂不成。刘师培却由此落入端方圈套，加之对革命失望，对孙中山与同盟会不满，以及其他一些因素，遂向端方自首，作《与端方书》，提出十条"弭乱之策"以镇压革命党人。①

1908年2月，刘师培与何震回到日本东京，表面上仍以革命党人身份继续宣扬无政府主义。不久，他们与章太炎因事吵翻，还波及苏曼殊。"申叔把曼殊认作傻子，他们夫妇和端方的关系，都不避曼殊面谈讲着。曼殊听了，却把来告诉仲甫。"②闻知刘师培的言行，陈独秀失望至极，开始疏远刘氏，两人之交谊走了下坡路。

1908年11月，刘师培夫妇回国，不久投入端方幕中，先在南京，后随改任直隶总督的端方去天津。1909年秋，陈独秀回国，居杭州，曾在陆军小学堂任地理历史教员。两人虽不在一地，且因政见不同而关系疏远，但友谊并未中断，还是彼此牵记，书信往来。刘师培曾有一诗记他收到陈独秀来信的心情："天南尺素书，中有瑶华辞。旧好见肝鬲，崇情凛箴规。……秋芳纫荃心，春荣镌留萸。愧无双玉盘，酬子琅玕贻。"③

1911年年底，随端方去四川镇压保路运动的刘师培被革命后建立的新政权四川军政府资州军政分府拘留。时任安徽都督府秘书长的陈独秀闻讯后即于1912年年初与李光炯等人致电中华民国临时大总统孙中山，希望对刘师培能"矜全曲为宽宥"，"延读书种子之传，俾光汉（刘师

---

① 洪业：《清末革命史料之新发现——刘师培与端方书》，见《洪业论学集》，130～133页；杨天石、王学庄：《章太炎与端方关系考析》，载《南开学报》，1978(6)；曾业英：《章太炎与端方关系补证》，载《近代史研究》，1979(1)。

② 柳无忌：《苏曼殊及其友人》，见《苏曼殊全集》第5册，附录下21页。

③ 刘师培：《得陈仲甫书》，见《刘申叔遗书》，1915页。

培曾用名刘光汉）得以课生著书赎罪"。[①] 实际上，陈独秀致电时刘师培已被释，并应老友谢无量之请去成都任教于四川国学院。尽管因信息不畅使得此举劳而无功，但亦可见陈独秀对朋友的拳拳之情。1913 年夏秋之际，刘师培夫妇离川赴沪，陈独秀也恰于此时因反袁失败逃至上海，两人得以在分别 5 年后见面，"独秀问他们怎么打算，他太太嚣张的说，要北上找'袁项城'，使独秀不便说下去"[②]。此后刘师培果然北上，先至太原阎锡山处，不久在阎锡山推荐下，到北京投靠袁世凯，1915 年加入"筹安会"，为袁世凯复辟帝制张目，直到 1916 年 6 月袁世凯死后，才被迫移居天津。与此同时，陈独秀仍坚持他的反袁民主立场，先是在 1914 年东渡日本，协助章士钊编辑《甲寅杂志》，宣传民主，反对专制；1915 年归国后，又在上海创办《新青年》，引发新文化运动。刘、陈二人的政治立场不仅相距极远，而且恰为对立面，在这种情形下，两人几乎没什么来往，友谊跌至低谷。

三

1917—1919 年，陈独秀与刘师培再度共事，这次是同在新文化运动的摇篮——北京大学任教。两人虽在文化见解上差异甚大，但道不同仍相与谋，友谊进入新阶段，也是最后的阶段。

1917 年年初，蔡元培出任北京大学校长，随即援引陈独秀任北大文科学长。陈氏就职后，将《新青年》迁至北京。不久陈向蔡元培推荐刘师培来北大任教。据与晚年陈独秀来往密切的台静农说："关于申叔之入北大教授，据我听到的，还是陈独秀先生的意思。当袁世凯垮台后，独秀去看他，借住在庙里，身体羸弱，情形甚是狼狈。问他愿不愿教

---

① 《临时政府公报》，第 2 号，1912-01-30。
② 台静农：《〈早期三十年的教学生活〉读后》，见《龙坡杂文》，162～163 页，台北，洪范书店有限公司，1988。

书，他表示教书可以，不过目前身体太坏，需要短期休养。于是独秀跟蔡先生说，蔡先生也就同意了。"①

在北大，刘师培任中国文学门教授，为一年级学生开"中国文学"课，为二年级学生开"中国文学"和"中国古代文学史"两门课②，同时做国文研究所"文"与"文学史"两个方向的指导教师。"君是时病瘵已深，不能高声讲演，然所编讲义，元元本本，甚为学生所欢迎。"③另外，当由国史馆改制而成的国史编纂处归并北大后，他又被聘为国史纂辑员，而陈独秀则以文科学长兼任纂辑股主任。不久两人又共同参加了蔡元培发起组织的进德会，并在 1918 年 6 月 1 日当选为该会评议员。④

此时的北大，正处在新文化运动的高潮中，陈独秀、胡适等人以《新青年》为阵地，力倡新文化、新思想、新道德。与此同时，蔡元培校长本着"兼容并包"的治校方针，一些所谓旧派人物也被延揽在校讲授他们的思想与学说。在这方面，陈独秀亦有蔡元培之风，尽管鼓吹新文学不遗余力，但在校内对两派教授，"则一视同仁，不作左右袒"⑤。他在致胡适的一封信中说道："北京大学教员中，像崔怀庆（适）、辜汤生（鸿铭）、刘申叔（师培）、黄季刚（侃）四位先生，思想虽然旧一点，但是他们都有专门的学问，和那班冒充古文家、剧评家的人不可同时而语。"⑥可见，陈独秀对刘师培等人的学识是相当认可的，并不因思想观点的不同而有所歧视。

在刘师培这边，虽所秉持之文学观念（以骈文为文体之正宗）与陈独秀倡导的白话文截然不同，但并非像林纾等顽固派人士那样攻击陈氏之主张，而且在守旧师生拥戴下于 1919 年 1 月出任《国故》月刊总编后，仍未对新文化加以指责，只是本着其一贯立场，"以昌明中国固有之学

① 台静农：《〈早期三十年的教学生活〉读后》，见《龙坡杂文》，163 页。
② 《文科本科现行课程》，载《北京大学日刊》，1917-11-29。
③ 蔡元培：《刘君申叔事略》，见刘师培：《刘申叔遗书》，18 页。
④ 《北京大学日刊》，1918-06-03。
⑤ 陈觉玄：《陈独秀先生印象记》，载《大学》，第 1 卷，第 9 期，1942。
⑥ 转引自杜学文：《从刘师培的另一面引起的话题》，载《黄河》，1999(6)。

术为宗旨"①，专门发表研究古典学术之作。1919 年 3 月 18 日，北洋政府安福系的喉舌《公言报》发表《请看北京学界思潮变迁之近状》，称陈独秀、刘师培分别为新派、旧派首领，两派各组织了《新潮》《国故》杂志。"二派杂志，旗鼓相当，互相急辩，当亦有裨于文化。第不言忘其辩论之范围，纯任意气，各以恶声相报复耳。"这篇报道遭到《国故》月刊社和刘师培的驳斥，刘氏在致《公言报》函中说："读十八日贵报《北京学界思潮变迁》一则，多与事实不符。鄙人虽主大学讲席，然抱疾岁余，闭关谢客，于校中教员素鲜接洽，安有结合之事？又《国故》月刊由文科学员发起，虽以保存国粹为宗旨，亦非与《新潮》诸杂志互相争辩也。祈即查照更正，是为至荷！"②可见在刘师培眼里，提倡国故，"保存国粹"，并不意味着排斥新思潮，两者可并行不悖。这就像他与陈独秀的关系，道不同仍相与谋，而且私底下，"两人感情极笃，背后也互相尊重，绝无间言"③。当陈独秀于 1919 年 6 月 11 日因公开散发《北京市民宣言》被捕后，刘师培迅即与马叙伦、马寅初等几十位教授联名致函京师警察厅，要求将其释放④，此亦可见二人之关系。

　　1919 年 11 月 20 日，刘师培因病去世。12 月 3 日，在妙光阁出殡、公祭，"丧事由陈独秀先生主持"⑤。翌年 3 月，陈独秀又派刘师培的弟子刘文典等人将其灵柩送回扬州安葬。而且"申叔死后，他的太太何震发了神经病，时到北大门前喊叫，找蔡先生，找陈独秀。后来由独秀安排，请申叔的弟子刘叔雅（文典）将她送回扬州"⑥。这样，从 1903 年相识到 1919 年刘师培去世，十六年来陈、刘二人之间的友谊尽管几经波折，亦可谓善始善终。

①　《本社记事录》，载《国故》，第 1 期，1919-03-20。
②　《北京大学日刊》，1919-03-24。
③　陈觉玄：《陈独秀先生印象记》，载《大学》，第 1 卷，第 9 期，1942。
④　唐宝林、林茂生：《陈独秀年谱》，102 页。
⑤　杨亮功：《早期三十年的教学生活　五四》，20 页，合肥，黄山书社，2008。
⑥　台静农：《〈早期三十年的教学生活〉读后》，见《龙坡杂文》，163 页。

四

综观陈独秀与刘师培的交往历程，可以看出，他们的人生轨迹有同有异，其交谊在不同时期或深或浅，即与此息息相关。作为横跨政、学两界的知名人物，影响双方人生轨迹和与之相关的交谊程度的基本因素显然在政治与学术。

就政治而言，1903 年至 1907 年，共同的"排满"革命立场自然是陈独秀与刘师培交谊甚笃的基础；1908 年后两人逐渐疏远，也是因刘师培政治立场的变化所致。目前虽无陈独秀谴责刘师培变节和襄助袁世凯的直接证据①，但陈独秀一直坚持革命反袁立场，便足以证明他在政治上走的是与刘师培对立的另一条路。在辛亥革命前后那种必须判明黑与白的历史情境下，政治上的不同路者是不大容易保全个人私谊的。

但陈独秀毕竟保全了与刘师培的友谊，这就不能不提到另一因素——学术。1907 年至 1909 年陈独秀在日本时，很少参加政治活动，对刘师培等人提倡的无政府主义兴趣也不大，却热衷学问，不时与刘师培探讨汉学。陈独秀为学相当早慧，于小学更是情有独钟，后来他出任北大文科学长时，反对者认为他学力不够，蔡元培便是以"仲甫先生精通训诂音韵学，学有专长，过去连太炎先生也把他视为畏友"为由，"才慢慢堵住了攻击者的嘴"。② 而刘师培以经学名世，小学造诣极深，不能不引发陈独秀的钦敬之情。陈独秀在刘师培政治上失节之时未断绝交往，且在其失意之时以北大教职相聘，恰恰表明陈对其学术才华的看重；两人在北大时"互相尊重，绝无间言"，正是学术上相知甚深的表现。

---

① 1923 年 9 月 8 日，陈独秀在《向导》周报第 39 期上发表《章炳麟与民国》，其中有指斥刘师培拥袁称帝的内容，但已时过境迁。

② 罗章龙：《陈独秀先生在红楼的日子》，载《新华文摘》，1983。

相对而言，政治虽有其基本准则，却是随局势变动不居的；而学术乃"天下之公器"，一以贯之。陈独秀与刘师培的交往，恰可为政治与学术的这种特质作佐证，所以具有象征意义。当然，陈独秀的为人处世态度对保持两人的友谊也起了一定作用。表面上，陈孤傲自许，为文"必不容反对者有讨论之余地"[①]；实际上，正如一些学者所提到的，他为人并不偏激，无门户之见，在处理政治、学术问题时，往往对事不对人，所以对刘师培这样有较多过失的朋友"颇存宽容"。[②] 不过，从根本上说，维系两人友谊的，一定时期是共同的政治抱负，但终究靠的是学术上的旨趣一致和相知相佩。

---

① 《陈独秀答胡适》，见水如编：《陈独秀书信集》，133 页，北京，新华出版社，1987。

② 参见陈万雄：《新文化运动前的陈独秀（一八七九至一九一五）》，125 页；陈觉玄：《陈独秀先生印象记》，载《大学》，第 1 卷，第 9 期，1942。

刘师培与北京大学

清末民初，刘师培是个风云人物，既在政治舞台上不断有令人瞩目的表演，从革命党人、无政府主义者到清廷幕僚、筹安会"六君子"之一，又在学术舞台上连创佳绩，甚至与章太炎齐名，并称"二叔"（章太炎字枚叔，刘师培字申叔）。这样一位横跨政、学两界的声名显赫之人，其生命里程的最后三年（1917—1919）是在中国最高学府北京大学度过的。此时的北京大学，正处在新文化运动的高潮中，刘师培在校本以讲学育人为主，且取得垂范后世的成就，但在这一时代大潮的裹挟之下，也无法完全置身事外。考察刘师培在北京大学的这番经历，显然有益于完善北大校史，亦有助于在细节上深化对以北京大学为核心的新文化运动的研究。

一

1917年年初，蔡元培出任北京大学校长，随即援引陈独秀任北大文科学长。陈独秀就职不久，即向蔡元培推荐因拥袁称帝失败而避居天津的刘师培来北大任教。据与晚年陈独秀来往密切的台静农说："关于申叔之入北大教授，据我听到的，还是陈独秀先生的意思。当袁世凯垮台后，独秀去看他，借住在庙里，身体羸弱，情形甚是狼狈。问他愿不愿教书，他表示教书可以，不过目前身体太坏，需要短期休养。于是独秀跟蔡先生说，蔡先生也就同意了。"[1]实际上，蔡元培与陈独秀皆是刘师培的旧友。1903年，刘师培在上海分别与两人相识，而且也是他在和蔡元培编辑《警钟日报》时，首先向蔡元培提及陈独秀[2]，从而使蔡元培对陈独秀留下深刻印象。此后，虽因刘师培政治立场的变化导致他与蔡、陈二人的关系有所疏远，但蔡、陈二人始终是关注他的动向并在关键时刻施以援手的[3]，尤其是陈独秀。所以，这次陈向蔡元培荐举刘师培，蔡元培欣然接受，亦是顺理成章之事，何况刘师培以国学大师著称，蔡元培又以"兼容并包"为办校宗旨。

刘师培进入北大后，出任中国文学门（1919年改为中国文学系）教授，兼任文科研究所的指导教师，并为国史编纂处纂辑员，月薪280元。[4] 他所担任的课程有：1917—1918学年，"中国文学"（一年级、二年级每周各三小时）、"中国古代文学史"（二年级每周三小时）[5]；1918—1919学年，"中古文学史"（二年级每周二小时）、"文（中国文学）"（三年级每周六小时）[6]；1919—1920学年[7]，"文学史"（二年级每周二小时）、"文（中国文学）"（三年级每周四小时）[8]。此时的中国文学门，

---

[1]　台静农：《〈早期三十年的教学生活〉读后》，见《龙坡杂文》，162～163页。

[2]　"有一种在芜湖发行之白话报，发起若干人，都因困苦及危险而散去了，陈仲甫（陈独秀字仲甫）一个人又支持了好几个月。"引自《蔡元培自述》，转引自王世儒编撰：《蔡元培先生年谱》（上），178页。

[3]　如在1912年年初，当刘师培因随端方去四川镇压保路运动而被革命后建立的新政权四川军政府资州军政分府拘留时，身为南京临时政府教育总长的蔡元培先是在不知其音信的情形下与章太炎联名在《大共和日报》上刊登《求刘申叔通信》，称："刘申叔学问渊深，通知今古，前为宵人所误，陷入范笼。今者，民国维新，所望国学深湛之士提倡素风，任持绝学。而申叔消息杳然，死生难测。如身在地方，尚望先一通信于国粹学报馆，以慰同人眷念。"在得知刘师培下落后，蔡元培又以教育部名义致电四川，要求将刘师培护送来部，"以崇硕学"。（载《临时政府公报》，第1号）同时，身为安徽都督府秘书长的陈独秀也与人共同致电临时大总统孙中山，希望对刘师培能"矜全曲为宽宥"，"延读书种子之传，俾光汉（刘师培曾用名刘光汉）得以课生著书赎罪"。（载《临时政府公报》，第2号）可见他们都视刘师培为饱学之士，人才难得，不忍见其获罪。

[4]　《北京大学文科一览》（民国七年度），北京大学档案馆藏。

[5]　《文科本科现行课程》，载《北京大学日刊》，1917-11-29。

[6]　《北京大学文科一览》（民国七年度），北京大学档案馆藏。

[7]　刘师培于1919年11月20日去世，故该学年仅完成小部分教学任务。

[8]　《国立北京大学八年至九年度学科课程一览》，北京大学档案馆藏。

人才荟萃，与刘师培共同执教的有黄侃、黄节、吴梅、钱玄同、朱希祖等人，俱为一时之选。听讲的学生有罗常培、杨振声、俞平伯、傅斯年、许德珩、郑天挺、罗庸、杨亮功、夏承栋、张煦等人，大都在后来卓有成就。关于刘师培的教学情形，杨亮功曾有回忆："刘申叔先生教中古文学史，他所讲的是汉魏六朝文学源流与变迁。他编有《中国中古文学史讲义》。但上课时总是两手空空，不携带片纸只字，源源本本地一直讲下去。声音不大而清晰，句句皆是经验之言。他最怕在黑板上写字，不得已时偶尔写一两个字，多是残缺不全。……刘先生教我们于汉魏六朝文学中每人任选一两家作专题研究。他认为研究任何一家文学必须了解其师承所自、时代背景及其个人身世。我所研究的是徐陵（孝穆）庾信（子山）两家。有一时期我专致力于魏晋六朝文学，这也是受了刘先生的影响。刘先生在北大授课时肺病已到第三期，身体虚弱，走起路来摇摇欲倒，真是弱不禁风。他在刮风下雨的时候，照例是请假。"①冯友兰也曾回顾道："当时觉得他的水平确实高，像个老教授的样子，虽然他当时还是中年。他上课既不带书，也不带卡片，随便谈起来，就头头是道。援引资料，都是随口背诵。当时学生都很佩服。"②蔡元培亦说："君（指刘师培）是时病瘵已深，不能高声讲演，然所编讲义，元元本本，甚为学生所欢迎。"③

1917 年年底，北大文、理、法三科各学门先后分别成立了研究所，刘师培与其他教授一样，兼任了文科研究所国文门的指导教师。他所指导的研究科目起初为"文"和"文学史"，定每月第二周和第四周的星期四分别与"文学史""文"两个方向的研究员④会面 1 小时，研讨该主题下的具体问题。⑤ 后来具体日期稍有调整，但仍是每月分别指导一次。从

---

① 杨亮功：《早期三十年的教学生活 五四》，19～20 页。
② 冯友兰：《三松堂自序》，310 页，北京，人民出版社，1998。
③ 蔡元培：《刘君申叔事略》，见刘师培：《刘申叔遗书》，18 页。
④ 按，研究所规则规定，凡本校毕业生都可以志愿入所研究，本校高年级学生及与本校毕业生有同等程度的学者，经研究主任或校长认可后亦皆可入所研究，这些人均称为研究员。
⑤ 《国文研究所研究科时间表》，载《北京大学日刊》，1917-12-04。

1918 学年起，刘师培所担任的研究科目调整为经学、史传、中世文学史、诸子四科，国文教员中，他担任的科目最多，次为黄侃，担任自汉至隋文、文选、文心雕龙三科，余者仅担任一科，如朱希祖：晋以前诗史；钱玄同：文字学（形体、音韵）；吴梅：中国曲史；刘半农：中国谣谚史；周作人：唐以前小说史。[①] 由此可以看出，身为国学大师的刘师培，因具有广博的知识素养和造就（其所担任的四科已横跨经、史、子、集四部），能予所指导之研究者以贯通的学术训练，这在当时已形成多专家而乏通人之格局的教授队伍里至为难得。不过，由于身体欠佳，后来他已很难定期指导，只能时而与诸研究员开会研讨。[②]

在担当中国文学门教授、文科研究所导师的同时，刘师培还被聘为国史编纂处纂辑员。袁世凯当政时，曾聘湖南名士王闿运主持成立了国史馆，王闿运死后，该机构徒有虚名。1917 年 6 月 26 日，教育部决定将国史馆并入北京大学，改为国史编纂处，以蔡元培校长兼任处长。国史编纂处分纂辑与征集二股，纂辑股纂辑民国史及历代通史，征集股掌征集一切史料。不久，蔡元培便聘刘师培、屠寄、钱恂、张相文、叶瀚、沈兼士、周作人等人为纂辑股纂辑员。1918 年 2 月 28 日，教育部批准了国史编纂处报送的国史编纂略例，该略例规定："通史部先编长编及辞典"，"长编分为政治史、文明史两种。政治史长编分为年表、大事记及志三类。……文明史分为经济、风俗、宗教、科学、哲学、文学、美术等类"。"长编写定后，始由专门史学家编为通史。"各纂辑员按此规定有所分工，刘师培负责通史部政治史长编之"志"和文明史长编之"风俗"。他为这项工作付出了很大心力，在事务员与书记的协助下，很快就编出大量稿本。在 1918 年 6 月 20 日召开的国史编纂处会议上，他所提交的编纂报告为："一、文明史风俗类，预定长编六册（三代一册、秦汉一册、三国南北朝一册、唐五代一册、宋辽金元一册、明清一册），已编纂长编三册（三代一册经传已采毕，子书采辑过半；三国南北朝一

---

① 《北京大学文科一览》（民国七年度），北京大学档案馆藏。
② 《文科国文学研究所启事》，载《北京大学日刊》，1919-03-20。

224

册正史采毕，余尚未采）。二、政治史志（三国南北朝），预定长编十二册，已编长编四册（历律一册缺周隋，兵一册采至齐梁，舆服一册采至齐梁，职官一册晋以下未采，凡已见正史各志均未采）。"①在1919年3月上报的《国史编纂报告》中，又有《纂辑员刘师培报告书》，内容为："（一）政治史长编册数三十六册：历律志长编三册、兵志长编七册、礼志长编十三册、刑法志长编五册、乐志长编四册、舆服志长编四册；（二）文明史长编册数二十七册：三代风俗史长编六册、秦汉风俗史长编九册、三国风俗史长编二册、六朝风俗史长编十册。"②这一工作实为编纂完善的中国政治史和专门史（文明史实即各类专史）打下了良好基础，而且对刘师培而言，他早年（1905、1906年）所编《中国历史教科书》既已采专史合编形式，其专史分类与国史编纂处此次的分类大致相符，所以他做起这项工作来驾轻就熟，成效显著。遗憾的是，当五四运动发生，蔡元培离京出走之际，徐树铮乘机向国务院提出取消北大国史编纂处，收回直属国务院，仍称国史馆，致使这项工作被迫中断，所取得的成绩完全付诸流水了。

除教学和研究活动外，平日里刘师培是不大在校园中露面的，他自己说，因"抱疾岁余，闭关谢客，于校中教员素鲜接洽"③。不过尽管如此，刘师培也并非不问世事，有些校内事务还是参与的。1918年1月19日，蔡元培发起成立北京大学进德会，征求会员，刘师培很快便加入其中，并在6月1日与蔡元培、陈独秀、章士钊、沈尹默、傅斯年、罗家伦等人一同当选为该会评议员。④同年4月30日，《国立北京大学廿周年纪念册》编竣发行，刘师培在其上发表《题词》，以所擅长的华丽骈文表示对北大建校二十载的祝贺。另外，应李泰棻之请，还曾在经学

---

① 《北京大学日刊》，1918-06-24、1918-06-25。
② 《北京大学日刊》，1919-03-26。
③ 《刘师培致公言报函》，载《北京大学日刊》，1919-03-24。
④ 《北京大学日刊》，1918-06-03。

上指教于他。①

二

在北大的三年里，刘师培学术上所做影响最为深远和取得成就最大的事情，是有关"中国文学""文学史"课程的讲授与《中国中古文学史讲义》的出版，它使《文选》派在文派之争中获得胜利，并在文学史的教学与研究方面奠定垂之后世的"典范"。

北大之有"文学史"课程，是从 1903 年开始的。这一年颁布的《奏定大学堂章程》，规定京师大学堂之"中国文学门"需开设"西国文学史""历代文章流别"等课程，并提醒教员"历代文章流别"一课，可仿日本的《中国文学史》"自行编纂讲授"。② 此前讲授"词章"，以吟诵、品味、模拟、创作为主，着眼于训练技能；如今改为"文学史"，则是一种知识传授，并不要求配合写作练习，"此举更接近日本及欧美汉学家的研究思路"。③ 1904 年，国文科教员林传甲刊印了他的讲义《中国文学史》，是为第一部借鉴和运用西方文学史著述体例而撰之中国文学史。

自 1906 年起，桐城派古文家的势力开始在京师大学堂文科居于优势。这年，对桐城文章情有独钟的古文家兼翻译家林纾进入大学堂任教④，不久桐城派的马其昶、姚永概、姚永朴等人先后进入任教，姚永概还曾一度担任文科教务长，桐城派就此稳居上风。他们的课堂讲授和

---

① 参见王森然：《李泰棻先生评传》，见《近代名家评传 初集》，392 页，北京，生活·读书·新知三联书店，1998。

② 《奏定大学堂章程》，见舒新城编：《中国近代教育史资料》中册，587～589 页，北京，人民教育出版社，1981。

③ 陈平原：《新教育与新文学——从京师大学堂到北京大学》，见《北大精神及其他》，257 页，上海，上海文艺出版社，2000。

④ 林纾为桐城派已为一般论者所认同，"实际上林纾从未认为自己属于桐城派，当时桐城派的几位主要人物也从未将他列入门墙"。引自王枫：《林纾非桐城派说》，见汪晖、陈平原、王守常主编：《学人》第 9 辑，605～620 页，南京，江苏文艺出版社，1996。所以，这里是将林纾作为桐城派的同盟者来看待。

有关讲义非从文学史入手，而是回到了传统文论的老路上去，与当时增加"文学史"课程的要求不符。1913年何燏时任北大校长后，要求对学校加以整顿，结果是林纾与姚永概因校园里的人事纠纷及文派之争，一并去职。第二年，胡仁源出长北大，夏锡祺被任命为文科学长，开始引进章太炎一系的学者，章氏的弟子马裕藻、沈兼士、钱玄同、黄侃等人陆续进入北大任教。黄侃在北大讲授《文心雕龙》，其后汇集讲义而成《文心雕龙札记》一书，颇得时誉，成为代表《文选》派的文论名著。与此同时，姚永朴仍在北大讲授桐城派的理论，著《文学研究法》，亦颇得时誉。双方在文学观念上针锋相对，但桐城派自林纾、姚永概离去后已是元气大伤，《文选》派则有章门弟子作后盾而士气正旺，所以后者渐占上风。

黄侃虽是章太炎的弟子，但在文学理论方面更多受到刘师培的影响。两人年岁相若，结识甚早，一直保持着朋友的关系。同在北大任教时，黄侃自觉经学不及刘师培，竟拜刘为师。[①] 刘师培的学说是《文选》派的后劲，他尽管于1917年方任教北大，可其文学主张十年前就已独树一帜。作为扬州后学，他继承并发展了乡先贤阮元的文学思想，强调"骈文一体，实为文体之正宗"，而"明代以降，士学空疏，以六朝之前为骈体，以昌黎诸辈为古文，文之体例莫复辩，而文之制作亦不复睹矣。近代文学之士，谓天下文章，莫大乎桐城，于方、姚之文，奉为文章之正轨。由斯而上，则以经为文，以子史为文；由斯以降，则枵腹蔑古之徒，亦得以文章自耀，而文章之真源失矣"。[②] 可见他对桐城派甚为不满，故加以指斥。[③] 对于刘师培的文学观念，章太炎并不完全赞同，黄侃则折中师说，推陈出新，但见解上更靠近刘师培。黄、刘二人

---

① 参见黄焯：《记先从父季刚先生师事余杭仪征两先生事》，见《量守庐学记——黄侃的生平和学术》，137页，北京，生活·读书·新知三联书店，1985。

② 刘师培：《文章原始》，见《刘申叔遗书》，1646页。

③ 在《论近世文学之变迁》等文中，刘师培亦多有指斥桐城之言，如"枵腹之徒，多托于桐城之派，以便其空疏"；"其墨守桐城文派者，亦囿于义法，未能神明变化。故文学之衰，至近岁而极"。引自刘师培：《刘申叔遗书》，1648页。

于 1917 年在北大携手共讲"中国文学"课①，使《文选》派一举占领北大讲坛。而姚永朴也恰在这一年离开北大，象征着桐城文派的退出讲台。从此，北大由崇尚唐宋古文，转为提倡魏晋六朝文。当然，"其后白话盛行，两派之争，泯于无形"②。但《文选》派所推崇的魏晋风度、六朝文章，经章太炎及鲁迅、周作人兄弟的努力转化，却成为现代中国最值得重视的传统文学资源。③

对于"文学史"，刘师培并不陌生。早在 1905 年，他就以《文章原始》《南北学派不同论·南北文学不同论》等文纵论文章之起源、发展历程和不同地域的文学发展历史，且引涩江保的《罗马文学史》证明文学变迁之理，"昔罗马文学之兴也，韵文完备，乃有散文；史诗既工，乃生戏曲。而中土文学之秩序适与相符，乃事物进化之公例，亦文体必经之阶级也"④。随后，他又编出《中国文学教科书》第一册⑤、《中国历史教科书》、《经学教科书》等概述学科演变历程的"讲义"式著作，从而熟知此类著作的编写"义法"。所以，一进入北京大学，讲授文学史，编写教科书，在他那里是驾轻就熟。自然，他在北大讲授文学史，还有一重意义，那就是摒弃了桐城派以传统文论代文学史的套路，恢复了当年林传甲编《中国文学史》时的初衷——以"文学史"作为知识传授的主要途径。而且从此以后，"文学史"的讲授格局基本被固定下来，形成较稳定的思路与方法，一直延续至今。当然这不是刘师培一个人努力的结果，当时与他同开各类文学史课程的朱希祖(亦为章门弟子)、吴梅、周作人等人亦功不可没。

---

① 在当时的中国文学门中，一年级"中国文学"课每周六小时，黄侃、刘师培各授三小时；二年级"中国文学"课每周七小时，黄侃四小时，刘师培三小时。参见《文科本科现行课程》，载《北京大学日刊》，1917-11-29。

② 章太炎：《文学略说》，见《国学讲演录》，243 页。

③ 参见陈平原：《中国现代学术之建立——以章太炎、胡适之为中心》，330～403 页。

④ 刘师培：《文章原始》，见《刘申叔遗书》，1646 页。

⑤ 该书名为"文学"教科书，实为"小学"教科书，刘师培在书前序例中说："文学基于小学……编辑国文教科书，首明小学，以为析字之基，庶古代六书之教普及于国民，此则区区保存国学之意也。……此编为《中国文学教科书》第一册，计三十六课，以诠明小学为宗旨。"引自刘师培：《刘申叔遗书》，2117 页。

刘师培在北大时的讲义和有关讲授内容主要有《中国中古文学史讲义》《汉魏六朝专家文研究》《文心雕龙讲录二种》等。《中国中古文学史讲义》于 1917 年即由北京大学出版部出版，并在此后多次再版；《汉魏六朝专家文研究》和《文心雕龙讲录二种》均为罗常培笔录，前者于 1945 年由独立出版社印行，后者以"左庵文论"为总题分载于《国文月刊》第 9、第 10、第 36 期。其中，《中国中古文学史讲义》最为著名，差不多成了经典之作。鲁迅曾赞誉道，中国文学史一类"我看过已刊的书，无一册好。只有刘申叔的《中古文学史》，倒要算好的，可惜错字多"[①]。《中古文学史》"辑录关于这时代的文学评论"，"对于我们的研究有很大的帮助。能使我们看出这时代的文学的确有点异彩"。[②] 鲁迅的看法可以说是代表了当时不少专家的共识，并非过誉。

前已言及，对于编纂文学史，刘师培并不陌生，是有自己的一定之规的。在研究方法上，他特别注意考察文学的变迁。这与他的文学史观念分不开，即"文学史者，所以考历代文学之变迁也"[③]。在《中国中古文学史讲义》(下文简称《讲义》)里，他以两课的篇幅(第三课"论汉魏之际文学变迁"和第四课"魏晋文学之变迁")专门谈文学变迁，把文学变迁放在一定的社会文化背景中加以考察，分析促使变迁的各种内外部因素，以及变迁中的各个流派。从文学史的研究实践看，这种方法是非常可取的，以至于惠及后学，成为"典范"。在《讲义》出版后通过的北大中国文学门教授会课程说明里，亦主张讲授文学史的目的在于"使学者知各代文学之变迁及其派别"，这显然是与刘师培的文学史观念相一致的，甚至可以说，是刘氏的研究实践促使文学史课教学思想走向成熟。在著述体例上，《讲义》采用的是先胪列古籍中之记述、而后案论之的方式，所以其中征引的文学史料和评论资料是极为详尽的，而作者个人的学术

---

① 鲁迅：《致台静农》，见《鲁迅全集》第 11 卷，609～610 页，北京，人民文学出版社，1981。

② 鲁迅：《魏晋风度及文章与药及酒之关系》，见《鲁迅杂文全集》，290 页，郑州，河南人民出版社，1994。

③ 刘师培：《搜集文章志材料方法》，见《刘申叔遗书》，1655 页。

见解则简明扼要，仅提纲挈领地出现。这种做法，也反映了刘师培的文学史研究观念。在《搜集文章志材料方法》一文中，他提出应该仿照晋人挚虞，编《文章志》和《文章流别》，前者以作家为纲，后者以文体为纲，"以为全国文学史课本，兼为通史文学传之资。惟斯事体大，必以搜集材料为主"。搜集《文章志》材料的方法为："就现存之书分别采择也"，"就既亡各书钩沉撼逸也"，"古代论诗评文各书必宜详录也"，"文集存佚及现存篇目必宜详考也"。① 不仅如此，他还认为"论各家文章之得失应以当时人之批评为准"②。可见，《讲义》独特的著述体例，是刘师培上述构想的具体施行和自觉实践，何况作为朴学家，这样做也体现其一贯的学术追求。

有了丰富翔实的资料作基础，加之刘师培文论方面的修养与见解，《讲义》一书在内容上便也不同凡响。首先，他在整体上把握住了各个时代文学的主要特色，展现出其绚丽夺目、异彩纷呈的风貌。在论汉魏之际时，认为"建安文学，革易前型"，它清峻、通侻、骋辞、华靡③；关于两晋文学，以往论者有"汉魏风骨，晋宋莫传"的看法，刘师培则不然，认为两晋文学实渊源于建安文学，"一为王弼、何晏之文，清峻简约，文质兼备，虽阐发道家之绪，实与名法家言为近者也。此派之文……溯其远源，则孔融、王粲实开其基。一为嵇康、阮籍之文，文章壮丽，撼采聘辞，虽阐发道家之绪，实与纵横家言为近者也。此派之文……溯其远源，则阮瑀、陈琳已开其始"④。对被历代古文家攻击尤甚的南朝文学，刘师培也给予较为客观的评价，说"南朝之文，当晋宋之际，盖多隐秀之词，嗣则渐趋缛丽。齐梁以降，虽多侈艳之作，然文词雅懿，文体清峻者，正自弗乏。斯时诗什，盖又由数典而趋琢句，然清丽秀逸，亦自可观。……至当时文格所以上变晋宋而下启隋唐者，厥

---

① 刘师培：《搜集文章志材料方法》，见《刘申叔遗书》，1655～1656 页。
② 刘师培：《汉魏六朝专家文研究》，见《中古文学论著三种》，陈辞编录，137 页，沈阳，辽宁教育出版社，1997。
③ 刘师培：《中国中古文学史讲义》，见《刘申叔遗书》，2366 页。
④ 刘师培：《中国中古文学史讲义》，见《刘申叔遗书》，2377 页。

有二因：一曰声律说之发明，二曰文笔之区别"①。其次，既倡"文笔论"，又不为其所拘，以开阔的视野看待中古文学。前已言及，刘师培在文学观念上受阮元影响较大，故重文、笔之别。阮元等骈文家，出于从古文家尤其桐城派手中夺取文学正宗地位的目的，大倡文笔之分，即"偶语韵词谓之文，凡非偶语韵词概谓之笔"②。以此视唐宋古文为笔，不能称文，六朝骈文才是正宗的文。刘师培服膺此说，故在《讲义》里多方申明（第二课"文学辨体"和第五课中一节"文笔之区别"专申此义）。平心而论，重倡"文笔论"，对于重新认定六朝文学的价值及其在文学史上的地位，是起了作用的。不过，若拘泥于文笔之分来研究六朝文学，则会影响对这一时期文学整体的把握。可贵的是，刘师培非眼界狭窄之辈，他不为先贤成说所囿，在《讲义》中不把研究对象局限于纯"文"学，而是以大文学观的视野，对六朝各类文章皆有所评述，尤重学术性文章的文学价值。如议论晋人之文，便说，在表疏、议礼之文方面，昭明《文选》"惟录张悛、桓温诸表。然晋代表疏，或文词壮丽，或择言雅畅，其弊或流于烦冗，为汉魏所无。又晋代学人，如司马彪、傅咸、吴商、孙毓、束皙、挚虞……郑袤之伦，其议礼之文，明辩畅达，亦文学之足述者也"③。作为学者和《文选》派的代表，刘师培最不满意于桐城的，便是他们的"枵腹蔑古"，没有学问，而六朝文学恰具博学为文的特色，所以受到刘的特别推崇。有论者评价说："《中古文学史》中最有发明、创辟的是在六朝文的研究方面，对六朝诗赋的艺术价值及特征，则鲜有超过前人的见解。"④这种评价，颇为妥当。

总之，刘师培在北大所从事的文学史教学与研究活动，尤其是《中国中古文学史讲义》的出版，确实起到了垂之后世的"典范"作用。诚如有论者所言："在现代中国学界，真正将'文学史'作为一'专门学问'来

---

① 刘师培：《中国中古文学史讲义》，见《刘申叔遗书》，2401页。
② 刘师培：《中国中古文学史讲义》，见《刘申叔遗书》，2365页。
③ 刘师培：《中国中古文学史讲义》，见《刘申叔遗书》，2391页。
④ 钱志熙：《旧学之殿军　新学之开山——刘师培〈中国中古文学史〉》，载《文史知识》，1999（3）。

深入探讨，而且其著述的影响历久不衰者，此书很可能是第一部。"①

三

刘师培在北大教学期间最为人诟病的一件事，是充任《国故》月刊的总编辑。此举一向被视为是与新文化运动相对抗，甚而被认作其"反动"本质不改的表征。

刘师培进北大不久，便因以往的不良作为和"保守"的文化观念而为人訾议。曾为刘氏老友、此时同为中国文学门教授的黄节致函蔡元培说："申叔(师培)为人，反复无耻，其文章学问纵有足观……不当引为师儒，贻学校羞。"②在学生中，"新潮派学生对于辜(鸿铭)、刘(师培)二氏攻击之更不遗余力"，对此，一贯秉持"兼容并包"之办学思想的蔡元培开导他们说："我希望你们学辜先生的英文和刘先生的国学，并不要你们也去拥护复辟或君主立宪。"③渐渐地，刘师培凭着讲学著述的卓异成就赢得学生们的尊敬，不料一个刊物的创办却打乱了他宁静的书斋生活，使他不自觉地被卷入时代大潮的旋涡中。

1919 年 1 月 26 日，《国故》月刊社在刘师培住宅坻正式成立，这是一个"以昌明中国固有之学术为宗旨"的月刊。它的发起始末是这样的："岁初，俞士镇、薛祥绥、杨湜生、张煊慨然于国学沦夷，欲发起学报，以图挽救。遂定期于张煊处讨论一次并草定简章数条，决定首谒教员征求同意，次向校长陈述。嗣谒诸教员皆蒙赞允，同学加入者甚夥，遂谒校长，请助经费。校长允与垫办，俟社中经费充裕时，再行偿还。次日

---

① 陈平原：《新教育与新文学——从京师大学堂到北京大学》，见《北大精神及其他》，273 页。

② 刘峻：《诗人黄节的思想和风格》，见刘斯奋选注：《黄节诗选》，308 页，广州，广东人民出版社，1984。

③ 曹建：《蔡孑民先生的风骨》，见陈平原、郑勇编：《追忆蔡元培》，23 页，北京，中国广播电视出版社，1997。

用发起人二十人名义上校长函请款，支领开办费三百元，本社遂以成立矣。"①刘师培、黄侃出任《国故》总编辑，陈汉章、马叙伦、康宝忠、吴梅、黄节、屠孝寔、林损、陈钟凡出任特别编辑，张煊、薛祥绥、俞士镇、许本裕等十名同学出任编辑。

1919 年 3 月 18 日，北洋政府安福系的喉舌《公言报》发表《请看北京学界思潮变迁之近状》，谓："国立北京大学，自蔡子民氏任校长后，气象为之一变，尤以文科为甚。文科学长陈独秀氏，以新派首领自居，平昔主张新文学甚力。教员中与陈氏沆瀣一气者，有胡适、钱玄同、刘半农、沈尹默等。……既前后抒其议论于《新青年》杂志……近又由其同派之学生，组织一种杂志曰《新潮》者，以张皇其学说。……顾同时与之对峙者，有旧文学一派。旧派中以刘师培氏为之首，其他如黄侃、马叙伦等，则与刘氏结合……仍亦组织一种杂志，曰《国故》。……二派杂志，旗鼓相当，互相争辩，当亦有裨于文化。第不言忘其辩论之范围，纯任意气，各以恶声相报复耳！"《公言报》的这篇报道，立即遭到《国故》月刊社和刘师培的驳斥，刘氏在致《公言报》函中说："读十八日贵报《北京学界思潮变迁》一则，多与事实不符。鄙人虽主大学讲席，然抱疾岁余，闭关谢客，于校中教员素鲜接洽，安有结合之事？又《国故》月刊由文科学员发起，虽以保存国粹为宗旨，亦非与《新潮》诸杂志互相争辩也。祈即查照更正，是为至荷！"②可见在刘师培眼里，提倡国故，"保存国粹"，并不意味着排斥新思潮，两者可并行不悖。但这种看法恐为刘氏的一厢情愿，因为从此之后，他便被视为与新文化运动相对抗的顽固、守旧一方的代表者之一，而且在习惯把拥护或反对新文化作为评判时人进步或反动之准绳的语境下，又有"反动"之嫌。不过今天回过头来平心静气地审视，刘师培的看法亦不无道理。

本来刘师培在北大是"讲学而不论政"的，这或许是他吸取以往从政论政不得善果的教训所致。不过对于文化问题，他还是保有自己的观念

---

①　《本社记事录》，载《国故》，1919(1)。

②　《刘师培致公言报函》，载《北京大学日刊》，1919-03-24。

并不时表露出来。相对而言，政治虽有其基本准则，但却是随局势变动不居的；而文化观念乃周围环境长期熏陶下所形成之价值取向，轻易难以改观。当然，在一定时期和特殊条件下，政治与文化是纠结在一起的，文化见解的差异往往被视作政治立场不同的表征，"五四"时期便是如此。刘师培本为"国粹派"学者，是1905年《国粹学报》创刊后最重要的撰稿人。该派学者的宗旨为"研究国学，保存国粹"①，刘师培对此终生倡导之，尽管他曾一度在政治上信奉无政府主义。《国故》创刊前的1918年夏，刘师培等人即曾计划复刊《国粹学报》《国粹汇编》，事虽未果，却表明他仍想继续当年的事业。此举曾遭鲁迅斥责："中国国粹，虽然等于放屁，而一群坏种，要刊丛编，却也毫不足怪。该坏种等，不过还想吃人，而竟奉卖过人肉的侦心探龙做祭酒，大有自觉之意。"②鲁迅的这一态度，代表了"五四"时期新文化倡导者的基本立场。而且以鲁迅在当时和后世的地位与影响，他的看法自然成了评判是非的一个标准。以此为出发点，《国故》月刊当然也是该被贬斥的。不过若结合当时的语境考察鲁迅此言，当可看出这是在旧势力围攻新文化、政治态度与文化见解纠结在一起的情境下所发的愤激之言，因此种情境已导致"守旧即反对革新"、非此即彼的偏激认识，当然鲁迅疾恶如仇的个性使得其言辞格外尖锐、有力。如果超越这一特定情境③，从学理角度平心而论，刘师培出任《国故》总编辑，不过是他再次继续《国粹学报》时期的事业而已。

从《国粹学报》的基本主张来看，其宗旨虽为"发明国学，保存国粹"，但对西学并不排斥，而是力主"会通"中西学术，即"学术所以观会通也……海通以来，泰西学术输入中邦，震旦文明不绝一线，无识陋

---

① 《国学保存会简章》。
② 鲁迅：《致钱玄同》，见《鲁迅全集》第11卷，351页。按，刘师培曾为清廷做过暗探，又研究《文心雕龙》，故鲁迅讥讽他为"侦心探龙"。
③ 在此一特定情境之外，深具中国古典文化修养的鲁迅未见得会出此言。从鲁迅对《中国中古文学史讲义》的评价可以看出，他对刘师培并非全盘否定，且其《中国小说史略》的成就亦可证明，平日严谨的学术研究著述与思想斗争时激愤的文字表达，在他那里是绝不混淆的。

儒，或扬西抑中，视旧籍如苴土。夫天下之理，穷则必通，士生今日，不能借西学证明中学，而徒炫皙种之长，是犹有良田而不知辟，徒咎年凶；有甘泉而不知疏，徒虞山竭，有是理哉?"①"本报于泰西学术，其有新理精识足以证明中学者，皆从阐发。阅者因此，可通西国各种科学。"②与此相对照，《国故》月刊的宗旨与主张颇为相类。"要之同人组织《国故》，其宗旨在昌明国学，而以发挥新义、刮垢磨光为急务。并非抱残守缺，姝姝奉一先生之言；亦非故步自封，驳难新说。时至今日，学无新旧，唯其真之为是。"③"凡学无论其属于国故，抑属于欧化，皆有研究之价值，皆当尽力发挥……二者正宜相助而不宜相斥。今之但知抄写欧化者，恒谓研究国故者无世界眼光。夫以国故为至高之学，谓即此已足，无事外求者，信乎其无世界眼光矣。然但知欧化而蔑视国故者，其无世界眼光正与之等。……吾为斯言，非反对输入欧化也……不过借外说以补己说之不足耳。"④从这些论述来看，《国故》月刊与《国粹学报》显然一脉相承，宗旨都在昌明国学，但同时又不排斥西学或欧化。有人认为《国粹学报发刊辞》是刘师培所作⑤，不论是否如此，作为刊物的《发刊辞》，其观点至少代表了包括刘氏在内的主办人的共同见解；而《国故》月刊上的主张亦必得到作为总编辑的刘师培的首肯，何况这种主张是他一向倡导的。所以，在刘师培那里，弘扬国粹与提倡以西学为代表的新潮并不矛盾，两者完全可以兼容并行。而且值得注意的是，此时的所谓"国粹"也难逃西潮的影响，就像有论者所指出的那样，刘师培等人"直以中国文化史上与西方现代文化价值相符合的成分为中国的'国粹'"⑥。

在刘师培任总编辑的《国故》一期至四期中，他先后发表了《毛诗词

① 《国粹学报发刊辞》。
② 《国粹学报略例》。
③ 《国故月刊社致公言报函》，载《北京大学日刊》，1919-03-24。
④ 张煊：《驳〈新潮〉〈国故和科学的精神〉篇》，载《国故》，1919(3)。
⑤ 参见方光华：《刘师培评传》，59页。
⑥ 余英时：《中国知识分子的边缘化》，载《二十一世纪》，1991(6)。

例举要》（略本）、《礼经旧说考略》、《蜀学祠文翁议》、《退邪诗钞序》、《搜集文章志材料方法》、《名原序》、《音论序赞》、《中庸说》、《象尽意论》、《隐士秦君墓志铭》等一系列学术论著、序跋文和碑铭等，皆为研究中国古典学术的学理性探讨之作，无一攻击新文化之文，甚至连与此相关的些许议论也没有。仅从这些论著来看，很难与后人所说的"封建复古"挂上钩。当然，刘师培不等于《国故》，《国故》月刊社里并非没有攻击新文化之人。《国故》月刊里仅有的几篇站在新文化对立面的文章皆出自黄侃和弟子张煊、薛祥绥之手，即黄侃的《题词》、张煊的《驳〈新潮〉〈国故和科学的精神〉篇》《言文合一平议》、薛祥绥的《讲学救时议》①，而且黄侃专以谩骂新文化及其倡导者为能事，这与刘师培形成鲜明对照。新文化运动的一个重要内容是以白话文为代表的新文学的兴起，这是所谓新旧两派之争的关键。据台静农回忆，"中文系新旧对立，只是文言白话之争。如反军阀统治，要求科学与民主，中文系新旧人物，似乎没有什么歧见"②。身为中文系的教授，刘师培"在课堂上绝少批评新文学，他主张不妨用旧有的文章体裁来表达新思想，这是用旧瓶装新酒的办法"③。此种态度，与他早年在《中国白话报》上大量撰写白话文和肯定"俗语入文""通俗之文"相比④，固然是倒退了，但与极力攻击新文学的林纾等人的立场是有区别的，与黄侃对白话文的激烈反对态度亦不可同日而语⑤。也就是说，在这一问题上，刘师培是较为温和的，尽管他亦站到了白话文的对立面，回到了《文选》派的立场。

刘师培与新文化"领袖"陈独秀的关系也很耐人寻味。刘师培是由陈

① 张煊《驳〈新潮〉〈国故和科学的精神〉篇》一文中有反对新文化的内容，但亦倡会通中西之义，不可简单归类。这里姑且归入此类。

② 台静农：《〈早期三十年的教学生活〉读后》，见《龙坡杂文》，163页。

③ 杨亮功：《早期三十年的教学生活　五四》，19页。

④ "就文字之进化之公理言之，则中国自近代以来，必经俗语入文之一级。……以通俗之文推行书报，凡世之稍识字者，皆可家置一编，以助觉民之用，此诚近今中国之急务也。"引自刘师培：《论文杂记》，见《刘申叔遗书》，711页。

⑤ 黄侃"抨击白话文不遗余力，每次上课必定对白话文痛骂一番，然后才开始讲课。五十分钟上课时间，大约有三十分钟要用在骂白话文上面。他骂的对象是胡适之、沈尹默、钱玄同几位先生"。引自杨亮功：《早期三十年的教学生活　五四》，22页。

独秀引荐进北大的，时逢新文化运动，在人们心目中，两人俨然分别成了"旧派"和"新派"的首领，似乎该针锋相对，但实情恰恰相反，"两人感情极笃，背后也互相尊重，绝无间言"①。1919 年 6 月 11 日，陈独秀因公开散发《北京市民宣言》而被捕，刘师培迅即与马裕藻、马叙伦、马寅初等几十位教授联名致函京师警察厅，要求将其释放。② 当然，陈独秀与刘师培是老友，关系自非一般，但在"五四"时期那种文化与政治纠结在一起——文化见解之差异往往被视作政治立场之不同——的历史情境下，两人仍保持如此良好的关系，当能说明一些问题。若将刘师培之所为与欲借军阀势力镇压新文化运动的林纾的言行相较，更能看出陈、刘二人相交的意义。如果放开视界来看，新文化运动与辛亥革命运动"在人物谱系上有一种承接的渊源"，任职于北大的部分新文化倡导者和一些对此持不同态度的文科教授，同为当年辛亥时期的革命党人，陈独秀与刘师培仅是其中的两个代表而已。"这两批赞成和反对新文化运动的原辛亥革命党人之间，在进入北大前，不少有师生、师友或共事革命的同志关系，交谊并不寻常。甚至可以说，如果不用太对立立场看待他们，在北洋军阀政府牢笼下的北京大学，能在蔡元培主持下，校政教务有大兴革，来自新文化运动倡导者以及来自维护传统的文化保守派的支持，相信也是原因。其关键当然是同样有辛亥革命党人的背景。"③

总之，刘师培在新文化运动中的言行尤其是出任《国故》总编辑的举动，不可简单归结为"倒退复古"、与新思潮相对抗，甚而认作为其"反动"本质不改的表现。他不过是秉持其一贯的文化观念行事，但在当时的特殊语境下，客观上站到了新文化的对立面。若超越这一特殊语境来看，其中的是非功过，还有待进一步研讨。④

---

① 陈觉玄：《陈独秀先生印象记》，载《大学》，第 1 卷，第 9 期，1942。

② 参见唐宝林、林茂生：《陈独秀年谱》，102 页。

③ 陈万雄：《五四新文化的源流》，58 页，北京，生活·读书·新知三联书店，1997。

④ 有学者认为，像刘师培这样的"国粹学派"中人"是否是文化保守主义者其实还大可商榷"，参见罗志田：《权势转移：近代中国的思想、社会与学术》自序，5 页。若依此思路，尚有许多与此相关的问题需重新思考。

1919 年 11 月 20 日，刘师培因病去世，终年 35 岁。12 月 3 日，在妙光阁出殡、公祭，"丧事由陈独秀先生主持"[①]，中国文学系诸同学参与"共同料理丧事，将刘先生遗著检齐，送交北大图书馆保存"[②]。翌年 3 月，也是由陈独秀派刘师培之弟子刘文典等人送灵柩回其故乡扬州安葬。

刘师培在北大前后不足三年，但留下的精神遗产是很丰厚的：一方面，他以国学大师之身为北大贡献了多方面的学术成就[③]，尤其是以文学史教学与研究的实绩垂范于世，令后学至今受益；另一方面，他为时代大潮裹挟，在新文化运动中充当了一个向来令人非议的角色，但其中的是是非非还远未穷尽，今天仍有再讨论的必要，而且讨论这样的话题，对于思考政治与文化的关系，重新界定近代中国史上的"激进"与"保守"，是极为有益的。

---

① 杨亮功：《早期三十年的教学生活　五四》，20 页。
② 陈觉玄：《陈独秀先生印象记》。
③ 北京大学出版社 1998 年为纪念百年校庆而出版的《北京大学百年国学文粹》中，"文学卷""史学卷""哲学卷"皆收有刘师培的文章，其贡献于此可见一斑。

《刘申叔遗书》编误举例

刘师培(字申叔，号左盦，1884—1919)去世后，遗作散于四方，好友南桂馨自 1934 年起出资搜集整理，直至 1938 年才全部刊行，题为《刘申叔遗书》。① 全书收入刘师培著作 74 种，其中论群经及小学者 22 种、论学术及文辞者 13 种、群书校释 24 种、诗文集 4 种、读书记 5 种、学校教本 6 种，除一些白话文和论无政府主义的著述及个别佚文外，可说是网罗殆尽，极大方便了学界的刘师培研究。该书之编定，钱玄同出力甚多，"佚稿之旁搜，总目之编次，胥由公力疾任之"②。而且钱氏还为总目写了不少说明文字并编有《左盦年表》和《左盦著述系年》，为后世的研究者在资料的利用上提供了很多方便。但由于钱氏当时身体欠佳③，"精神衰惫，头目眩瞀"④，加之有些资料未能找到，以及其他诸种因素，故使该书之编次存有若干舛误。今约举数例，予以匡正，以求历史文献之完善，并图对今之研究者有所裨益。

---

① 该书初版时，题民国二十五年宁武南氏排印，实则民国二十七年才最后编竣印行。

② 郑裕孚：《刘申叔先生遗书后序》，见《刘申叔遗书》，民国二十五年宁武南氏排印本，2408 页，南京，江苏古籍出版社，1997。

③ "患血压高亢及右目昏眊者两年有半矣"。引自钱玄同：《刘申叔先生遗书总目后记》，见刘师培：《刘申叔遗书》，10 页。《刘申叔遗书》付印不久，钱玄同便于 1939 年年初患脑出血病逝。

④ 钱玄同：《刘申叔先生遗书序》，见刘师培：《刘申叔遗书》，32 页。

一、关于《小学发微》

1903年，刘师培在上海与章太炎相交，两人极为投契，引为知己。不久章太炎因"苏报案"被捕入狱，在狱中曾收到刘师培手札和所撰《驳太誓答问》《小学发微》两文，章太炎在给刘师培的复信中称赞《小学发微》是"以文字之繁简，见进化之第次，可谓妙达神指，研精覃思之作矣。"①《驳太誓答问》已收入《刘申叔遗书》之《左盦外集》卷一（作《驳泰誓答问》），《小学发微》则未见收入《遗书》。

《小学发微》疑已佚。钱玄同在编定《遗书》时认为《小学发微》与刘师培的《论小学与社会学之关系》一文（刊于《警钟日报》1904年11月21日至12月3日，收入《遗书》之《左盦外集》卷六）为异题同文，"盖此篇初名《小学发微》，登报时欲求意义明显，故改题为《论小学与社会学之关系》"。② 实则二者非同文。其证有三：一是刘师培本人非以二者为同文，而是视作独立的两篇文章，如在其于1905年的作品《周末学术史序》夹注中，他几次分别提及"见旧作《小学发微》""见旧作《小学与社会学之关系》"③；二是两文宗旨有所差异，《小学发微》所述之义在于"以文字之繁简，见进化之第次"，即以文字之变迁证明社会进化之理，而《论小学与社会学之关系》则以"西人社会之学""考中国造字之原"④，其中虽也涉进化之理，但非以此为目的；三是从《论小学与社会学之关系》所征引的译著看，该文脱稿的时间不可能早于1904年1月，因文中多次征引的严复译甄克思《社会通诠》一书在1904年1月由商务印书馆首

---

① 《章太炎再与刘申叔书》，载《国粹学报》，第1期，1905；章太炎：《癸卯与刘光汉书》，见《太炎文录初编》文录卷二；刘师培：《与刘光汉书二》，见《刘申叔遗书》，20页。

② 钱玄同按语，参见刘师培：《刘申叔遗书》，1438页。

③ 刘师培：《周末学术史序·文字学史序》，见《刘申叔遗书》，519～520页。

④ 刘师培：《论小学与社会学之关系》，见《刘申叔遗书》，1427页。

次出版①，而《小学发微》则是 1903 年（癸卯年）刘师培送给章太炎的作品②。

二、关于《中国民族志》

钱玄同在将《中国民族志》编进《刘申叔遗书》时，系其出版之年为民元前七年，即 1905 年，并注明："此书系郑君（按：指郑裕孚）向伦哲如君借得原印本录印，而未录原书末页所记之出版年月及处所，故今不能确知其作年。考宋渔父君（教仁）之《我之历史》（即其日记，一名《宋渔父遗著》），于民元前七年乙巳阳历八月二日记有鄂友寄来《中国民族志》之语，则此书殆作于前七年乙巳或前八年甲辰也，今姑系之前七年。"③今在北京大学图书馆得见此书原印本，末页所记内容为：癸卯十月出版；著作者：光汉子（刘师培笔名之一）；发行者：中国青年会；发行所：上海棋盘街恒德里二十世纪丛书社。封面亦标注：癸卯十月，中国青年会出版。由此可知，《中国民族志》出版于癸卯年十月，公历当为 1903 年11 月，而非 1905 年。另，有学者认为《中国民族志》出版于 1904 年年初④，亦误。

三、关于《匪风集》

钱玄同在将《匪风集》收入《刘申叔遗书》之《左盦诗录》时，认为《匪

---

① 严璩：《侯官严先生年谱》，见王栻主编：《严复集》第 5 册，1549 页。

② 《章太炎再与刘申叔书》；章太炎：《癸卯与刘光汉书》，见《太炎文录初编》文录卷二；刘师培：《与刘光汉书二》，见《刘申叔遗书》，20 页。

③ 钱玄同：《刘申叔先生遗书总目后记》，见刘师培：《刘申叔遗书》，5～6 页。

④ 参见李妙根编：《刘师培生平和著作系年》，见《刘师培论学论政》，481 页，上海，复旦大学出版社，1990。

风集》"编定时当在丙午丁未间"，即 1906—1907 年，理由是《匪风集》手稿"篇首初署'仪征刘光汉'，后改'光汉'二字为'师培'……申叔初名'师培'，癸卯至上海，喜言民族主义，改名'光汉'；及丙午岁杪避地日本，'光汉'之名不能用于国内，故乙巳丙午之《国粹学报》所刊申叔诗文皆署'光汉'，而自丁未始乃改署旧名'师培'；丁未秋冬间，申叔在日本治社会主义，不复言民族主义，自是遂废'光汉'之名……《匪风集》中之诗，颇多言民族主义者，如《宋故宫》《读王船山先生遗书》《书顾亭林先生墨迹后》诸篇皆是，故知其编定于丙午丁未间也"[①]。实则早在 1904 年 9 月 7 日至 12 日刘师培于《警钟日报》发表《甲辰年自述诗》时，便已在诗中自注："予著《匪风集》诗词"；在《左盦诗》自序中他又说："年际弱冠，浸润世论，西江之体研钻较劬。曾鸿衰所作，刊为《匪风集》。"[②]刘师培生于 1884 年，1904 年恰为其弱冠之年。另外，《警钟日报》于 1904 年 11 月 6 日刊出署名自芸的诗《赠仪征刘光汉，即题〈匪风集〉》，11 月 25 日该报又刊出丹斧的《读〈匪风集〉诗，赠光汉》。可见，《匪风集》至少在 1904 年已编定。不过值得注意的是，钱玄同收入《刘申叔遗书》的《匪风集》系采自刘师培家藏手稿，内有诗 55 首、无词，而刘师培在《甲辰年自述诗》中的自注却是"予著《匪风集》诗词"。或许刘氏自 1904 年后又对《匪风集》重新修订过（如钱玄同所言"编定时当在丙午丁未间"）。因未见《匪风集》原始刊本或刘氏家藏本，存疑待考。

四、其　他

《王船山史说申义》。钱玄同在将该文编入《刘申叔遗书》之《左盦外集》时，认为"《黄帝魂》中之《王船山史说申义》一篇，亦系录自《警钟日

---

① 钱玄同：《左盦诗录后记》，见刘师培：《刘申叔遗书》，1938 页。
② 刘师培：《左盦诗自序》，见《刘申叔遗书》，1911 页。

报》者"①。按,《黄帝魂》印成于 1903 年 12 月 19 日(农历十一月一日),内确收有《王船山史说申义》。而《警钟日报》是 1904 年 2 月 26 日从《俄事警闻》改版而来,《黄帝魂》不可能从晚出之《警钟日报》中选录文章,且查《警钟日报》可知,该报未登过此文。所以,这里系钱玄同失考。另,章士钊回忆说《王船山史说申义》是他的作品。② 因该文发表时无署名,难以稽考。

《论中国对外思想之变迁》。钱玄同在《刘申叔先生遗书·左盦外集》目录后记中说:"前八年甲辰,刘君(师培)在上海任《警钟日报》主笔,所撰文字为余今忆及者,有《思祖国篇》《论中国对外思想之变迁》诸篇。"③按,《警钟日报》于 1904 年 6 月 20、21 日刊有《论中国对外思想之变迁》,但非该文初次发表,此前(1904 年 3 月 17 日)出版的《江苏》第9、第 10 期合本上便有《中国对外思想之变迁》一文,署名申叔,内容与《警钟日报》所刊者相同,仅个别文字有异。显然,钱玄同未注意到《江苏》杂志先发之文。

《原戏》。钱玄同在把《原戏》收入《刘申叔先生遗书·左盦外集》时,系其发表之年为民元前五年(1907 年),依据该文发表于 1907 年 10 月26 日出版的《国粹学报》第 34 期,赵万里《刘申叔先生著述目录》(《北平图书馆月刊》第 1 卷第 6 号,1928 年 12 月)同于钱玄同系年。实则该文先发表于 1904 年 10 月 30 日的《警钟日报》上,署名光汉。《国粹学报》所发者只是在文字上稍有改动而已。

---

① 钱玄同:《左盦外集目录后记》,见刘师培:《刘申叔遗书》,1301 页。
② 参见章士钊:《疏〈黄帝魂〉》,见中国人民政治协商会议全国委员会文史资料研究委员会编:《辛亥革命回忆录》第 1 集,232 页。
③ 钱玄同:《左盦外集目录后记》,见刘师培:《刘申叔遗书》,1301 页。

附录一：韦伯学说与美国的中国研究

——以费正清为例

马克斯·韦伯（Max Weber）是德国著名社会学家、历史学家、经济学家和政治学家，他的宗教社会学、政治社会学思想及其社会科学方法论在世界范围内具有经久不衰的影响。对于中国问题，韦伯也留下了《儒教与道教》（*Confucianism and Taoism*）等著作，开启了海外中国研究的一个新趋向，即从发生学的意义上去追问"理性资本主义"（Rational Capitalism）在中国能否产生的问题。这一"韦伯式命题"深刻影响了海外中国学家，他们的大量成果是沿着这一命题追踪的产物。作为海外中国研究的中心，美国的中国研究成就主要成就仍未脱离"韦伯式命题"的轨道，在这方面，费正清（John King Fairbank）的研究成果具有某种代表性。

一

作为一名百科全书式的学者，韦伯在社会科学领域里取得了多方面成就，其中最广为人知的，当属他于1904年至1905年以论文形式分两次发表的《新教伦理与资本主义精神》（*The Protestant Ethic and the Spirit of Capitalism*）。在这部著作中，他侧重考察了某些宗教观念或者说一种经济制度的社会精神气质（ethos）对于一种经济精神的发展所产生的影响。① 在他看来，以社会精神气质为表现的时代精神，与特定社会的文化背景有某种内在的渊源关系；在一定条件下，这种精神力量决定着事业的成败。具体地说，他认为，西欧资本主义的产生是以表现在欧洲宗教改革后的基督新教伦理中的"资本主义精神"为支撑，这种精神是西方理性主义发展的结果。在这里，韦伯特别强调西方理性主义的作用，唯有它才发展出体现在新教伦理中的资本主义精神。他说："我们的当务之急就是要找寻并从发生学上说明西方理性主义的独特性，并在这个基础上找寻并说明近代西方形态的独特性。"然而他并不满足于仅仅说明西方的这种独特性，无尽的求知欲望和深入解释这一现象的需要驱使他进一步追问"为什么资本主义利益没有在印度、在中国也做出同样的事情呢？为什么科学的、艺术的、政治的、或经济的发展没有在印度、在中国也走上西方现今所特有的这条理性化道路呢？"② 为了回答这些问题，韦伯投入大量精力系统研究了印度宗教、中国宗教等，写出《印度宗教》(*The Religion of India*)、《儒教与道教》等一系列宗教社会学论著。

《儒教与道教》是韦伯对中国的宗教社会学研究的集中体现。这项研究完成于 1913 年至 1915 年，最初在 1915 年《社会科学和社会政策文库》上以《儒教》的标题发表。1919 年韦伯对文章进行修改后以《儒教与道教》的标题收入 1920 年出版的《宗教社会学论文集》第一卷中。《儒教与道教》的基本内容是从物质因素和精神因素两方面阐释中国宗教与中国社会的关系。在第一篇《社会学的基础》(第一章至第四章)里，韦伯重点考察了中国社会的物质——制度层面：货币制度、城市与行会、家产制国家、宗族组织、法律等；在第二篇《正统与道教》(第五章至第七章)里，韦伯集中考察了理性资本主义无法在中国出现的精神——"心态"因素。

---

① 参见[德]马克斯·韦伯：《新教伦理与资本主义精神》，于晓、陈维纲等译，16 页，北京，生活·读书·新知三联书店，1987。
② [德]马克斯·韦伯：《新教伦理与资本主义精神》，于晓、陈维纲等译，15 页。

韦伯对中国的"社会学基础"的分析，首先从货币制度与城市入手，因为这两个因素与资本主义的产生有着密切的关系。韦伯认为，货币的使用是经济活动理性化的一个极其重要的方面。货币制度的发展可视作资本主义产生的标志之一。然而在中国，情况却比较特殊，虽有货币经济的大幅度发展，却未形成一套有效率的货币制度，而且"这种发展并没有冲破传统主义的束缚，相反地倒是强化了它。从这里可以看出，资本主义的现象并没有明显地被激发出来"①。中国的城市也与西方的城市不同，"西方古代的城市、中世纪的城市与罗马教廷以及由此而产生的国家，乃是财政理性化、货币经济，以及以政治为取向的资本主义的承担者"②。而在古代中国，以城郭为地域界限的城市虽有很大发展，但缺少西方中世纪以来城市在政治和军事上的自主性，因而无法产生类似西方近代的新兴市民阶级，这是一个标志着资本主义兴起的阶级。由于缺乏形式的和可靠的法律来保护工商业的自由发展，在中国城市里从工从商的居民只能组成同业行会，实行集体的自我保护。行会虽然在组织上是独立的并在社会经济生活里起着举足轻重的作用，但其基本权益仍无法得到法律的保护，加之行会内部起作用的是传统的宗族观念，缺乏理性的非人格化的关系，难以实行科学的理性计算，以致无法在此基础上形成自由与合作的社会劳动组织形式。

在分析了中国的货币制度、城市与行会后，韦伯又对中国特有的家产制国家形态、宗族组织等社会体系以及法律制度进行了系统考察。他指出，在战国时期，"战国诸侯为争夺政治权力的竞争，导致诸侯的经济政策的理性化"③。但自从秦始皇统一六国、建立家产官僚制国家（俸禄国家）以后，为资本或经济理性化的政治竞争消失了；由于国内的和平，致使促成西方政治资本主义发展的战争贷款与作战佣金在中国无法产生。在秦以后的家产官僚制国家里，由于朝廷对地方控制疏松，地方

---

① ［德］马克斯·韦伯：《儒教与道教》，洪天富译，18 页，南京，江苏人民出版社，1995。

② ［德］马克斯·韦伯：《儒教与道教》，洪天富译，18～19 页。

③ ［德］马克斯·韦伯：《儒教与道教》，洪天富译，53 页。

政府各行其是，因而无法建立有效的理性化的行政体系。这种局面很难改变，"改革毫无希望，这是可以估计到的，因为不仅有一股巨大的物质利益与之对立，并且也没有独立于这些利益团体之外、而与利益无涉的执行机构来实现它。各州省的'分离主义'尤其是财政上的分离主义，其根源就是这种传统主义。这是因为任何统辖的中央化，都会极为严重地危害到州省官吏及其非官方党羽的俸禄。正是这个因素，使得帝国中央统辖的理性化、以及统一的经济政策无法实现"①。另外，传统中国社会的官吏阶层，以官为谋取土地财富的手段。这种模式的"经营"，在韦伯看来，只能算是"掠夺式的资本主义"，而与西方近代理性的、资产阶级的资本主义恰恰背道而驰。中国的血缘体系对资本主义的产生与发展也有不利的影响。韦伯指出，无论在城市还是在乡村，宗族组织在社会生活中都起着极为重要的作用，该组织"无所不能"，甚至拥有超越和抗拒法律的权力，实际是一个一切以传统为准绳的封闭、自律的社会生活组织。当任何一个宗族成员感觉自己蒙受了不平待遇时，以血缘纽带联系起来的宗族便会团结一致起而支援他，这种团结一致的抵抗，"自然比西方自发形成的工会所发动的罢工，还要来得有威力。因此之故，现代大企业所独具的'劳动纪律'与自由市场的劳工淘汰，以及任何西方式的理性管理，在中国便受到阻碍"②。长期以来以血缘结合和地缘结合为主体的社会生活以及宗族组织对其成员的严格控制，不仅深深影响着每个人的思想和行为，造成人们崇尚传统、注重人伦孝悌、以家族和同乡的好恶为是非标准，而且使得个人丧失了独立性与个体性。所有这一切都与从事资本主义大生产的现代理性劳动组织的要求、以业缘为主实行人的组合必须奉行普遍主义的社会性道德相反，客观上必然会阻碍资本主义精神在中国的发生和发展。再从法律上看，中国缺乏理性的法律和训练有素的司法官吏。韦伯认为，中国历代的刑律本质上是"伦理规范"，即"伦理规范的法典化"，而不是法律规范体系。"以伦理为取向

---

① ［德］马克斯·韦伯：《儒教与道教》，洪天富译，75页。
② ［德］马克斯·韦伯：《儒教与道教》，洪天富译，115页。

的家产制，无论是在中国还是在其他各地，所寻求的总是实际的公道，而不是形式法律。"①"形式法律"才是能保障现代资本主义经济可靠运行的法律。故而韦伯得出结论，"在中国，由于缺乏一种形式上受到保证的法律和一种理性的管理与司法，加之存在着俸禄体系和根植于中国人的'伦理'里、而为官僚阶层与候补官员所特别抱持的那种态度，所以不可能产生西方所特有的理性的企业资本主义"②。

值得注意的是，韦伯在分析中国社会物质——制度层面上种种不利于资本主义的因素的同时，也指出了中国社会有利于资本主义发生、发展的内容，如"中国人的勤勉与工作能力一向被认为是无与伦比的……商人行会，较之世界上任何一个国家都要来得强而有力，其自主权实际上几乎是无限的。在欧洲人看来，中国人口自 18 世纪以来有了如此巨大的增长，贵金属的储备又不断增加，这应该是资本主义发展的大好机会"。③ 但尽管如此，中国却没有产生出韦伯所特指的"资本主义"——理性资本主义，这种资本主义以欧洲理性主义为精神基础，以理性的资本核算为集中体现，是由一套独特的行为方式、思维方式和价值观念构成的文化体系。显然，仅从物质因素入手，很难全面解释中国为何产生不了这种资本主义，因而韦伯又把考察的视角伸向中国社会的精神层面——宗教思想上。

在韦伯眼里，中国的宗教(广义上的信仰，非以有神、无神为判断标准)具有同社会制度结构相一致的特点。无论是儒教，还是道教，都是如此。儒教的主要社会基础是士人阶层，这一阶层是理智而又现实的，在这个意义上儒教具有鲜明的入世理性主义成分。儒教来源于孔子言行中所体现的伦理思想、礼仪和实践教化，讲求信念伦理，是一种入世的道德伦理，终极关怀在于现世的道德自我完成和人格境界的完满，也就是说"儒教所关注的只是此世的事物"④。这样一种宗教必然缺乏对

---

① ［德］马克斯·韦伯：《儒教与道教》，洪天富译，122 页。
② ［德］马克斯·韦伯：《儒教与道教》，洪天富译，124 页。
③ ［德］马克斯·韦伯：《儒教与道教》，洪天富译，78 页。
④ ［德］马克斯·韦伯：《儒教与道教》，洪天富译，181 页。

形而上学的关心，对超自然的冥冥力量无认真的兴趣。出于朴素的、现实的、乐观的世界观立场，儒家把宇宙和社会视为和谐的，在西方宗教观念中天与人之间、世界与超越的绝对者之间的"紧张对立"被化简到最低程度，而且儒教也无法像基督教那样培养出个人的独立人格和自主伦理。正是由于缺乏内心的"紧张性"以及没有个人在伦理上的自主和自觉，使得儒家没有摆脱传统和习俗的内在力量作为影响行为和精神的支点，陷入传统主义而无法自拔，这是儒家个人无法对其本性、对政治权威、对社会传统和习惯势力加以制约和抗衡的内在原因。进言之，儒教与基督新教（清教）的走向在几乎所有方面都是相异的。尽管韦伯把二者都归入理性主义宗教范畴，但二者在内在价值取向上存有根本差异："儒教的理性主义旨在理性地适应现世；而清教的理性主义旨在理性地支配这个世界。"①儒教惧怕任何的改革；而清教为了能理性地支配这个世界，主张对此世进行剧烈的变革。中西社会走上不同发展道路的内在精神原因正在于此。具体来说，儒教始终产生不出有助于理性资本主义出现的"伦理特质"，这些特质包括禁欲伦理制约下的没有顾忌的实践理性主义；务实的企业经营方法；憎恶非法的、政治的、殖民的、掠夺的、垄断的资本主义；肯定日常经营的冷静、严格的合法性与有节制的理性动力；理性地评估技术上的最佳办法以及实践上的可靠性和目的性等，"总之，这种无情的、宗教上系统化的、任何理性化禁欲主义所特有的、'生活于'此世但并不'依赖于'此世的功利主义，有助于创造优越的理性的才智，以及随之而来的职业人的'精神'，而这种才智与精神，儒教始终是没有的。也就是说，儒教适应现世的生活方式虽然是理性的，但是由外到内地被决定的，而清教的生活方式却是由内到外地被决定的。这种对比有助于我们认识到，光是与'营利欲'及对财富的重视相结合的冷静与节约，是绝对不可能产生出以现代经济的职业人为代表的'资本主义精神'的。典型的儒教徒使用自己以及家族的储蓄去获取典籍的教养，并接受训练以应付考试，以此为取得一个有名有利的地位打下

---

① ［德］马克斯·韦伯：《儒教与道教》，洪天富译，277 页。

良好的基础。典型的清教徒则挣得多，花得少，出于禁欲的强制储蓄的愿望，将所得变为资本，再投资于理性的资本主义企业。这两种伦理精神里都包含有'理性主义'……但是，只有清教的理性伦理及其超世的取向，才能彻底贯彻现世的经济理性主义。"①

韦伯认为作为正统主流之儒教的取向是入世的，主张以理性的方式适应此世；而道教的取向则是出世的，主张通过非理性的玄思静默在宇宙秩序的终极原则上求得启示与巫术的力量，以贬斥现存世界。值得注意的是，尽管儒道二教在取向上截然对立，但在根本点上却是一致的，即都要求人们按照传统主义在现世中行动，而且"就其作用而言，道教在本质上比正统的儒教更加具有传统主义的性质。这完全决定于道教专事以巫术为取向的救世技术。其巫师为了自己整个的经济生活，直接将关注点放在维持传统，尤其是维护传统的鬼神论上。因此'切莫提倡变革'这个明确的原则，归之于道教，是一点也不奇怪的"②。道教这一特性与以激励人们改变既有世界为教旨的清教形成了鲜明对照。不仅如此，道教也缺乏清教所具有的"职业伦理"的积极特性，这是由道教冥思、神秘的性质所决定的。③ 另外，道教中所盛行的巫术般的信仰和迷信，是与任何一种理性的思维或者系统性的世俗行为水火不相容的，亦与基本抛弃了巫术和迷信的清教大相径庭。因此，与儒教类似，道教在功能上也有碍于理性资本主义在中国的形成与发展。

总体上看，通过在《儒教与道教》一书中的反复论证，韦伯达到了自己的目的，即解释了中国之所以没能成功地发展出像西方那样的理性资本主义，除"社会学基础"与西方相异外，主要原因在于缺乏一种类似基督新教的特殊宗教伦理作为不可缺少的鼓舞力量。显然，这是以《新教伦理与资本主义精神》一书所提供的资本主义的"思想类型"为参照系所得出的结论。从该书的内容看，这样一个参照系的西方中心性质是不言

① ［德］马克斯·韦伯：《儒教与道教》，洪天富译，276～277 页。
② ［德］马克斯·韦伯：《儒教与道教》，洪天富译，231 页。
③ 参见［德］马克斯·韦伯：《儒教与道教》，洪天富译，214 页。

自明的。也就是说，在宗教社会学和资本主义问题的研究上，韦伯是一位典型的西方中心论者，他完全是从西方的视角出发，引证中国史料以完善其宗教伦理与理性资本主义之关系的理论架构。基于这种考虑，他所使用的方法是比较和"理想类型"的方法。在《新教伦理与资本主义精神》中，他根据自己提出的"理想类型"，强调了那些可以说是与资本主义精神有着广泛一致性的教义，而忽略了那些显得与资本主义精神不和谐的因素；在《儒教与道教》中，他却采用了相反的程序，强调了那些阻碍理性的经济活动的精神因素，而贬低或忽略那些似乎是十分符合经济理性的因素。同样，他在引用中国史实时是以其"理想类型"作为选取标准的，如提及大禹治水、王安石变法、太平天国等，却忽略了中国历史上另外一些相当重要的内容，甚至把一些超出我们常识范围的现象与观念置于主要地位，反而令不少我们所熟知的人物、制度、事件退居幕后。这样一种构想和安排，自然会使他所提出的问题能得到一个较为圆满的解答。令他始料不及的是，这种"韦伯式命题"——从发生学的意义上去追问理性资本主义在中国能否产生——以及他的解答方式却对海外中国研究产生了颇为深远的影响。

二

尽管韦伯生前在德国社会科学界已享盛名，但其学说在国外产生广泛影响却主要是在其去世后，特别是在第二次世界大战后，在传播韦伯学说、扩大韦伯影响方面，美国社会学家塔尔科特·帕森斯（Talcott Parsons）发挥了重要作用。

帕森斯早年留学于德国海德堡大学，精心研读过韦伯著作，1927年他以桑巴特（W. Sombart）和韦伯论述中的资本主义问题为题通过论文答辩，获得博士学位，返美后旋即将《新教伦理与资本主义精神》译为英文于1930年出版，使韦伯这部重要著作开始在英语世界里广为人知。1937年，帕森斯在其成名作《社会行动的结构》（*The Structure of Social*

Action)中，系统阐述了韦伯在广泛领域里对社会学理论做出的贡献，从此韦伯思想在英语世界更是引起各方注意。由于帕森斯的大力推介，也由于第二次世界大战后的特殊形势，50 年代的美国出现了"韦伯热"，韦伯的著作被大量译成英文出版，《儒教与道教》便是在 1951 年由 H. 格斯(H. Gerth)译成英文在纽约出版，阐释、研究韦伯思想的著述也大量涌现。可以说，韦伯在此时的美国学术界已是影响最大的人物之一。

第二次世界大战后，美国出现了区域研究(Regional Studies)的热潮，中国研究(Chinese Studies)也逐渐从古典汉学(Sinology)的规范中分离出来，纳入区域研究的轨道。区域研究是对特定国家或地区的专门研究，尤其是对战后摆脱殖民地、半殖民地地位而独立的国家的研究。这些国家独立后面临的是现代化建设问题，区域研究的指向便也往往是它们如何进入现代社会的问题，这就直接或间接地与韦伯的论题——理性资本主义如何产生——发生了关联。另外，区域研究一般指同时使用社会科学的各种手段进行综合研究，韦伯恰恰是这方面的典范，他独到的社会科学方法论也给这种研究提供了借鉴。因此，区域研究与"韦伯热"在当时的美国是互动的。作为区域研究的组成部分，中国研究亦感受到了韦伯的影响并从中受到很大启示。

费正清是第二次世界大战后美国中国研究的核心人物之一，他积极倡导摆脱古典汉学旧有规范的区域性中国研究，并且身体力行，1946 年出任哈佛大学区域研究(中国)项目的第一位主持人，1955 年创建了哈佛大学东亚研究中心并出任主任，直至 1973 年。1977 年他退休时，该中心被命名为费正清东亚研究中心。费正清研究中国问题的早期代表作是 1948 年出版的《美国与中国》(*The United States and China*)，它是一部概括性的评述著作，体现了区域研究使用社会科学各种手段的特点。它就中国问题所做的多学科的分析，一部分是依据费正清所记录的其他学科的权威学者们对中国区域性研究发表的见解。他曾请国际和区域研究专家委员会(Faculty Committee on International and Regional Studies)的三位成员卡尔·费里德里奇(Carl Friedrich)、爱德华·梅森(Edward S. Mason)和塔尔科特·帕森斯用一些选择得当的词句把政治

学、经济学和社会学的基本原理分别概括出来，然后在他们各自的演讲
中用更为简明的方式把这些原理运用于说明中国的具体情况。在这一过
程中，费正清自承学到了许多新知识，了解了这几位学科带头人所代表
的各学科的最基本的方法。① 值得注意的是，韦伯学说的传播者帕森斯
在此项工作中发挥了重要作用，他的理论非常有助于费正清形成自己的
关于中国的基本思想。此时的帕森斯把韦伯解释为一个预见到现代化前
景的先知，完全从西方中心的立场出发把韦伯丰富的思想内涵局限于一
元的现代化理论樊篱内，理性资本主义如何发生的命题已成了现代化理
论的题中之义，即现代化之路便是理性资本主义之路。这一带有韦伯色
彩的现代化理论给予费正清启示，他的《美国与中国》一书的分析框架明
显具有该理论的味道，其中包括一批关系松散的有关现代化进程的终点
的假设，这些假设与那些作为西方发达国家制度和价值观的基础的东西
大致相似。由于注意到亚洲的现代化绝不会具有西方个人主义和资本主
义的特征，他否认现代化等于西化。然而，他衡量现代化的标准——工
业化、经济福利、民众对政治的参与、民族主义、科学和民主——与当
时正流行的现代化理论几乎如出一辙。② 尽管费正清多次表明他厌恶抽
象理论，不想建立关于中国历史的一般理论，但《美国与中国》的初版本
却表明理论架构的不可避免，而且内中有韦伯的影子在——这也是费正
清所不愿承认的。当然，费正清有他的独到之处，他否认现代化等于西
化，这一点是对帕森斯借韦伯表达出的一元现代化理论的超越。不过从
根本点上说，费正清并无实质性的突破，因他所认同的现代化标准，仍
是帕森斯所大力宣扬的标准，这些标准是典型的西方式标准，是理性资
本主义所应实现的目标。从这个角度看，费正清还是在"韦伯式命题"的
笼罩之下。

　　《美国与中国》的初版本还奠定了费正清对中国近代史的基本看法，

---

① 参见[美]费正清：《费正清对华回忆录》，陆惠勤、陈祖怀、陈维益等译，395页，北
京，知识出版社，1991。

② Paul M. Evans, *John Fairbank and the American Understanding of Modern China*,
New York, Basil Blackwell Inc. 1988, p.111.

即中国近代史基本上是一部中国对西方做出反应的历史。古代中国相对稳定的传统秩序一直延续到 19 世纪，此时它遇到了一种截然不同的文明——西方文明，西方的冲击无可挽回地改变了中国的社会和政治，注入了引起现代化并导致永久性变化的力量；面对这一冲击，中国做出的回应是逐渐引进引起"永久性变化"的要素的同时，背弃传统的"周期性变化"模式，走上现代化道路。这就是著名的"冲击—回应"模式（impact-response model），它假设西方资本主义社会是一个动态的近代社会，而中国社会则是一个长期处于停滞状态的传统社会，缺乏自身发展的内在动力，只有经过西方的冲击，中国传统社会才有可能摆脱困境，获得发展。在费正清与邓嗣禹 1954 年合作出版的《中国对西方之回应》（*China's Response to the West*）一书中，费正清曾对这一模式做了描述，他认为："既然中国是人口最多的大一统国家，又有着最悠久的绵延不断的历史，她在过去百年中遭受西方蹂躏就必然产生连续不断、汹涌澎湃的思想革命，对这场革命我们至今还看不到尽头……在充满'不平等条约'的整整一世纪中，中国这一古代社会和当时居于统治地位的、不断扩张的西欧与美国社会接触日益频繁。在工业革命的推动下，这种接触对古老的中国社会产生了灾难深重的影响。在社会活动的各个领域，一系列复杂的历史进程——包括政治的、经济的、社会的、意识形态的和文化的进程——对古老的秩序进行挑战，展开进攻，削弱它的基础，乃至把它制服。中国国内的这些进程，是由一个更加强大的外来社会的入侵所推动的。"[1]"冲击—回应"模式的实质在于把中国近代历史发展中起主导作用的因素或主要线索视作西方入侵，从而夸大西方冲击的历史作用。抱持这种历史观的并非费正清一人，但他在形成和普及这个观念的过程中所做的，却比任何人都多，而且影响最大。一些流传甚广的教科书以此观念作为描述近代中国历史的核心概念。可以说，在 20 世纪五六十年代，"冲击—回应"模式是美国中国研究界最有力的模式。

---

[1] Ssu-yu Teng and John K. Fairbank, *China's Response to the West*, Cambridge, Harvard University Press, 1954, p. 1.

美国中国研究的另一重要模式"传统—近代"模式（Tradition-Modernity Model）也与费正清密切相关，尽管此模式的主要代表被认为是李文森（Joseph R. Levenson）。此模式的前提是认为西方近代社会是当今世界各国万流归宗的"楷模"（Norm），因而中国近代史也将按此模式，从"传统"社会演变为西方的"近代"社会，认为中国历史在西方入侵前停滞不前，只能在"传统"模式中循环往复或产生些微小变化，只有等待西方猛击一掌，然后才能沿着西方已走过的道路向西方式的"近代"社会前进。这样一种观点在费正清、赖肖尔（Edwin O. Reischauer）、艾伯特·M. 克雷格（Albert M. Craig）合著的《东亚文明史》（*A History of East Asian Civilization*）中得到了体现。该书第一卷描述的，是西方入侵发生作用以前的中国历史，它还一直强调历史中一脉相承的变化。可是到了第二卷，当与西方接触的作用渐趋明显时，该书则特别强调东亚的过去是稳定的，变化极小的。费正清等作者在卷首讨论了他们感到有助于组织史料的几个解释历史的主要概念，其中之一是所谓"在传统范围内的变化"。对此概念他们做如下解释：在东亚国家里，"思想与行动的主要传统形式一旦确立，就具有一种惰性，一种按照常规惯例持续下去的倾向。只要未和西方直接接触，它们就只发生过'传统范围内的变化'，而未曾发生过根本转变"[1]。这段话的内容很容易使人得出这样的结论：所谓"根本转变"看来是指西方自己在近代所经历的过程，或者指非西方社会遇到西方近代文化后所发生的变化，故而没有和西方直接接触前，东亚国家只发生过传统范围内的变化，未发生根本转变。显然，这是一个依"传统—近代"模式思考而得到的结果。有了这样一个框架，费正清在该书里描述 19 世纪中国社会境况时，便不断采用"惰性""平衡""稳定"一类的字眼，以显示中国社会的停滞和殊少变化，只待西方的"引导"方能步入近代。

实际上，"传统—近代"模式基本是"冲击—回应"模式的放大，二者

---

[1] Fairbank，Reischauer and Craig，*East Asia：The Modern Transformation*，Boston，Houghton Mifflin，1965，p. 5.

同样贯穿着关于中国与西方的某些根本假设。"冲击—回应"模式把中国描绘成消极的，把西方描绘成积极的；"传统—近代"模式则把中国描绘成停滞不前的"传统"社会，有待精力充沛的"近代"西方赋予生命，把它从永恒的沉睡中唤醒。进言之，这两种模式实质上同属"西方中心模式"，因为它们都认为西方近代的工业化是一件天大的好事，而中国社会的内部，始终无法产生这种工业化的前提条件，需要西方入侵提供这些条件，故而近代中国所可能经历的一切有历史意义的变化只能是西方式的变化，而且只有在西方冲击下才能引起这些变化。把中国历史套在这样的模式中，显然与"韦伯式命题"有异曲同工之处。"韦伯式命题"的要旨在于从发生学的意义上去追问理性资本主义能否在中国产生，它的逻辑起点同样是问如果没有西方冲击，中国自身能否发展起类似西方的理性资本主义，它的结论亦是否定的，即传统中国社会关碍重重，无法靠自身的力量走上理性资本主义道路。尽管韦伯没有直截了当地说出只有西方冲击才能改变这一局面，但其命题的逻辑终点必然是在这里。可以说，韦伯的学说为上述中国研究的重要模式提供了理论基础。

除了研究模式的关联外，费正清的某些具体观点也与韦伯颇为相似，甚至可视作是对韦伯思想的继承。如在《中国对西方之回应》一书中，费正清断定，按照民族主义、科学和工业化的一般原则，儒家传统不可能使中国现代化；在《东亚文明史》第二卷中，费正清又强调，正是儒教社会的结构造成了一种制度上的僵化和心理上的迟钝，它妨碍了中国对西方冲击的成功适应。[①] 不仅如此，费正清出于"模式"的需要剪裁中国史实，而非对中国历史的方方面面进行系统研究的做法，也与韦伯以其"理想类型"作为选取史实标准的研究方式相仿佛。保罗·柯文（Paul A. Cohen）曾以实例对费正清的这种做法提出过责难，他指出，《东亚文明史》"第二卷中有关 19 世纪中国的论述主要出于费正清手笔，集中探讨的一个问题就是：'为什么中国对外国的入侵没有较早地作出更加有力的回应？'由于把这个问题作为中心问题，费正清的论述就出现

---

① Paul M. Evans, *op. cit.* pp. 170，240.

了一系列的偏向或歪曲。首先，从数量上说，他把过多的精力（大约75％的篇幅）用于这段历史中与西方有关联的历史侧面。其次，由于主要是通过冲击—回应模式这个棱镜来观察这些侧面，致使对它们的复杂历史含意未能作出充分阐述：有些事变本来在相当大程度上是对内部因素作出的回应，却被过多地说成是对外来冲击作出的回应"①。另外，在哈佛大学由费正清倡导出版的近代东亚研究丛书，亦体现出费正清式的倾向性。到1969年，在出版的70本书中，有61本集中在中国问题上，其中二分之一考察了清王朝，而且至少有24本涉及中国在某个方面对西方做出的反应。② 由上可见，魏特夫（Karl A. Wittfogel）说费正清是以韦伯为榜样才"加深对中国的探讨"③，虽有攻击之意，却也不无道理。

当然，费正清的研究思路也不是一成不变的，在20世纪60年代末70年代初美国新一代中国学者起来公开批评占统治地位的"费正清模式"后，尤其是当保罗·柯文提出著名的"中国中心观"（China-centered Approach）时，费正清受到一定的触动，开始反思自己的研究模式。在1980年出版的《美国与中国》第4版中，他调整了以往版本的个别说法，接受了保罗·柯文的某些意见，指出：在近代，"中国领导人必须对他们所面临的整个局势作出反应，'其中西方的影响不过是一个组成部分罢了'"，"中国的重心在国内深处，通商口岸和条约体系虽在其西方创造者的眼里显得很重要，但对中国人民甚至统治阶级来说，在长时期内始终是他们主要关心的事项中占边缘地位的事项"。④ 在1986年出版的《伟大的中国革命》（*The Great Chinese Revolution*）中，费正清又说："承认在19世纪四五十年代外国在不平等条约之下侵略中国以前中国商

① ［美］柯文：《在中国发现历史——中国中心观在美国的兴起》，2～3页，北京，中华书局，1989。

② Paul M. Evans，*op. cit.* p. 182.

③ ［美］卡尔·A. 魏特夫：《东方专制主义——对于极权力量的比较研究》，徐式谷、奚瑞森、邹如山等译，52页，北京，中国社会科学出版社，1989。

④ ［美］费正清：《美国与中国》，张理京译，139～140页，北京，商务印书馆，1987。

业和私营经济的增长，是一个有意义的发现。这使我们对于西方'打开'了中国的说法，用新的眼光去看，它把外国侵略者的身材缩小到他实际的尺寸，减轻了长期以来'西方冲击'说的重量，如实地看到晚期中华帝国不是一个停滞的、而是一个动荡的社会。"①另外，晚年的费正清也对用现代化模式研究中国表示担心，他提出："现代化"概念"属于超历史范围"，"历史学家真要使用它们，就需要加以精确地界说和具体的例证。一般地说，帝国主义指外国的主动行动，现代化则是国内的进程"，"由于它兼收并蓄地包罗了主要为西方所发展的各种社会学科的思想"，不一定适合中国。②费正清的反思表明了他在学术上的不懈追求，但他只是局部调整了自己的某些观点，其研究的总体框架并未根本改变，这体现在他后期著作的主干内容仍与前期基本一致上。他对"冲击—回应"模式主张最有力的著作《中国对西方之回应》在1979年重印时，他曾重写前言，表示接受对"冲击—回应"模式的批评，但书中正文并未做任何修改，仍如其旧。《美国与中国》等著作虽修订版不断出现，但第一版中的总思想框架却从未做改动。在他最后的学术著作《伟大的中国革命》里，他也未完全放弃现代化模式。可见，终其一生，费正清的基本学术主张没有根本性的变化，局部调整并无决定性意义。换言之，费正清的学术始终是沿着韦伯所追寻的方向前行并在"韦伯式命题"的笼罩之下。

应该指出，当今美国中国研究的总体状况与费正清发挥主导作用时的情形已大相迥异，"费正清模式"已无复当年的魅力，不再占主导地位了。虽然如此，毕竟费正清曾是中国研究的核心人物，他的弟子遍及学界，其学术的影响力还是或隐或显地存在着，其研究的根本着眼点更是对海外的中国研究具有决定性的影响，即从西方角度向中国史实提出问题的费正清式研究思路仍在起决定作用。在这种情形之下，揭示费正清为代表的研究范式的原始起源，特别是追寻其思想资源之所由来，是非

---

① ［美］费正清：《伟大的中国革命（1800—1985）》，刘尊棋译，57页，北京，国际文化出版公司，1989。

② ［美］费正清编：《剑桥中国晚清史（1800—1911年）》下卷，中国社会科学院历史研究所编译室译，5页，北京，中国社会科学出版社，1985。

常有意义的。

三

在西方学术界，韦伯从来不被视为汉学家，但他对中国的研究既独到又深刻，故被一些人称为"伟大的外行"。正是这位"伟大的外行"却在西方古典汉学向现代中国研究的转化中发挥了比许多专业汉学家更重要的作用。之所以这么说，主要是因他基于近代西方的历史事实对中国的过去提出问题的方式，满足了西方汉学从古典象牙塔转向与现实相结合的中国研究的需要，促使西方汉学走上一个新阶段。

客观地说，西方的中国研究者往往都有以中国为镜的观念，即用中国之镜来反观西方自身，从而对自身有更深刻的了解与认识。在这方面，韦伯也不例外。如前所述，韦伯研究中国的目的是探寻和说明西方理性主义与资本主义形态的独特性，其根本着眼点是在西方，而不是在中国。这样一来，其关于西方的一整套知识体系便成了认识中国的知识前提，"理性""资本主义"等一系列源于西方的"先在的概念"也被搬来用在描述中国的知识框架上。可以说，西方语境完全制约住了韦伯，西方中心论在他那里已无可避免。对前人，我们不必苛求，问题在于韦伯对在他之后的中国研究的影响上。因为韦伯基于近代西方的历史事实而提出的理性资本主义能否在中国产生的问题及其解答方式已深深启迪了以费正清为代表的海外中国学家，甚至成了一种研究范式，而且它不仅仅规范了"费正清模式"，就是对保罗·柯文等人的"中国中心观"纲领也有规范作用。正是在这个意义上，"韦伯式命题"及其效应值得我们深思。

关于"中国中心观"与"韦伯式命题"的关联这里需补充一下。"中国中心观"注重发掘中国本土社会的历史主动性，寻求中国社会进步的内在动因，希望"在中国发现历史"，某种意义上确实对"费正清模式"有所超越，但从根本点上说，这一观念的要旨也仅限于去追问中国历史中的潜在活力究竟是否有助于打破中国传统社会的内在结构，从而实现朝向西方文明框架的现代化转型。这也仍然是韦伯所关心的主题。所以，我们说"中国中心观"仍未摆脱掉"西方中心观"的束缚和"韦伯式命题"的笼罩，这也正是前文所言从西方角度向中国史实提出问题的费正清式研究思路仍在起决定性作用的根据所在。

附录二：柯文《在中国发现历史》导读

一、作者生平与写作背景

柯文（Paul A. Cohen）是美国著名的历史学家，1934 年 6 月生于纽约，1955 年获芝加哥大学学士学位，1957 年获哈佛大学硕士学位，1961 年获哈佛大学东亚史博士学位，并在密歇根大学、阿默斯特学院任教，1965 年起在韦尔斯利学院任教，为该校亚洲研究教授，并为哈佛大学费正清东亚研究中心研究员。除《在中国发现历史——中国中心观在美国的兴起》（1984，以下简称《在中国发现历史》）①外，主要著作还有《中国与基督教：传教运动与中国排外主义的发展（1860—1870）》（1963）、《传统与近代之间：王韬与晚清中国的改革》（1974）、《19 世纪中国之改革》（1976，与石约翰合著）、《历史三调：作为事件、经历和神话的义和团》（1997）等。

《在中国发现历史》是总结和评论第二次世界大战后美国的中国历史研究状况的著作，出版后引起国际史学界的广泛关注，陆续被美国、中国、日本一些大学指定为教科书或教学参考书，各种各样的书评也纷纷问世，形成了一个热点。之所以如此，主要在于该书所提出的问题、所确立的观点和所得出的结论均有独到之处，颇能发人深省。第二次世界

---

① 中译本由中华书局于 1989 年出版。

大战后，美国对中国近代史研究的主流在 20 世纪 70 年代前受费正清和李文森等人影响，认为中国社会长期以来基本上处于停滞状态，循环往复，缺乏内部活力以突破传统框架，只是在 19 世纪中叶受西方文化冲击之后，才发生变化，开始向现代社会演变。但从 20 世纪 70 年代开始，在经历了越南战争、水门事件激荡的美国史学界，部分学者对美国乃至整个西方文明的精神价值产生了根本动摇，对西方"近代"历史发展的道路与方向产生了怀疑，从而对上述美国研究中国近代史以西方为出发点之模式提出了质疑与挑战，转而倡导以中国为出发点，深入精密地探索中国社会内部的变化动力与形态结构，并力主进行多学科协作研究。这一史学动向，被柯文称为"中国中心观"。它实际上反映了美国 20 世纪 70 年代以来研究亚、非、中东及其他非西方社会的总趋势，即力求摆脱"殖民地史"的框架，从各个社会内部按照这些社会自身的观点探索其历史进展，反对把非西方社会的历史视作西方历史的延续。柯文的这部《在中国发现历史》就是在这种背景下问世的，它是美国史学界第一次对此趋势明确细致描述的著作，也是对第二次世界大战后数十年来研究中国近代史的几种主要模式进行批判性总结的第一部著作。因此，它在史学界产生广泛的影响便不足为奇了。

二、逻辑结构与主要内容

《在中国发现历史》共分四章，从正反两方面阐述柯文在序言中点出的主题，即"研究中国历史，特别是研究西方冲击之后中国历史的美国学者，最严重的问题一直是由于种族中心主义造成的歪曲"。所谓"种族中心主义"就是"西方中心主义"。前三章分别批判三种以西方为中心的研究模式，第四章才正面提出建设性的"中国中心观"。

第一章为"'中国对西方之回应'症结何在？"，其中心内容是批驳美国研究中国近代史的"冲击—回应"模式。此模式认为在 19 世纪中国历史发展中起主导作用的因素或主要线索是西方入侵，解释这段历史可采用"西方冲击—中国回应"的公式。也就是说，中国近代史基本上是一部中国对西方做出反应的历史，意即古代中国相对稳定的传统秩序一直延续到 19 世纪，此时它遇到了一种截然不同的而且更为强大的文明——西方文明，西方的冲击无可挽回地改变了中国的社会和政治，注入了引起现代化并导致永久性变化的力量，面对这一冲击，中国做出的回应是在逐渐引进引起"永久性变化"的要素的同时，背弃传统的"周期性变化"模式，走上现代化道路。这一模式的前提是假设西方资本主义社会是一个动态的近代社会，而中国社会则是一个长期处于停滞状态的传统社会，缺乏自身发展的内在动力，只有经过西方的冲击，中国传统社会才有可能摆脱困境，获得发展。它的实质在于把中国近代历史发展中起主要作用的因素归结为外来势力，从而夸大西方冲击的历史作用。费正清是这一模式的典型代表。由于他的影响力，该模式在"二战"后一度风行一时，占据主导地位。柯文虽是费正清的学生，但并不满意这种对中国近代历史的模式化理解，他以自己独特的方式批判了"冲击—回应"模式，即通过集中讨论与西方冲击关联较大的历史事件如太平天国运动、晚清改革、义和团运动等，证明该模式即使在本应完全适用的范围内也是失灵的，遑论其他。他还提出了矫正这种模式的办法，即把 19 世纪中国历史看成由若干不同层带所组成的历史，每个层带与西方的关联各有不同，是否采用或采用何种模式来研究当以各个层带的具体情形为准。

第二章为"超越'传统与近代'"，其中心内容是批驳美国研究中国近代史的"传统—近代"模式。此模式的前提是认为西方近代是当今世界各国万流归宗的"楷模"，因而中国近代史也将按此模式，从"传统"社会演变为西方式的"近代"社会，中国历史在西方入侵前停滞不前，只能在"传统"模式中循环往复或产生些微小变化，只有等待西方猛击一掌，然后才能沿着西方已走过的道路向西方式的"近代"社会前进。美国著名的中国近代史专家李文森是这一模式的典型代表。李文森认为中国的儒教与近代社会基本上水火不容，只有摧毁以儒教为代表的传统秩序之后才可能建立新的近代秩序，在这一过程中，西方除了触发旧秩序的崩溃之外，还是塑造中国新秩序的主要力量。柯文批判"传统—近代"模式时，先是追溯思想渊源，然后描述该模式在战后的演变及与近代化理论的结合和它的实际效应，最后指出该模式本身的致命弱点：第一，"传统—近代"这种两分法迫使学者对现实只能严格地按两极来划分，排除任何中间的可能；第二，这种两分法认定两极中任何一极能量的增加，必然导致另外一极能量的减少，即社会中近代力量的加强，必然导致传统力量的减弱，反之亦然；第三，这种两分法采用整齐匀称的概念，来描绘和解释根本上不匀称的现实，"近代"一词也许确实可以表示某种具有统一特点和跨文化一致性的状况，足以使近代社会的居民感到自己在一定意义上属于同一世界，但"传统"一词无论从主观上或客观上说，都没有相应的统一状况可以用它来指谓，如像 14 世纪的法国和 10 世纪的中国这样不同的文化，很难想象两国的居民会感到自己是生活在同一类的社会里。在揭示"传统—近代"模式的上述弱点后，柯文最终得出了结论：从根本上放弃近代化理论的整套术语，特别是"传统"与"近代"的概念，寻求另外一种西方中心论较少的方法，来描绘一个世纪以来席卷全球的各种大规模历史过程，可能有其可取之处。

第三章"帝国主义：是现实还是神话？"的中心内容是批驳美国研究中国近代史的"帝国主义模式"。此模式认为帝国主义是中国近代史各种变化的主要动因，是中国百年来社会崩溃瓦解、民族灾难深重、无法正常发展前进的祸根。柯文认为这一模式和"冲击—回应""传统—近代"模式有类似之处，即它们在实质上同属"西方中心模式"，因为它们都认为西方近代的工业化是一件天大的好事，而中国社会的内部始终无法产生这种工业化的前提条件，需要西方入侵来提供这些条件。具体来说，美国学者在评估帝国主义与中国近代历史进程的关系时，有两种不同的倾向：一方面，以佩克（James Peck）和莫尔德（Frances Moulder）为代表的学者把帝国主义看成是从鸦片战争到第二次世界大战结束中国百年历史的主要动力，认为帝国主义改造、歪曲了中国的经济发展道路，促使中国处于不发达的状态，一直到中国共产党领导的革命赶走了帝国主义，砸碎了帝国主义枷锁，才使中国摆脱这种状态；另一方面，一批人数较多，以经济学家和经济史家为主的学者，则从自己的研究中得出几乎相反的结论，即在经济领域，帝国主义所起的作用，总的来说是比较有限的，帝国主义的重要作用主要表现在近代中国政治和思想史中，特别是促进了民族主义的崛起。表面上看，双方观点是对立的，实际上双方的理论前提几乎一致，都与近代化理论相关联，而且双方最关切的问题都是经济发展问题，都认为经济发展是一件好事，也都认定没有西方工业化的冲击，中国是不可能独立进行工业化的。对于这种强调近代中国发展进程中帝国主义因素之重要性的论调，柯文是不满意的。他的观点是：如果从超历史的角度把帝国主义作为一把打开中国百余年来全部历史的总钥匙，那确实是一种神话；如果把它看成是各种各样具体的历史环境中产生作用的几种力量之一，则帝国主义的作用不仅是现实的，而且具有非常重要的解释能力。历史学家面临的挑战是精确地界定与帝国主义有关的具体情境，然后指出它是如何和这些情境相关的。只有这样，才能给予帝国主义对近代中国的冲击以科学的、合理的解释。

第四章为"走向以中国为中心的中国史"，其中心内容是正面提出建设性的"中国中心观"。这一章是全书的关键所在，最终点出了主题。在本章中，柯文首先概括了前述三个模式的实质和要害，即它们都认为近代中国所可能经历的一切有历史意义的变化只能是西方式的变化，而且只有在西方冲击下才能引起这些变化，没有西方，就不可想象中国会发生任何近代化的变化，这样就堵塞了从中国内部来探索中国近代社会自身变化的途径，把中国近代史的研究引入死胡同。针对这种弊端，柯文接着提出"中国中心观"以矫正之，并概括出"中国中心观"的四个特征：(1)从中国而不是从西方着手来研究中国历史，并尽量采取内部的(即中国的)而不是外部的(即西方的)准绳来决定中国历史哪些现象具有历史重要性；(2)把中国按"横向"分解为区域、省、州、县等，以展开区域与地方历史的研究；(3)把中国社会再按"纵向"分解为若干不同阶层，推动较下层社会历史(包括民间与非民间历史)的撰写；(4)热情欢迎历史学以外诸学科(主要是社会科学，但也不限于此)中已形成的各种理论、方法与技巧，并力求把它们和历史分析结合起来。同时，柯文强调，这一"中国中心观"并非一个新出现的完整的严密的方法论体系，而是大约从 1970 年以来在美国史学家中逐渐发展起来的日益明显的趋势。最后，柯文从理论和事实的高度概括了"中国中心观"所体现的基本思想：19、20 世纪的中国历史有一种从 18 世纪和更早时期发展过来的内在的结构和趋向，若干塑造历史的极为重要的力量一直在发挥作用，因而呈现在我们眼前的并不是一个踏步不前、惰性十足的"传统"秩序，主要或只能从无力与西方抗争的角度予以描述，而是一种活生生的历史情势，一种充满问题与紧张状态的局面。对这种局面无数中国人正力图通过各种方法加以解决，而西方恰在此时登场，它带来一些冲击，使中国的情境日益受到它的影响。尽管如此，这个社会的内在历史自始至终依然是中国的。所以，必须进入中国历史的"内部"来研究它，不能仅以西方输入的衡量历史重要性的准绳来衡量它。

三、简　评

柯文这部著作具有相当高的学术价值，无论美国学者还是中国学者都能从中获取很多借鉴和教益。就美国学者而言，柯文对中国近代史研究的三种西方中心模式的批判，确实击中了要害，它使美国学者的思考真正转向中国，把中国研究从"西方中心论"的束缚中解放出来。在批判的基础上，柯文建设性地提出的"中国中心观"对美国学界不仅具有历史观意义，而且具有方法论价值。它强调"内部取向"，并且赋予"内部取向"实际而充实的内容；它主张加强微观的社会历史研究，开辟史学研究的新领域；它试图同其他社会科学结盟，从它们那里吸取有益的理论和方法。显然，这要比传统的狭隘历史观和方法论更符合历史发展的潮流，也更符合中国历史实际。就中国学者而言，柯文此书有两方面的价值，一方面是情报价值，因为它较全面地介绍了"二战"后美国研究中国近代史的方法、成果与趋向，涉及美国当代史学家一百二十余人，对其中的代表人物进行了详细评介，而且每章附有注解，提供了较丰富的文献资料，为研究的进一步深入创造了条件；另一方面，作者提出的"中国中心观"给正处于深刻反思中的中国史学界提供了思考素材，具有启发思路的价值，使中国学者的视野更开阔，有助于中国史学走向世界。

当然，在肯定该书的成就同时，也有必要指出它的某些缺陷，如关于中国近代史研究中的"内部取向"与"外部取向"的关系问题，柯文没有给予充分的论述，妨碍了"中国中心观"由一种取向发展成一种方法论；再如柯文在强调把中国按"纵向"与"横向"加以分解从而对中国近代史做出比较精细的描绘时，低估了"综合"的重要性，即低估了总框架在人类认知过程中的积极作用，从而容易使研究工作出现"见木不见林"的弊病。但这些不过是白璧微瑕，该书的学术价值和学术地位还是不容低估的。

后　记

本书是我近些年来部分研究成果的汇集。

自从 1996 年进入北京大学历史学系中国近现代史专业攻读博士学位以来，我即以中国近代学术、思想史作为研讨的主要方向，并选择"刘师培研究"作为这一领域的突破口。之所以如此，主要在于这一领域是中国近代史研究的薄弱之处，亟待解决的问题较多，而且其中不少论题是学术界关注的焦点，所谓前沿课题。当然，任何领域的研究工作都要从基础做起，选择个案，渐次积累，最终由小见大，才合史学研究通例。基于此，我首先选取当时在近代学术史领域内一个不大为人注目的个案"刘师培与中西学术"为研究的入手处，将之作为博士学位论文的选题，并从编撰刘师培年谱起步，进行深入系统的研究。经过艰苦不懈的努力，终完成博士论文《刘师培与中西学术：以其中西交融之学和学术史研究为核心》，旋经修改完善，由北京师范大学出版社出版。

1999 年 7 月，在通过论文答辩，获得历史学博士学位后，我进入北京师范大学历史学系从事博士后研究。在做博士后的两年里，仍是将中国近代学术、思想史作为研讨的主要领域，围绕章太炎、刘师培、梁启超对清代学术史的研究展开探索，力图在"刘师培研究"的基础上，把近代学术史的研究引向深入。2001 年 7 月，完成以《章太炎、刘师培、梁启超清学史著述之研究》为题的博士后研究报告，使自己的研究工作再获进展。在这之后，我所做的研究还是没有离开中国近代学术、思想史领域，力求在把握住该领域所具有的"古今中西交汇"特色的基础上，继续拓展研究空间，于更广阔的学术领地耕耘。

近些年来，这些关于中国近代学术、思想史和刘师培研究的成果陆续在海内外学术刊物发表，或在一系列国内、国际学术研讨会上宣读。学界同行的热情回馈，成为激励我在这条路上持续前行的动力。

本书所收即为上述成果的主体，希望以此为近些年来的研究工作做个小结。其中个别篇章，如《"文化形态史观"的东渐：战国策派与汤因比》是更早的成果，现在看来，里面颇有不成熟之处，某些提法也不见得合适，但作为一项有特色的研究，学术价值犹在，且对某些问题的研究具有参考作用，故亦收于此。

需要说明的是，书中之文有些主题相互关联，故在分别刊发时难免出现个别背景文字重复现象。这次编为文集，已将重复之处删削，所以有的文章已非刊发时的原貌。

从进入中国近代学术、思想史研究领域起，我的博士导师刘桂生教授、博士后导师龚书铎教授皆对我的学术成长给予了极大的关注。他们既提示我治学要领、选题方向，又对我的研讨历程不间断地多方指点，还作为我成果的审阅人和把关者为我把握方向，使我始终能以清醒的头脑走在探索之路上，学术有所进境。故此，谨在这里向两位恩师致以最诚挚的敬意与谢忱！

北京师范大学出版社已是第二次出版拙著了。在本书的编辑出版过程中，责任编辑不辞辛劳，尽心尽力。在此，谨向出版社和责任编辑致以最衷心的感谢！

李　帆

2010 年 1 月

图书在版编目（CIP）数据

古今中西交汇处的近代学术/李帆著. —北京：北京师范大学
出版社，2023.1
　（励耘史学文丛）
　ISBN 978-7-303-28227-2

　Ⅰ.①古… Ⅱ.①李… Ⅲ.①学术思想—思想史—研究—
中国—近代 Ⅳ.①B250.5

　中国版本图书馆 CIP 数据核字（2022）第 198097 号

图 书 意 见 反 馈　gaozhifk@bnupg.com　010－58805079
营 销 中 心 电 话　010-58807651
北师大出版社高等教育分社微信公众号　新外大街拾玖号

GUJIN ZHONGXI JIAOHUICHU DE JINDAI XUESHU
出版发行：北京师范大学出版社 www.bnup.com
　　　　　北京市西城区新街口外大街 12-3 号
　　　　　邮政编码：100088
印　　刷：天津旭非印刷有限公司
经　　销：全国新华书店
开　　本：730 mm ×980 mm　1/16
印　　张：17
字　　数：230 千字
版　　次：2023 年 1 月第 1 版
印　　次：2023 年 1 月第 1 次印刷
定　　价：55.00 元

策划编辑：刘东明　　　　　　责任编辑：梁宏宇　姚安峰
美术编辑：李向昕　　　　　　装帧设计：李向昕
责任校对：康　悦　　　　　　责任印制：马　洁